U0888491

舵手汇

www.duoshou108.com

聪明投资者沟通的桥梁

查理·D. 华尔街传奇交易员的故事

【美】威廉·D. 法龙　著
向桢　译

山西出版传媒集团
山西人民出版社

图书在版编目（CIP）数据

查理·D. 华尔街传奇交易员的故事 /（美）威廉·D. 法龙著；向桢译. -- 太原：山西人民出版社，2020.9

ISBN 978-7-203-11382-9

Ⅰ. ①查… Ⅱ. ①威… ②向… Ⅲ. ①查理·D.—传记 Ⅳ. ① K837.125.34

中国版本图书馆 CIP 数据核字 (2020) 第 058395 号

著作权合同登记号 图字：04-2013-051

查理·D. 华尔街传奇交易员的故事

著　　者：（美）威廉·D. 法龙
译　　者：向　桢
责任编辑：李　鑫
复　　审：贺　权
终　　审：梁晋华
装帧设计：陈　瑶

出 版 者：山西出版传媒集团·山西人民出版社
地　　址：太原市建设南路 21 号
邮　　编：030012
发行营销：0351-4922220　4955996　4956039　4922127（传真）
天猫官网：https://sxrmcbs.tmall.com　电话：0351-4922159
E-mail：sxskcb@163.com　发行部
　　　　sxskcb@126.com　总编室
网　　址：www.sxskcb.com

经 销 者：山西出版传媒集团·山西人民出版社
承 印 厂：三河市京兰印务有限公司

开　　本：700mm × 1000mm　1/16
印　　张：19
字　　数：240 千字
印　　数：1-5000 册
版　　次：2020 年 9 月　第 1 版
印　　次：2020 年 9 月　第 1 次印刷
书　　号：ISBN 978-7-203-11382-9
定　　价：68.00 元

前 言

一位身穿粗花呢套装的银行家走进芝加哥商品期货交易所戈德堡兄弟公司寻求职务，他请求戈氏兄弟公司吸收他为一名交易员。这是 1980 年的某一天。对于期货业而言，这真是一个幸运的日子。人们永远不知道什么人会成为一名伟大的交易员或者是机械师，但是，一般而言，银行家都不会成为了不起的场内交易员。他们往往有一些固有的习惯——过分理性地强调分析，对风险采取回避的态度——在从事交易的时候往往不能独立判断，而是依赖“团队精神”。

查理 · D. 对那些劝阻充耳不闻，尽管他教会了自己如何培养起“交易池的思维方式”，但是，他显然对交易界有着一种与生俱来的感觉，同时还有一种强烈的竞争驱动力，这或许是他早年踢橄榄球时培养起来的。不过，他仍然必须了解在交易游戏和正常业务之间的严格界线，而一旦他理解了交易的基本概念，他就开始像一股旋风一样从事起令人眼花缭乱的交易来。他做得越来越大，也越来越好。但是，在从事交易时，他始终保持着伟大的尊严、人性、正直以及完整性。

查理 · D. 是每一位交易员努力学习的楷模：天赋出众，具有强烈的竞争意识，谦虚谨慎，充满活力，慷慨仁慈。他不忘本，确保自己花时间去帮助下一个年轻的交易员学习交易技巧，就像别人曾经为他做过的那样。查理·D. 深深地了解这一切。但愿这本书能够使我们所有的人了解生命的美好，并且学会如何生活——不论在期货市场之内，还是在市场以外的平凡生活之中。

鲍比·戈德堡

前芝加哥商品期货交易所主席

讣　告

约罕娜·斯蒂美兹

查尔斯·P. 狄弗兰西斯卡，39 岁，首席债券期货交易员。

查尔斯·P. 狄弗兰西斯卡，39 岁，在芝加哥债券期货交易池里，他凭借其巨大的合约数量而被人们视为最大的个人交易商，他由于身患淋巴癌而于本周三在芝加哥大学附属医院与世长辞。

狄弗兰西斯卡先生出生于威尔梅特（伊利诺伊州东北部，芝加哥附近的城市），他总是谢绝采访，在交易池一族之中，他是一个传奇。

他的交易员朋友之一，前贝尔橄榄球队球员约翰尼·穆索直截了当地说："他是一位毫无畏惧的风险承担者。"

另一位交易员兼密友托马斯·菲兹杰拉德说："当美林或者培恩·韦伯公司的人想了解市场动态时，他们会说，'瑞福科（一个主要的交易公司）在干什么？查理·D. 又在做什么？'作为一位个体交易员，他与世界闻名的大公司处于同一水平。在交易的时候，他总是带着一分幽默感，并且总是保持着完整与正直。"

狄弗兰西斯卡先生的病情是在 5 年前诊断出来的，但是，他并未因疾病而放弃工作，而是继续着他的交易，直到 4 月 26 日。

由于药物以及放射治疗的副作用，他的身体变得颇为虚弱，有时不得不戴上防护装置以保护他的部分身体，即便如此，他仍然带病坚持交易。

对于许多交易新手来说，狄弗兰西斯卡是良师兼幕后赞助人，他无私地帮助他们争取事业上的成就，他还为慈善事业捐赠了难以计数的金钱，却没有留下自己的姓名。

他喜好扑克牌和高尔夫，有时，他会与芝加哥公牛队的巨星迈克尔·乔丹一较高尔夫球艺。

“我永远忘不了他第一次遇见乔丹的情形，”介绍二人相识的菲兹杰拉德说道，“他对迈克尔说：‘你认识大卫·科尔金吗？你能为我弄到他的亲笔签名吗？’迈克尔转过身问我道：‘这个家伙是谁？’”

狄弗兰西斯卡先生在威斯康星州的沃基肖（威斯康星州东南部，密尔沃基西方的城市）长大，就读于沃基肖的威斯康星大学、卡洛尔学院，在那里，他为他当教练的父亲踢橄榄球。

他从科罗拉多州立大学毕业，在那里他仍然是橄榄球队的一员。毕业后，他进入西北大学克罗格管理学院攻读硕士。

学业结束后，他换了各种各样的工作，直到 1980 年，他在一次共有权转换之中大赚了一笔。这笔钱使他得以买下了芝加哥商品期货交易所的一个席位，从此开始了他的传奇生涯。

死者家属包括未亡人安，一女麦吉，一子杰克，双亲温斯与玛格丽特。

狄弗兰西斯卡先生的追悼会将于下周二下午 4:00 于埃文斯顿城谢尔登路 1870 号的西北大学艾丽斯·米拉礼堂举行。

目 录

第一章　一支点燃的古巴雪茄

当我第一次听说他的事迹时，他就像是一团烟雾构成的幻象——肩膀宽大、勇敢无畏、精神抖擞，从一支点着的上等古巴雪茄里袅袅升起。我所在的城市是以一种神鸟命名的，这种鸟恰好也是从烈火中超生的。那晚，我们一群人刚刚参加完一场鸡尾酒派对，那个派对临近一个背光的舞池，闪烁着蓝色与水晶色清冷的光辉。两天前，一个侍应生递给我两个从大堂的橘子树上摘下来的果子让我吃，然后一把抓起了我的高尔夫球棍和行李，告诉我位于凤凰城的这处豪华娱乐场所一度是出身名门的通用汽车公司经理们的私人会所，直到国内收入总署介入其中，指责他们利用此地作为公司的避税工具，它的这种功能方才消失。现在，威格瓦姆娱乐场不过是芝加哥两个最大的期货及期权交易所——芝加哥商品期货交易所和芝加哥期权交易所资助的风险管理学会第八届年会的豪华主会场。像往常一样，人们凭着一张记者证就可以做一次几近免费的旅行。作为一张机票以及房钱的代价，我们在此召开了4天的会议，打高尔夫球，享受日光浴，与经纪人、机构投资者、市场监管者以及交易所的顶级人物们一道参加教育性的座谈讨论。

1993年1月22日周五晚，我们一帮参加鸡尾酒会的人已经感到了些许醉意——毕竟喝了那么多免费鸡尾酒嘛。我端着最后一杯喜力啤酒（至少我认为是那天的最后一杯）离开了派对，坐到一张躺椅里。我们四个人围坐在一位前美林公司经纪人（他的名字，我记不起来了）的周围，就是在这个舒适的栖息之所，一位我从未见过的形似神怪的债券交易员的谈兴被挑了起来。

“你们见过的交易员中，谁最棒呀？”

这位经纪人牙缝间咬着一支雪茄，划燃了一根火柴。他倚靠在和我一样的一张皮质光滑的躺椅上，深深地吸了一口烟，雪茄的烟头亮了亮，然后，他从肺里长长地吐出一口气，我的眼前便升腾起一团巨大的乌云，并且渐渐幻化为人的形状。他向前倾了倾身子，就在我身边约摸一英寸的样子说起话来，而派对的喧嚣仍然顽强地从院子里传来。

“我会告诉你谁是最好的交易员，但是，你显然不可能听说过这个名字，他从来都对采访没兴趣，甚至当《华尔街日报》的记者找上门来时，他都让对方吃了闭门羹。因此，在任何一个图书馆里，你都不可能看到过这个名字。但是，他仍然是有史以来最伟大的交易员，这一点毫无疑问。”

他递给我一支做工精制的古巴雪茄，就好像想借此证明自己的信用一样。

“他比汤姆·伯德温还要棒吗？”我问道。

伯德温或许是眼下活跃在芝加哥交易所最著名的重量级选手，他在债券交易池里交易着规模庞大的合约。他将自己的财富滚雪球一般迅速地积累起来，他把这些财富投资于一个房地产合伙公司，而那家公司凭借自己雄厚的实力修复了拉萨尔街上那座红石头砌成的具有历史意义的建筑物——罗克瑞[①]，并因此而名

① Rookery，应指地名，此处并未译出，其英文意思是秃鼻乌鸦郡栖林地。

噪芝加哥。20 世纪 80 年代，某次当他乘飞机返回位于密歇根的府邸时，飞机不幸坠毁了，而他竟然幸免于难，而这次事件更为他——作为一名生龙活虎、看上去不可征服的交易员——增添了一抹神奇的色彩。但是，经纪人毫不犹豫地否认了。

“他是最棒的，是一位传奇式的英雄，他是债券交易池里第一位交易员，是他使债券交易池成为了今天的模样，变成了世界上最大的交易池。不过，你不可能从任何地方看到与他有关的文字，也不可能对他进行采访。”

“噢，是吗？他叫什么名字？”

“我们都叫他查理·D.，他的真实姓名是查尔斯·狄弗兰西斯卡。”

“他真的不接受采访吗？”

“是的，他两年前就已经去世了，不过，即使他还活着，他也不会接受采访的，那正是他一贯的风格。”

我嘀咕了一下，今晚不必再尝试着去挖独家新闻了，就在嘴边的那个关于采访这一神秘人物的可能性的问题显然用不着问了。但是，夜色尚早，我还需要一些消遣来消磨剩下的时光。

“我明白了。那么，是什么使他成为传奇式的英雄人物呢？您是否了解有关他的什么故事？”

当经纪人开始叙述的时候，我的思绪也开始漫游开来，我的问题就在嘴边，随时会蹦出来。我很怀疑，以我对芝加哥交易员们的了解，居然会有什么与他们有关的新鲜事物等待着我去发掘，我还从未听说过有哪个交易员会是未经发现与认识的、躲避媒体曝光的传奇人物。或许，他所说的这位“英雄”不过是一小帮敢作敢为的债券交易员，新近被人发现在欣欣向荣的 80 年代中短短一两年时间里，他们积累下的财富已达天文数字，闪得别人眼睛疼。就像这样的暴发起来的新贵，往往在人们还没有机会知道他们的姓名以及他们飞黄腾达的传奇故事之前就已经泯然众人矣。作为交易员，他们的技巧也许谈不上多么高超，天分也谈不上多么出众，但是，他们的运气却实在是再好不过了。成功就像馅饼一样从天上掉了下来，不偏不倚，恰好打在他们的头上。但是，这种幸运绝不是没有代价的。世事无常，祸福难料——他们往往成为了金钱的奴隶，而不再认真研究市场的微妙之处。查理·D. 没准就是一个这样的人呢，又或者，他会是一个完全不同的“新人类”？端着几乎满满一杯啤酒，我好整以暇，打算利用剩下的充裕时间倾听这位经纪人的叙述。

在浓重的雪茄烟雾的掩护下，我计划好了一条迅速逃离此地、直奔卧床的捷径——如果此人说故事的技巧欠佳的话，我巧妙地将自己的座椅向院门处挪近了几寸。当经纪人提到这位传奇交易员的绰号查理·D. 的时候，我发现自己屏住呼吸，在心里默念了好几遍这个名字。至少在我听来，它很响亮，宛如一道铃声，引起了我的注意。在我的眼前，透过雪茄浓厚的烟雾，仿佛出现了一位身穿夏威夷交易夹克的、浮华而狂野的男子——查理·D. 一定是这个样子的：夏威夷衫子里的那个男人肤色较深，看上去像是有意大利血统，在他的脖子上松松地缠绕着一条看上去更加色彩艳丽浓重、比普通领带更加宽大的交易所领带。听到开市的钟声，他仍然敞开着衣领扣子，有时甚至将双臂交叉着放在胸前，静候着市场向他希望的方向运动。只要一有机可乘，他就会以一头黑豹所能拥有的全部力量以迅雷不及掩耳之势秘密地在交易池里发动致命的攻击。

他最有可能与东部银行俱乐部的家伙们联手作战，也最有可能居住在黄金海岸的某处私宅。芝加哥的湖岸动力公司特意开通了一班车，直接向正北绕了个大弯，通向黄金海岸，成为了该城最有赚头的一段路线。我甚至可以清楚地看到他开着车在拉萨尔街与杰克逊街的拐角处急驰而过，驶向拉什街的某个热闹的地点。如果他还在世而我又打算逮住他进行专访的话，我就算准在这样的地方能够寻觅到他。毫无疑问，他一定会带着一个银色的钱夹子，就像许多成功的和不那么成功的交易员那样，在那件稍显宽松的多克斯（Dockers）上衣的前襟口袋里，整整齐齐地放着一沓 100 美元和 50 美元的钞票。在这个特别的日子里，市场关张之后，他为他那金发碧眼、肤色白皙、丝般的长发如瀑布般倾泻而下直达腰际的美丽女职员打开了车门。就我所知道的，她那令人炫目的美丽只有美国壁画艺术家约翰·沃纳·诺顿所描绘的克瑞斯女神（丰收女神）方可匹敌——画布上的这件半裸的希腊女神象征着交易活动所具有的诱惑力以及美利坚田园的丰饶，她的右手握着一束束沉甸甸的麦子，而大把大把的金币则像一文不值的种子一样从她的左手掉到地上。在芝加哥商品期货交易所的大厅里，我曾经许多次走过她的身边。或许，这两个人还有可能喜结连理，又或者别的哪个更加出色的美女将会与这样一个花花公子出双入对。接下来，这位传奇的查理·D. 先生最有可能去的地方应当是北海岸的一座湖畔森林府邸，而周末的高尔夫比赛照例将在品位甚高的鲍勃·欧林克进行。

但是，我自己臆想出来的这个形象迅速消失了。那天晚上以及后来与他的朋友、家人、其他交易员们交谈得越多，我主观上先入为主形成的那个查理·D. 的形象越模糊，而另一个全新的债券交易员查理·D. 的形象却越来越清晰——他仍然深深地吸引着我。使人们对期货交易员产生成见的是 20 世纪 90 年代巴林银行的“坏小子”尼克·理森，他在新加坡和大阪的金融期货市场上交易失策，使巴林银行损失了 10 亿美元。另一位比较典型的期货交易员形象代表人也许要数瑞福科的“小摇滚”，经纪人瑞德·波恩，他帮助希拉里·克林顿通过活牛的期货交易赚取了 10 万美元的储备金。但是，他们的形象在查理·D. 面前逊色太多了，查理·D. 压根儿不同于任何一位模式化的交易员。与年轻的尼克不同，他从来没有因为自己作为投机家的无耻行径或者更糟糕的什么东西而成为报纸头版头条，或者电视晚间新闻聚焦的对象。透过那位经纪人的雪茄烟雾，我所能联想到的最贴切的查理·D. 的形象是一位交易债券期货的资本家约·比鲁什，但是，在多啜了几口啤酒、多聊了几句之后，就连那个影像也消失无踪了。

我深深地陷在座椅里，呆呆地凝视着我的雪茄，轻轻地弹着烟灰。显然，这位绰号查理·D. 的交易员绝不是我们从芝加哥商品期货交易所的观光走道上望进去所见到的那片由夹克、喧嚣的叫嚷声组成的令人血脉偾张的迷幻海洋——一群身穿鲜艳的交易员夹克、一张普普通通的无名面孔。

当这位经纪人的叙述使他的嗓子变得嘶哑时，当过去的时光在他的叙述中复活，焕发出比他的雪茄烟头更加明亮的光辉时，我感觉得出，这位交易员的确不同寻常。“他在大约一年前去世了，那时，他才 30 多岁，死于癌症。但是，我要告诉你，没有人能够在交易所里取代他的地位，他也一直从事着债券交易，直到生命的终结。在结束了第一轮化疗之后，他重返交易池。当时，他摘下了自己的垒球帽向大家致意，大伙则一齐将交易卡片扔向天空以示庆祝。交易池分为若干部分，就像《圣经》里海洋的划分一样。甚至当他在医院里气息奄奄，即将离开人世时，仍然没有人占据他那个位于交易池顶层的席位，没有谁‘胆敢’坐上那个座位。那是他的座位——在我的心目中，那至今仍然是他的座位。当他的丧礼在埃文斯顿举行时，就连拉斯维加斯的酒店侍者和赌场伙计们都为他送去了鲜花。教堂里有如此之多的鲜花，有如此之多的人们，以至于，人们难以正常地呼吸。我们全都非常尊敬他，不论我们是否是交易员，他让每一个人都觉得他是他们最好的朋友。”

我所设想的那位大厅里的查理·D.的影子开始变得模糊，就像沙漠地平线上那抹落日的余晖一样。我不记得那晚谈话的全部细节。但是，我清楚地记得，当这位经纪人的叙述继续时，我越来越舍不得离开，再也没有兴趣请侍者将我用一辆高尔夫推车推回客房了。到了天将破晓之时，从这位经纪人的雪茄烟雾里升腾起来的精灵式的交易员让我多喝了一些喜力啤酒，并且掏钱请围坐在经纪人周围倾听查理·D.的故事的听众们抽了一圈雪茄。事实上，这位经纪人对查理·D.的死叙述得如此详细，以至于我忍不住陷入了深深的回忆之中，想起我母亲因为患卵巢癌而离开人世之前最后一年的情景。但是，与她的去世不同，查理·D.的生活和逝去所具有的复杂性和神秘感都令我精神为之大振。

这位雪茄烟雾中的天才交易员让我大笑，让我开怀。我发现自己在与他一道旅行，前往拉斯维加斯，与阿玛利洛·斯利姆和洛杉矶湖人队的老板杰里·巴斯博士一起，在赌桌上掷色子，玩不限筹码的扑克牌。当然，赌博以我们的胜利告终。接下来，我和他一道被送往芝加哥的一家医院，在那里他为与他一样患癌症的母亲和兄弟献血，以挽救他们的生命。我又去了威斯康星州的沃基肖，查理·D.曾经是那里的一位高中四分位球星，还担任过校学生会主席，曾荣获优秀学生以及全美优秀少年的称号，他带领着自己的球队赢得了一次州际赛的冠军。还是在沃基肖，查理·D.最终不幸患上癌症离开人世的命运早已在这里注定——他与他的父亲，一位大学橄榄球教练，一起从高压电线（这些高压电线，建造在威斯康星的田野上）下走过，这些高压电线产生的电磁场最终成为了后来扼杀查理·D. 生命、引起他体内细胞癌变的罪魁祸首。我那晚听说的好像是这么回事，到底是不是事实，我就不得而知了。

经纪人说起查理·D. 就像上了发条一样，事实上，他的故事从未离我远去。查理·D. 会带领我重返芝加哥大学，在那里，我曾经是一名学生，在期末紧张的几周里总是频频造访医院。正是在这同一家医院里，查理·D. 后来一次又一次地努力设法离开病床。在接受化疗之后，查理·D. 常常迅速地将输液管拔掉——只要药液刚一滴完——换上一系列的试验性药物，紧赶慢赶地驱车奔赴交易所，以便能够赶上债券市场开市的钟声。他才不需要哪位医生或者护士批准他离开医院呢！接下来，他为自己的账户进行交易，有时也会为杰出科研者们的"癌症研究账户"做交易，让大家分享在这种"逃离医院的日子"里他所取得的成功。据我所知，他常常在交易中取胜——他的财产增值了 30000 美元，甚至更多。

接下来的故事发生在芝加哥商品期货交易所的交易池里。查理·D. 在鼎盛时期的交易头寸堪与华尔街上的大公司里那些财大气粗的交易员的交易规模相匹敌，他在一天里所做的交易常常超过我们之中绝大多数人一年所做的交易——只要那天形势对他有利。在交易结束之后，他会回到 12 层楼上自己那间难以形容的舒适的办公室，速战速决地饱餐一顿，通常是一个汉堡加一些煎牛排，然后小憩片刻。毕竟，夜间的交易时段下午 6 ：00 才开始，而他体内的生物钟会在适当的时候及时将他唤醒。这位经纪人告诉我，有许多交易员在走背字而被市场清洗出局或者举步维艰的时候得到了查理·D. 的帮助与支持。他在他们倒霉的时候无私而慷慨地解囊相救，帮助他们渡过了难关。这位经纪人还告诉我，每当他那富有同情心的耳朵倾听到别人的困难时，他总是毫不吝啬地掏出支票簿，慷慨地给予帮助。因此，这里的每一个人都对他心存感激。我还听说，他一旦付出，就绝不要求回报。

那天晚上我听到的另外一些故事听起来甚至更加遥远了。首先是关于查理·D.以匿名送礼物的故事，包括他为一位已经退休的高中橄榄球教练买了一辆野营房车，以及为芝加哥大学的癌症研究者购买高能显微镜。我还听说他为许多人支付了大学学费，其中包括他家佣人的儿子。当然，还有一个故事是关于他为妻子在纽约举办的传奇式的派对。据这位经纪人的描述，这次派对简直是空前绝后的。与所有这些关于慷慨和优点的故事混合在一起的，是他作为一位风险嗜好者的点石成金的本领。据说，有一位不知名的赌客利用查理·D.给他的一美元在六合彩上发了大财，赢了一大笔钱。如果我对每个故事都深信不疑的话，那么，在我看来，谁曾经被他的金手指碰过将不再成为一个问题了，我感兴趣的就该是谁未曾被他的金手指碰过了。

愉快旅行的最后一程从哈利到密歇根的某个地方，在那里，这位经纪人经常在夜里拉上窗帘。正是这次冬末春初进行的无畏旅行在我的脑海中投射出了詹姆斯·汀的面孔，这位长着一个不甚完美的鼻子的男人却凭借自己的天分与幽默成为了意大利的性感标志。经纪人告诉我，这次摩托车远足使查理·D.受了风寒，这进一步摧毁了他那本已十分脆弱的免疫系统，并且最终夺去了我们这位英雄的生命。查理·D.的传奇故事以一种恰如其分地轻松活泼而又出人意料的方式结束了。在这位经纪人想象力丰富的头脑中，高压电线总是无所不在。查理·D.在高速公路上驾驶着命运的战车全速前进，如闪电般呼啸而过，将高压电线远远地抛在他的身后。他大声地笑着，嘲笑着我们对他英年早逝感到的悲伤与遗憾。他早就已经做好了离开尘世的准备，但是，他为什么要在这个时候停止生存呢？我静静地坐在皮座椅里，我发誓，我亲耳听到了他的摩托车呼啸而过的声音。他开足马力，为了某个不知名的理由向着某个地方疾驰——或许是为了一次试验性的癌症治疗，又或许仅仅是为了与迈克尔·乔丹打一场高尔夫球比赛。

我想，这个查理·D. 不可能是一个真实的人物，他注定只是一个传奇。但是，那位经纪人却告诉我，查理·D. 的兄弟约翰——故事中幸运的幸存者，仍然在芝加哥商品期货交易所的债券交易池里进行着交易，他的存在足以证明这个传奇故事的真实性。我不禁回想起我母亲与癌症苦苦挣扎时的情形，我刚才听到的故事之中有些情节被遗漏了，但是，我已经喝了太多的酒，又抽了太多的雪茄，就那晚而言，我听到的有关这位了不起的交易员的事情已经够多了。我想休息一下，让这个故事暂时告一段落，因此我为自己找了个解脱的办法，在口袋里搜索了半天，找到了我的电子钥匙。多亏酒店提供了这样的服务，利用电子钥匙，侍者循声而至，将烂醉如泥的我放进推车，送回到我的房间里去。就这样，我坐在高尔夫推车里回到了我自己的私人小屋，一阵微风吹过，拂在我的脸上，令我清醒了不少。第二天清晨醒来，我发现自己所能记得的关于昨夜的全部记忆竟然是惊诧莫名——我居然能够找到自己的房间，并且，我仍然有机会通过查理·D. 的兄弟来探寻他的谜底，与他交谈。那将会是一场多么有趣的邂逅呀！我不禁开始做起白日梦来。即使这位所谓的查理·D. 只不过是一个好造谣生事的经纪人根据少许事实编造出来的人物，那也够有趣的。

于是，几个月以后，我开始了对这位神秘人物的探究——这个人名叫查尔斯·狄弗兰西斯卡（Charles Paul Difrancesca），于1951年9月13日出生于伊利诺伊州。回到芝加哥后，我试图在芝加哥商品期货交易所的交易大厅里通过广播呼叫与查理·D.的兄弟约翰取得联系，以验证我所听到的是否是事实，哪怕一小点事实。我在那里苦苦地尝试了3次，但是没有结果。他还活着吗？是否他的癌细胞失去了控制，也夺去了他的生命？我打算再试一次。我在一位芝加哥商品期货交易所职员的帮助下找到了他家的电话号码。我终于如愿以偿，见到了约翰以及狄弗兰西斯卡家族的位朋友，技术派的交易怪杰汤姆·德马克。我们一道在亚当街上那家以自酿啤酒闻名的德国餐厅贝格夫享用了一顿美餐。从那个时候开始，我意识到，查理·D.的传奇总是以一种强有力的方式生长壮大，而不是缩小消失，而有关他生命的故事也随之变得更加有人情味，更加真实可信。

真的，清醒和时间以其特有的方式为雪茄烟雾中看上去有些真实的东西增添了几分纯净。只有威格瓦姆的一些民间传说传达了一些我渴望了解的事实真相。有关查理·D.的生命及其逝去还有如此之多的地方需要充实、弥补，有如此之多的疑问需要解答，但是，正因如此，我才更加确信这是一个不可多得的好故事。根据记录，查理·D.是一位道德健康的男士，不吸烟，不喝酒，与威格瓦姆的“幽灵鬼怪们”大不相同。他有时也会在打高尔夫的时间买上一份雪茄或者来上一杯，但是，这种“放纵”更多的是为朋友们“破例”而为。他自己则从不“烟雾缭绕”，而他的酒杯也总是满满的，他并未如那位经纪人所说的那样捐献鲜血以挽救任何人的生命。不过，我认为，这里的“献血”究竟指的是什么，还有待进一步商榷。当然，人们永远不会忘记他与命运搏斗的热情。

在这里，我要更正一个重要的事实，也是最让我难受的一件事——那天晚上，在雪茄烟雾之中，恰恰是我创造了这个错误——他的交易夹克不是花里胡哨的夏威夷式的，而是淡蓝色的，就像中西部晴朗的天空一样，并且略微有点古板，至少在我乍一眼看到他的录像带时留下的第一印象是这样的。他的领带很有特色：颜色对比鲜明，就是在芝加哥商品期货交易所经常能看到中规中矩的哈里斯银行职员所佩带的那种风格，经常会看到人们尖叫着冲他们挥舞着胳膊。期货交易池绝不是缺乏勇气、不愿竞争的人待的地方。查理·D. 第一眼看到交易池，就喜欢上了这个地方，感觉就像回到家一样亲切自如，他没花多少时间就在债券交易池里扎下了根。

当然，9 年里他一直佩戴着的交易徽章号码 666 也引起了不少议论，许多人认为他的英年早逝或许与这个不祥的数字有关。我想，遇上这么特别的人物英年早逝时，总会有人这么解释的。事实总是比虚构来得更玄妙，我已经开始认识到这一点，尤其是对于查理·D. 来说，与他有关的事实即使不是那么离谱，也够让人吃惊的。就像这个“666”一样，有时候，关于他的死因的神秘主义说法在我看来已经远远超出了迷信的范围，尽管我不认为有谁能够解释隐藏在查理·D. 生命的表面下所有那些精神的以及肉体的力量。我甚至在一定程度上对查理·D. 本人，而不是他的“666”代码，怀着一份迷信的感情。诚然，真实的查理·D. 总会有自己的缺陷和弱点，就像我们每一个人那样。但是，基于某个我无法捉摸的理由，在这个人们普遍倾向于短视与健忘、急功近利的市场上，查理·D. 从未完全彻底地从人们的记忆中消失。就在不久前的某一天，债券交易池里的一两个交易员还告诉我，他们已经提出了申请，请求将交易所新建的造价 18000 万美元的交

查理·D.的一天——和其他顶级交易大师，包括史蒂夫·劳伦斯（左）

忙着交易国债的查理——操着经典的“迈克尔·杰克逊”的口腔音

易大厅（至少可以容纳一架波音 747 客机）命名为“查理 · D.”。在我看来，最奇怪的一件事恐怕还是一位债券交易员能够在人们的心目中占据如此重要的地位，居然能够超越他金钱上的得失，这着实难能可贵。

第二章　传奇英雄

1986 年 6 月 16 日，星期五，一个令人惊叹的派对开始了——查理 · D. 像巫师奥兹一样，迅速而有力地挥舞着链条，拍打着鼓儿，吹打着号角，从他的成功帘幕后敲响了铃铛。黄砖砌就的道路从芝加哥开始，一直延伸到纽约的广场饭店。这条道路上漫游着的，是将男人们送往大西洋城并且将女人们送往布鲁明达尔的包车，这条道路将在周六晚上“绿茵之上酒店”的宴会之中达到高潮。这段所谓的“曲折之旅”的后面还包含着更多的快乐和热爱，尤其是在广场饭店的总统套房里。查理 · D. 就像一位神奇的魔术师，操纵着与这场派对有关的记忆的帷幕，起起落落，发出吱吱的机械声。没有人关心这样一掷千金的派对到底要花多少钱，他们也没有必要考虑这个问题。那正是查理 · D. 的快乐与趣味的组成部分。他希望这场派对结束若干年后，关于它的回忆仍然能够在人们的脑海中记忆犹新，仍然能让参加者发出会心的微笑，也就是说，真真正正地永远享受这次派对带给他们的快乐，他尤其希望他的妻子安能够如此。只要是与这次派对有关的事情，他都事无巨细一一包办，就只差帮他的客人们整理背包了。这个派对是一个顶级机密——这个深藏不露的惊喜就像广场饭店自己的顶楼一样规模庞大、光芒四射。

查理·D. 的业务经理苏茜·斯密德（婚后改为苏茜·布拉曼）躲在幕后平静地安排着这一切，就像一个小精灵一样，为即将到来的派对之期做着准备。查理从来没有给她下过预算指标，他也用不着为她下预算，因为她明白无误地了解他心里想要的是什么。毕竟，这是安的 40 岁生日，苏茜作为安的老朋友对安颇为了解，也许在某些方面更胜于查理本人。苏茜知道什么东西能够让安最开心，盯着大大的“4–0”，她也知道什么让查理·D. 最开心：在关注自己交易池旋风式的商业生活之外，仍然能够给那些他热爱的人们带去快乐。

查理·D. 热切地盼望着当那个盛大的日子来到时自己能够搜罗到所有那些与年龄有关的笑话。不过，他之所以不给妻子的 40 岁生日设定预算，是因为在他的内心深处是有一个十分重要的理由的（也许是为了满足他内心深处激励他所爱的人们的需要）。他仍然清楚地记得 1980 年他们结婚时的情形：那一天也是他生命中最美好的日子之一，但是，却没有什么值得记录的。那个婚礼是低成本、低预算的婚礼之中最节省的，就在安的公寓里举行。安上一次不幸婚姻的“纪念”——儿子杰克和女儿麦吉，当时分别是 4 岁和 2 岁，充当新郎新娘的金童玉女。这两个孩子深得查理的疼爱，孩子们脸上甜蜜的笑容诉说着一个了不起的快乐故事。现在，他们有了一个新爸爸，可以取代原来的那个爸爸离家而去留下的空白。这个新爸爸还为他们以及安的生活带来了某些久违了的东西——他非常有趣，而且精力充沛，生机勃勃。安的侄女劳拉是参加这场婚礼的第三位“嘉宾”，她站在一旁充当花童。他们手捧《圣经》，庄严宣誓，以心相许，厮守终生。他们的爱情宣言真挚而含蓄，并不像眼下时髦的年轻人之间的誓言那样浮华夸张。在安的起居室里一张点缀着绉纸的小桌子上，摆放着一个不大但却美味非常的结婚蛋糕。安为查理以及孩子们照了一张快照，就以蛋糕为背景。查理对安微笑着，脉脉含情。他向她许诺，总有一天他会为她重新创造一份如那天一般的快乐与幸福，而且是一份更大的幸福。第二天，他就回到交易池中开始努力兑现自己的诺言了。他更加彻底地投入到债券交易池中，努力追求着更多的金钱。他牢记自己的诺言，拼命地工作，只是抽了足够的时间与密友约翰·伯伦及其妻子一道在新泽西的海滨上庆祝了一下蜜月。

这场生日庆祝会兼迟到的婚礼庆典，与早先那场局促简单的婚礼相比，无异于天壤之别。苏茜召集了安的65位最亲密的朋友及其家人前往纽约，她甚至邀请了远在伦敦的客人。这个派对太诱人了，以至于只有很少几位客人因故没有参加。苏茜租下了广场饭店的整个顶层，35个豪华套房为每个人提供了舒适的落脚之地，星期五晚上将要举行一个让人大吃一惊的接待会。查理·D. 考虑到了每一个细节，他甚至一时心血来潮，为客人们买下了奥玛哈共同保险公司的保单，以防客人们遭遇坠机之险。这正是查理·D. 像一位负责的家长一样进行思考得出的令人惊奇的结果，他的思维方式实在是怪异，而做出这个决定时，他还认真地咬着指头。

当绝大多数客人一块儿乘坐班机从俄亥俄机场起飞，共赴一次热闹非凡的飞行时（他们在碰触到纽约的地面以前将经历一段漫长的旅行），安和查理还没有起飞，他俩将搭乘较晚启程的航班。安一点也不明白自己为什么要跑到纽约去庆祝生日，坐在飞机上，她开始为自己正在步入40岁的门槛感到沮丧不已。她已经濒临崩溃了，但是查理·D. 却一再为她打气。在驱车前往俄亥俄的路上，安明确地向查理·D. 表示自己真的不想去。如果让她选择的话，她宁愿在威尔梅特与一些密友及其家人一起度过自己的40岁生日。不过，即使她这么不情不愿，也一点办法都没有了。查理·D. 轻描淡写地将安的抱怨抛在了一边，连哄带骗地将他那怒气冲天的妻子弄上了飞机，他向安许诺，在纽约这个大苹果城，她一定会找到乐趣。

“安，我想我们在纽约一定可以顺利地找到可做的事情，就让我们拭目以待，看我们到那里之后会遇上什么吧。”

安对这次旅行的抵触情绪被打破了，她仍然为自己的生日深感沮丧，于是，她开始安排如何利用周末弥补自己的损失，并且如何充分利用她丈夫一时心血来潮仓促安排的这次糟糕的旅行。他本该让她自己来做安排的嘛，那样一定有趣得多。

“查理，我们甚至连一张戏院的票都没有。我们到了那儿之后，将做些什么呢？如果你实在硬要把我拽到纽约去的话，或许我们可以去绿茵之上酒店去吃顿饭，我早就想去那里饱餐一顿了。”

“好吧，甜心，就让我们去那儿碰碰运气吧，我们将按照你的愿望行事。我有一种很好的感觉，我们或许会在纽约碰到一两位好友呢。你的生日总是很走运的，不是吗？”

“当然了，查理。不过，在纽约街上成百上千万的行人之中找到一两位好友，我可不认为自己会有这种运气。”

“好吧，那就让我们打个赌吧，如果你愿意的话。纽约只不过是一个大一点的城镇嘛，你永远不知道自己会碰上什么事情，在债券市场上发生过更加离奇的事情。”

“我当然愿意打赌了。如果我们在像纽约这样庞大的城市里能够碰上四个以上的熟人的话，我就愿意在旅馆的床上满足你最为狂野的性幻想。”

一切都按照期望的那样进行——或许比期望的更好。

“安，你真的要打那个赌吗？亲爱的，那就让我在你的耳畔呢喃，说出我的最爱吧，我喜欢在上面，即使这并不太合我的胃口。纽约有很多人，我确信我们至少会碰上我们认识的一些人。”

“你确信吗？查理，你已经打了一个‘生日赌’。但是，如果你输了的话，星期六的时候，你就得乖乖地买戏票，面带笑容地陪我看一整场演出，然后带我去绿茵之上饭店美餐一顿。”

“没问题，甜心，就让我们以吻封缄吧，让我们去纽约好好地寻开心吧。在我看来，我们俩现在谁也不会有损失了。”安飞快地翻着一本杂志，查理则向空中小姐要了一杯可口可乐。想到绿茵之上酒店，一家闻名遐迩的餐厅，又是肯尼迪家族以前经常光顾之地，至少可以提起安的兴趣，她早就想去那里吃上一顿了。飞行很快就结束了，纽约经典的夜景神秘而迷人，闪烁的灯火向狄弗兰西斯卡夫妇致意。夫妻俩心头顿生一股暖意——生日快乐，纽约！

安和查尔斯在拉瓜迪尔机场取了他们的行李，跳进了一辆大轿车。应邀参加派对的客人们那个周五的下午已经抵达纽约并且在一两个小时以前就住进了各自的旅馆包间，他们已经架起了一架家庭录像机，以便拍摄下这次派对的各个重要场景，免得错过安被这个意外的惊喜搞得晕头转向的镜头——多么有纪念意义的镜头。当绝大多数客人从芝加哥地区来到纽约时，两架包机从遥远的地方送来了一些特殊的客人，包括从俄亥俄阿森斯特意赶来的安的 80 多岁的老奶奶。他们关掉了灯，静静地聚集在宫殿般华美的总统套房里。安的姐姐弗兰茜在大门口接待着刚来的客人，向他们分发着黄色的 T 恤，特意定做的黄 T 恤的前面写着：“人到 40 真美好，让我们祝贺吧！”背后则写着：“安，祝你 40

岁生日快乐！”客人们把黄T恤套在他们的晚礼服的外面，就像运动员们赢得冠军后马上套上T恤那样。查理·D. 从豪华大轿车上打了一通电话给旅店，确认了一下他们将要到达的时间，再由旅店通知给总统套房里的客人们。大约晚上6：55的时候，总统套房里的灯光熄灭了，整个房间陷入了一片宁静。查理·D. 和安被人护送着穿过走廊，来到总统套房。站在总统套房的门口，那意料之中的宁静进一步证实了安对纽约之行的预感。查理递给她房间钥匙，饭店侍者拖着行李车跟在他们的后面。

“我至今仍清楚地记得查理那天邀请我去参加那个派对的情形，”他们在威尔梅特的邻居兼朋友J.B. 多弗提说道，“他亲自跑来找我，他说他希望我和我的妻子参加安的40岁生日派对，并且，那场派对将是他送给安的一个意外的惊喜。我说，好的。于是，他接下来告诉我们，那个派对将在纽约举行。他一定注意到了我脸上的表情，因为他立马解释道：‘不，不，您不必为孩子们或者为路上的花费担心，我已经考虑到了一切细节，我会承担一切费用，并且安排孩子们的事情，请您放心好了。’我当时在巴克斯特工作，因此，我对这些一流公司的做派并不陌生，但是，查理的这次派对却远远胜过一般的做派。这个活动着实类似一个伟大的盖茨比式的举动，他租用了整个饭店顶层。派对上，仅仅供应食品的餐桌就长达40英尺以上，在房间的每一个角落里，都有充裕的鸡尾酒供应，每位客人都有自己的套间。餐宴派对是在绿茵之上饭店举行的，查理·D. 早已为每位男士预订了第二天在大西洋城豪赌的座位，同时也为所有的女士们做了安排，安排她们在纽约第五大道的布鲁明达尔购物。苏茜告诉我，这一切大约花掉了查理·D. 30万美元。只有查理才会去吃这种苦头，他甚至召来了一个墨西哥流浪乐队为安演奏小夜曲。”

当安打开总统套间的房门时，灯光亮了，她还没回过味来，就看到65个人像蜡人一样出现在她面前，那效果，就好像65个人冻结在那种古老的照相机的闪光中一样。有那么一两秒钟，她莫名其妙地站在那里，她想知道自己是否徘徊在童年的俄亥俄与现在的芝加哥的生活之间，是否到了只有想象中才能到达的仙境。是的，沿着那条黄砖铺就的道路，她来到了这个连做梦也想不到的神奇地方。

“惊喜吧！”

查理站在门口，伴在安的身后，他将手放在妻子的肩上并且深情地吻了她。欢迎仪式结束了，在人们的欢呼和喧闹声中，他在她耳边轻声地嘀咕了几句别人谁也听不到的话。

“安，我没有数，但是我想这个房间里你认识的人一定不止4个，我们可以稍晚的时候再兑现我们的赌注。生日快乐，亲爱的。”他那“戴礼帽的猫”一般的坏笑意味无穷，而她的笑容亦含意隽永。

在某种意义上，那个房间就是一台时间机器，就是我们都希望自己能够住上一两天的那种。在那里，我们可以和我们生命中各个不同阶段最喜爱的人们生活在一起。安看到的全都是从芝加哥周围赶来的邻居们：什拉斯一家、穆索一家、杨一家、加拉一家以及多弗提一家，这间屋子里还有她的父亲、母亲、姊妹以及大学时代以来的朋友，还有从加利福尼亚起程赶来的她以前的男朋友。哦！上帝呀——甚至还有那以前上大学时和她交情泛泛的室友们。哦！还有她那位远在阿森斯城的祖母！她不自觉地将手捂住了嘴——这一切实在太令人惊奇了。她觉得自己就像是一个做梦的妇人，梦见自己被装在一个40层旅馆大小的盒子里。她看着查理，半天说不出话来。他显然为大家成功地保守了这个秘密而兴高采烈，他更为自己实践了对安的诺言而兴奋异常。

对于那次聚会的回忆永远地留在了参加聚会的各位客人的心中，安从未如此强烈地感受到被人宠爱的滋味。第二天晚上，在绿茵之上酒店，戴着宽边草帽、穿着镶银边黑衣的墨西哥流浪乐队在轻柔的吉他伴奏下，柔声吟唱着《白雪公主》。那天晚上，在宴会派对上，查理·D. 举起他的香槟酒杯，粉红色的手指上下拨弄着杯子，向妻子祝贺生日以及他们结婚6周年。当墨西哥流浪乐队演奏起《浪漫史诗》，惹得安脸上泛起一层更美的红晕的时候，他向他的客人们解释道，这正是多年以前当他遇上安的时候希望自己能够给予安的婚礼宴会，但可惜当时他没有这个能力，所幸的是，今天可以稍作补偿了。当安听到他的这番话时，时光仿佛突然停止了流动，她的眼睛在屋里四处穿梭，搜寻着家人与朋友。与查理一起共进晚餐，从来没有这么开心过。

她的确很开心。她的笑容和不时发出的咯咯的笑声将她的喜悦之情暴露无遗。为什么不放纵自己大笑大叫甚至用指甲掐自己一下看自己是否是在白日做梦呢？当然，她仍然清楚地记得那个“低预算”的婚礼。就在查理提着用塑料袋装着的绝大部分衣物搬入安的公寓后不久，二人举行了简朴的婚礼。有很长一段时间，他的情绪非常低落，但是，安·狄弗兰西斯卡与这位债券交易员彼此扶持，互相鼓励，共同希冀着美好的未来。

在这个满是歧路与陷阱的世界上，查理·D. 在自己的“潜望镜”目力所及的范围内拥有无数次的派对、庆典，拥有自己的个人目标。在他的内心深处，他绝对相信自己能够继续保持芝加哥商品期货交易所最佳交易员之一的水准。自从踏进债券交易池，他就从来没有怀疑过自己的能力，债券交易池就是他的球门线。如果他需要移动一码以赢得荣誉的话，债券交易池就是他这个众所周知的四分卫取得成功的地方。但在他的生活中，这绝不是主要的部分。他的个人目标不论是在物质上还是在精神上都远远超越了他到目前为止所取得的成就，这场豪华气派的小插曲仅仅只是为了提供一个与其他人分享他辛勤劳动果实的机会而已。从 1980 年到 1986 年，他已经证明了自己在债券交易池里积累巨大交易头寸并且成功交易这类头寸的超乎寻常的能力。用他自己的话来说，他很少“将所有头寸吐在自己的鞋面上”。这个时候，在绝大多数交易员的心目中，没有人在白天比查理・D. 更多次地在债券交易池里紧抓价格变动这个烫手的热山芋，也没有人能够像查理・D. 那样在巨大的压力下如此优雅而又轻描淡写地将这个热山芋递给别人。这种微妙的艺术只有少数交易员能够掌握，其他交易员都缺少取得成功所必需的钢铁般的意志以及无形的“球场意识”。

1982 年至 1987 年间担任戈德堡兄弟公司服务部及风险管理部门主管的大卫・迈克列南是亲眼目睹查理・D. 在交易大厅里如流星般迅速崛起的人之一。按照迈克列南的说法，在他二十四五岁的时候，他的工作就是待在交易池里充当大交易员的良心或者钓钩，只要这些交易员的情绪、自负或者恐惧能够最大限度地为他所利用。“我是场内大交易员与老板之间最密切的纽带，”迈克列南说道，“我向约翰・卢斯（戈德堡兄弟清算公司的经理之一）报告。我的工作就是在约翰希望与某位交易员讨论一笔大交易头寸或者在他认为有必要劝说交易员们减少交易头寸的时候，代表约翰前往交易所大厅。”

当时，查理・D. 的交易活动规模到底有多大呢？根据迈克列南的说法，一个戈德堡兄弟公司的交易检查员通常都能够对付成打成打的独立交易员——也就是通常所说的场内交易员。因为他们之中没有人交易巨额头寸，交易检查员要想立刻监视到多名交易员的交易活动并没有问题，并且，他们甚至还能够在交易日中的某些时候稍事休闲。但是，对于查理·D. 以及他的交易池同事罗勃·摩尔来说，情况却并非如此，他们通过戈德堡兄弟公司（简称 B&D，取自戈德堡兄弟名字的首写字母，鲍比 B 和大卫 D）的一个独立的部门清算交易。戈德堡为这些交易池里的巨人们特意创立了一个清算账户 666，因为它易于记忆。在交易大厅里，当买进与卖出被视为冒失鬼的行为，而不是与《圣经》相呼应的事物时，占据优势的大笔交易也会被否定。交易占优势的巨额头寸可能要花掉不少的钱。交易大厅里所有那些大交易员们全都依赖着低能儿亦可记住的清算号码——747、181、007，以便当他们完成一笔交易并且将它记录在交易卡片上的时候，能够不假思索。查理·D. 和罗勃·摩尔正是为了这个理由才选择了 666 这个号码，毕竟，有谁能够忘掉这样一个特殊的号码呢？如果你是一位从孩提时代就拥有一顶幸运的垒球帽的交易员，或是一位从未踏上过芝加哥商品期货交易所的交易员——对于那些来自 666 号土地的大交易员们而言，一切都得天独厚——这个数字会吸引住你的，因为它不会使迅疾如电的查理·D. 有麻烦，也不会使手脚麻利的罗勃·摩尔产生任何麻烦。当其他的交易员拿这个数字开玩笑的时候，查理·D. 并不生气，而是和他们一道开怀大笑。他绝不会把太多心思放在这个上面。这只不过是一个用铅笔在交易卡片上写起来非常迅速的数字，因为它的这一特性，所以能够使市场运作得更加迅速快捷，这是一个优势——不论这个优势多么微不足道。

就查理·D. 的交易方式而言，每一个优势都是至关重要的。“我们专门为这两个家伙配备了一位交易检查员，”迈克列南说道,“我在交易厅里工作的时候，每天交易结束时查理 · D. 的交易卡片总是其他任何一位交易员的两倍厚。当他离开交易大厅的时候，他总是汗流浃背。结束了在交易大厅里整整一天的紧张交易之后，他来到我们办公室里的时候常常是领带斜歪、松松垮垮地挂在脖子上，一直垂到皮带扣上。他的交易方式不仅使人体力完全耗尽，而且精神上也殚精竭虑。但是，如果我去到交易大厅找他谈话，他总是对我非常尊敬。”

就在 20 世纪 80 年代，查理 · D. 开始表现出后来人们纷纷传说的慷慨大度。从那时候开始，查理 · D. 凭借自己的辛勤工作以及难以想象的乐善好施在交易池里确立了自己的形象。“查理对待别人胜过绝大多数人善待他们自己。”债券交易同行汤姆 · 加拉弗说道。首先获益的是戈德堡兄弟公司里那六七位与他经常打交道的雇员，每逢圣诞佳节，查理都会给他们封上红包以及去夏威夷等旅游胜地的机票，以一个快乐的圣诞假日游作为对他们辛勤工作的报答。除了他们的饭钱以外，查理一应全包。在查理 · D. 最春风得意的年头里负责检查他交易的戈德堡兄弟公司职员理查德 · 纽曼，一个戴着眼镜、蓄着胡子的 40 多岁的男士，在为查理工作了一年之后，获得了一块劳力士表作为礼物。在名为墨顿牛排屋的餐馆里（以吸引好莱坞影星及体育明星而闻名，且靠近“北部边沿”)，侍者拉奇 · 米哈拉，将查理 · D. 列为最豪爽大方的客人之一，查理给的小费总是格外的多。他似乎生来就秉承着那种乐善好施的哲学，但他总是有目标地去做，并不会白白养肥寄生虫们。他喜欢那种为别人带来快乐的感觉——包括他的妻子、朋友、其他交易员与同事，甚至关系更远的人。“我发现这的确令人难以置信，他居然能够对那些他并不怎么认识的人如此慷慨大方。”一位戈德堡兄弟公司的雇员说道。作为崇拜者，拉奇将查理·D.（每月前来就餐一到两次）的照片与阿诺德·施瓦辛格、弗兰克以及迈克·杰克逊的照片一起挂在墙上。“除非他们解雇我，否则，我将永远将他的照片悬挂在他的那张桌子旁边，”拉奇在牛排屋说道。拉奇边说边指着他为查理及其妻子安拍下的照片，“你不可能找到另一个像他那样的人。我在他去世之前的几星期曾经看到过他，他吻着我的脸颊，说道：‘下周见。’那竟然是我俩的最后一次见面。”

像猫王艾尔维斯一样，查理·D. 也希望为他的父母做点什么，可有时候却反而弄得两位老人很尴尬。温斯和玛格丽特收到了威尔梅特一套豪华公寓的钥匙，那儿原来是一个很差的地方，后经改造而成。因此，一位邻居误认为温斯是新来的负责打扫楼房的工友，问温斯是否能帮他清理清理垃圾。威尔梅特作为一个富饶的新区，与温斯原来居住的地方有着很大的区别。但是，做父母的怎么会不以此为荣呢？查理·D. 可以毫不费力地发现自己以及其他人需要和缺少什么，并且将他的钞票花在满足这些需要之上。1983 年的时候，他打算在威尔梅特的格林伍德大道上购买一座美丽的褐色砖房——他将它称为“起跑者之屋”。不久以后，他在密歇根买下了一座夏日小屋——离本顿港的零点森林原野俱乐部不远。他还在债券交易池以外从事着其他一些投资，包括一家名为森空的公司。

查理·D. 还以另外一种捐赠方式间接地为债券交易池提供着帮助。无论是谁，只要他作为一名交易员踏入交易池，查理·D. 就会慷慨地向他提供 30000 美元或者更多的融资，以帮助他踏出事业上的第一步。在他看来，更多的交易员就意味着市场拥有更好的流动性。这对市场——他的市场，如果你这么看的话——有好处。不久，他就“诱骗”他的兄弟以及他在哈里斯银行的同事们一起入了这一行，并不是每个人都接受了他的建议，但的确有不少人在他的帮助下开始了自己的交易生涯。他的热情说服了一些在哈里斯银行工作的朋友，包括汤姆·杨、约翰·皮林以及马克·德罗格穆勒，他们甚至不接受查理的资助，就转行干起了交易员。他还为在体育运动中受了腿伤、不得不待在轮椅上的吉姆·佩科斯提供了支持，帮助他在交易所外进行交易。查理的真诚使别人相信自己也能够像他一样承担风险，并且像他一样赚取利润。查理·D. 所做的最奇怪的介绍恐怕要数他将精神病学博士、他母亲玛格丽特的密友戈登·拉森隆重推出，在他的精心布置下，安排戈登与大卫·戈德堡进行了一次会谈，从而将他重新引入了期货市场。作为一位有着金子般心灵的、专门拯救病人摆脱精神痛苦的人，在亨特兄弟狙击白银市场的时候，拉森在白银期货市场上赔了一大笔钱，但是，他的确是一位诚实、可敬的人，是查理的朋友。查理·D. 认为拉森对人性的理解可能会帮助他成为一名出色的交易员，不过，仅仅与戈德堡谈了一次，拉森便停止了重新进入投机与风险行业的尝试。“查理真心诚意地认为任何人都有可能成为优秀的交易员，”拉森说道，“他的热情几乎将我说服了，但是，我的确从与大卫的交谈中获益匪浅。”

往往是查理·D. 而不是他们自己将那些被市场淘汰出局的交易员们重新拉回市场，他也往往乐意这样做。在交易结束后，他常常在办公室里给合适的（有时也给不合适的）人签发支票，让绝大多数人享受怀疑的益处。在他看来，承担风险和损失并没有什么可羞愧的，只要你能够从经验中学习、吸取教训，变得更加强健有力。在这个时候，他考虑到的并不是金钱，而是别人的需要。他似乎是在印钞票——如果你相信交易池周围人们的议论的话。一位前戈德堡雇员指出，查理·D. 在这段时间里每年“轻松进账七位数”，他意犹未尽，又补充道，“我说的并不只是一个一加六个零。”

这段时期，非常引人注意的是他赚钱所秉持的一贯性原则，以及他在期货交易中控制风险的能力。当运转迅速的市场使交易池里一片混乱时，查理・D. 似乎总是警惕着大笔交易中潜在的风险，他往往能够在市场转向并将其他那些不太机智灵敏的交易员打倒或者撞伤之前就在这个仓位上获利胜出。遵照灵活性原则，在交易失控之前，他就会果断平仓，结清交易，以控制风险。在交易时间里，他很少离开交易池，并且，在交易日结束的钟声敲响之前，他几乎总是会平掉所有的头寸。晚上，在芝加哥商品期货交易所的晚间交易时段里，他在交易池里做着两方面的工作，一边建立仓位，一边平掉仓位。

“他是个出色的交易员，手脚也格外麻利，”迈克列南说道，“这里其他那些大交易员们更加倾向于投机——常常将仓位持有一天以上。查理则喜欢买了就卖，常常平掉所有头寸之后再回家。我并不是说他什么时候都不投机，的确，当行情有利的时候，他有时也会投机一把。但是，其他交易员一天交易两次 200 手或者 500 手的头寸，而查理却往往在一天里做 100 次 50 手或 100 手的交易。就交易总量而言，他无疑是最大的交易员。如果他持有了 500 份债券期货合约而又必须离开交易池办别的事的话，他会将这个仓位平掉。”

清算公司和交易所从不对交易员的活动进行评价，因此，查理・D. 相对于他的交易对手来说，其确切底线从来不为人们所知，除非有人看过他的损益表。但是，交易池外关于他的一贯性原则的逸事性证据的确反映出了他的财务状况与盈利能力。从 1983 年 3 月到 1987 年 1 月，他将自己的交易收入连本带利地拿到交易所以外的地方进行投资，他每个月都会有规律地从交易收入中拿出额外的100000美元投资于外面的事业。举例来说，1988年6月，单单为外面的投资提供营运资金一项，他就花掉了262000美元。在将近4年的时间里，他每个月都将自己从国债交易池里获得的利润重新投资于他视为自己的事业的“期货”交易中，没有一个月例外。这份意外得到的有关查理作为交易员赚钱之一贯性、稳定性的跟踪记录，在交易池里，恐怕只有寥寥可数的几个人可以相比。

那些目睹他在整个80年代中期进行交易的人们都说，看他做交易是一种美的享受。“如果要让我用一个词来形容查理的话，”汤姆·杨（他是查理在哈里斯银行时就交上的朋友，也是债券交易池里的交易员）说道，“那就是‘勇敢无畏’。看上去，他就像是顶层阶梯上安装的一台真空吸尘器，吸收着所有那些别人压根儿就看不到的信息。他知道哪些交易员按兵不动，哪些交易员做了空头或者多头，他还知道他们持有的头寸数量，他还知道哪些交易员在特定的情形下会吐掉自己的持仓。他在那儿高度紧张地工作着，总是全神贯注地思考着自己的下一次行动，以及从外面进入交易池里来的证券的动向。他总是拥有头寸——在交易日中的每一分钟里，他都保持着高度的警惕性。如果他的交易出现了失误的话，我想，那只是因为他相信别人会聪明到按他所想的去做。但是可惜，并不是每个人都有那份天赋与意志力，能够像他那样去进行交易。”

从1980年到1982年，作为交易对手的交易员们说查理·D.的绝大多数盈利都来自于赚取差价。有时候，在绝大多数的债券水平差价交易中都有两个价位的差价，对于愿意接受外来交易单的人来说，这是个机会。对于像查理·D.一样交易着巨型头寸的交易员来说，两个价位是一个相当可观的边际利润。他在那种类型的交易之中积极地运作着，尤其是在法律允许鞍式期货在年末纳税时可以延迟的日子里。那些在交易池外寻找着这类交易机会的人总是发现查理·D. 在市场中间提供着流动性。这些两个价位的差价——后来，随着债券期货市场变得越来越有效率，差价也越变越小，缩小到了一个价位，由于他为交易池里里外外的交易员们提供着流动性，交易规模极其庞大，所以集腋成裘，造就了他的第一笔小财富。但是，因为它有时仅仅是年末时玩的一种避税把戏，所以并不能认为这种交易是没有风险的。查理·D. 一年到头都在做这种交易，他知道由差价交易构成的期货头寸比单纯的多头头寸或者空头头寸更安全，通过构造差价交易（将多头头寸与空头头寸组合起来），以便在一个方向上的头寸遭受损失的时候，能够凭借另一个相反方向的头寸将绝大部分亏损弥补回来，从而有效地控制风险。在现实的市场条件的压力下，他或许是那些能够最迅速地将这种交易的两条"腿"都拿开的交易员之一。但是，如果你不够快，也不理解差价关系，有时候会走上歧路的话，你就有可能被夹在差价交易的"两条腿之间"，动弹不得，从而可能输个精光，连内衣都赔上。查理·D. 在交易池里非常机智灵活，手脚利索的他不断地随环境的变化调整着仓位。他绝不墨守成规，更不会坐以待毙。在这个基础上，不到3年时间，他就建立起了一个相当可观的资本基础。

随着他银行户头的增长，查理·D. 在交易池里的自信心也日益增强。当杨和其他债券交易池经纪人以及场内交易员们发现查理·D. 开始交易那种规模庞大得一般人碰都不敢碰的头寸，并且天天如此时，他们惊呆了。大经纪人从交易池的四面八方向查理·D. 走来，带着厚厚的卡片，因为他们都知道查理交易巨额头寸的声名以及吞吐热山芋的能力。“他的交易规模很大，”杨解释道，“这对他很有效，他干得很不错，但并不适合每一个人，的确如此，要想以那种方式进行交易，你就必须对自己的能力拥有绝对的自信。”杨津津乐道的有关查理·D.在交易池里的逸事，发生在80年代的一次傍晚交易时段，在这个时段里，杨目睹了查理·D.在市场上大量放空，然后再以比放空价低20个价位的价钱将它们补回。他在交易池里一丝不苟地工作着，不断地买进、卖出这一头寸，就像一个加足了油的机器人交易员，站在顶层台阶上，看上去心如止水，面无表情。

有关查理·D.的交易天赋的各种新闻很快就传到了交易池外，在夜间交易时段里，查理·D.被介绍给了东京的日本债券交易商。查理·D.与汤姆·伯德温和詹姆斯·亨兹（他被人们戏称为“黑暗王子”，因为他只在夜间交易以帮助刺激晚间时段的交易活动）——两位债券交易池里的大腕，一道去东京旅游了一趟，给日本交易商们留下了深刻的印象。在那次旅途中，他口头承诺，如果日本人加入晚间交易时段并且做交易的话，他将交易至少500手的头寸。日本的交易商们通过内部渠道了解到他是芝加哥商品期货交易所场内的主要交易员之一。他的承诺让东京的一些交易员十分迷惑，不知应当如何应对，而其他的交易员们已经做出了选择，他们被吸引到了芝加哥商品期货交易所。查理·D.在期货交易池里总是言出必行，不久，芝加哥商品期货交易所就开始在晚上交易成百万上千万的合约。为了庆祝这一成绩，他们特意在交易大厅里切开了一个灯泡形的蛋糕，众人分享着这份喜悦。到了1991年，在晚间交易时段里，日本客户的交易量已经占到了全部交易总量的50%。在那次前往东京的特殊的公关旅行之中，查理·D.变得更像是一个谜——因为在日本人眼中他具有点石成金的神秘本领，有些人甚至企图借助特权来解释他的赚钱技术。他的技巧实在太高明了，从不同的时区很难翻译。“D.先生，对不起，打搅您一下，”在东京的一次芝加哥期货交易所举办的鸡尾酒会上，一位初出茅庐的交易员说道，他显然在寻找查理·D.交易成功的令人信服的原因，“您是美联储主席格林斯潘的亲戚吗？”

查理·D.以他在交易池里惯用的表情哈哈大笑起来，然后，他将笑声转为了一个礼貌的玩笑，“不，先生，我不是格林斯潘的亲戚，但是，他的确有时候清早6:00打电话到我家来找我。”日本人永远不知道他说的是真是假。一位曾经亲眼目睹他对市场的影响的交易员说道：“他几乎是单枪匹马，就让日本人相信在晚间的交易时段里将会有足够的流动性以供他们进行交易。”

查理·D.并不仅仅是日本人的活动目标，在傍晚的交易时段里，他常常为日本人匹配头寸，并与他们斗智斗勇。他在老家芝加哥商品期货交易所的威望也通过盘根错节的芝加哥与纽约的交易社团传播了出去。有传闻说场外投机商保罗·吐多尔·琼斯强有力的同事们已经试探了一下，看查理·D.是否会为他工作，而当时的查理·D.只对为自己的钱做交易感兴趣——至少在这个时候是如此。他认为为其他任何人工作都没有必要，除了自己以外。

有一位交易员清楚地记得查理·D.早年在交易池里的情景，他叫达那·奥伯林，是摩根·斯坦利在芝加哥的“楼上交易员”。奥伯林宣称，当他与查理·D.一道在哈里斯银行工作时，他就是查理的慷慨天性的直接受益者。就是在哈里斯银行，查理·D.正在培养自己的个人兴趣，而奥伯林当时正在想方设法通过公司的培训计划以进入银行的信托部门工作。奥伯林从一开始就被查理深深地吸引，因为他从查理身上看到了某些在当时就很不寻常、独一无二的东西。对于奥伯林来说，这只是一件小小的不起眼的事情，但是，它却的的确确地将查理推上了自己的幸运之路。

“在银行里，他是一位能够妙语连珠、语出惊人的小伙子，”奥伯林说道，“有一次，他头脑灵活，随机应变，帮助我在哈里斯银行信托部门找到了一份工作，就因为我告诉他我曾经写过一篇关于‘低价股与高价股市场表现之对比’的研究论文。他知道我希望成为一名投资组合管理人，他很愿意帮助我实现这个愿望。就像在哈里斯工作的其他许多认识他的人一样，我被他为自己、为他人谋求生活中正确的行动时所具备的果敢与决断所折服。很奇怪，在交易日的中间，我竟然会时常地想起他来。甚至直到现在，我都常常想起他。我无法解释这是为什么，只是不自觉地，他就会跳到我的脑海中来。”

1980 年，查理 · D. 给奥伯林打了一通电话，这个时候的奥伯林在摩根 · 斯坦利工作，这是奥伯林第一次听说查理 · D. 已经离开了哈里斯银行。大约 3 年之后，他将查理 · D. 介绍给了自己的妻子玛丽，一位房地产经纪人，以便帮助查理在威尔梅特搜罗一所新房。显然，他已经今非昔比，早已不是 70 年代末哈里斯周薪 800 美元的新进员工了。

“他身上有一圈光环，”奥伯林解释道，“当我还是个孩子的时候，就认识比尔 · 基辛格，因为我与比尔的孩子们一同去上学，他拥有一所房子，就在查理 · D. 买下的那座房子附近。我记得比尔说过，‘那小子是谁？’不久，查理就搬进了新居。你从邻居那儿听说他在芝加哥期货交易所工作，但是，你又听说这个小伙子相当不错，付清了所有应付的钱买下了格林伍德街上的那座房子，他的名声开始在邻居们中间传播开来。但是，一旦邻居们开始与查理・D. 接触，任何消极的感觉、嫉妒，或者怀疑，就都烟消云散了。他不是那种雇了司机、每隔一周都在家里举办派对的人，他根本就不是那种虚伪做作之人。但是，绝对有一些小小的关于他的流言通过邻居之口四散传播。”

查理・D. 作为一名交易员的天赋才华到那时候已经磨砺得十分出色了。对奥伯林做房地产经纪的妻子来说，最不为她所知的是，他那张蒙娜丽莎一样神秘寡言的嘴唇掩盖了他对住所的偏好。查理・D. 的妻子安喜欢格林伍德街上与基辛格家毗邻的那座两层棕褐色的砖房，而查理・D. 却在别处看到了他梦寐以求的房子。他声称自己喜欢一座巨大的木头房子，当时由厄里文家族所有，就在格林伍德街对面。为了出售的需要，厄里文家的房子有一圈包得很严实的前廊，查理・D. 一再向房地产经纪人玛丽・奥伯林提起，令她无法忘记。当购买房子时，查理甚至不愿意走进那座格林伍德街的深褐色砖楼，非得由玛丽・奥伯林哄着才走进去走马观花地看了看，粗略判断了一下房子的特点。

过了这么多年以后，奥伯林仍然不知道在那次房产谈判中查理・D. 到底希望一个什么样的结果。他为他的妻子安买下了那座房子，却并不是为了他自己。这座深棕色的房子是他妻子想要的，但是，他肯定不会去告诉他的朋友达那或者达那那位做房地产经纪的妻子。这个无害的花招使奥伯林两口子很是困惑，他们就像是边线接应队员横向传球给查理，查理带着这个用空气做成的橄榄球奔跑着，而就在这时，他的妻子安走进了她梦寐以求的房子的前门，攻方持球触地得分。

“噢，他的心都要碎了，”达那说道，回想起这件往事，她依然历历在目，宛如昨日，“他用我家的电话，不断地谈着愿意出更高的价钱买下那座他心仪的房子，尽管对方告诉他那座房子已经卖出去了，他还是不愿放弃。我并不知道他为什么特别喜欢那处房子，我想，他好像说过他喜欢它的年代以及风格。如果他不能够买下那处房子，他告诉我们，他愿意买下街对面的那一处，因为那样他至少可以看到它。”

“查理喜欢那座深棕色的砖楼，”他的妻子安说道，她知道她丈夫那张像扑克牌一样的深藏不露的脸从来就不易解读，不论是在买卖债券的时候，还是在买卖房子的时候，“他总是称它为我们的第一座‘发令员’之家，它是那种你可以随意地轻松地走进去并且开始生活的房子，这座房子的确很棒。”

那座房子就像那次盛大的派对一样，只不过是查理·D. 在债券交易池以外的更加庞大的生活蓝图的一种表现而已。在 80 年代中期，根据一些朋友的说法，作为一个观察家，查理·D. 对于杠杆收购方面的并购老手威廉·F. 法雷的交易能力产生了浓厚的兴趣。相对于这个行业而言，42 岁的法雷可谓是年轻有为了。这位早年在罗德岛（美国大西洋沿岸的州）波多奇特出生成长，后来移居芝加哥的法雷先生，在芝加哥的商界掀起了令人瞩目的大风浪。1969 年，法雷作为一位百科全书推销员开始了自己的职业生涯，到 1985 年，法雷将自己 25000 美元的积蓄投资了或许 10000 次。在 1985 年收购西北工业之后，他控制了一家岁入达 20 亿美元之巨的公司，并且被《福布斯》杂志列为 400 位最富的豪士之一，其身家净值约为 2.5 亿美元。他还是芝加哥怀特·索克斯公司的一位小股东，是古德曼剧院的董事兼鲍丁学院的院长。

1985 年，法雷作为芝加哥杠杆收购方面的宗师，翻开了事业上亮丽的篇章。查理·D. 在自己的生活与法雷的生活之间看到了一条平行线，他努力把自己塑造成最大的债券交易员以及某种潜在的人才。第一，法雷以一位邮递员的儿子这样一个卑微的出身，取得了今日的成就，而查理·D. 则是从大学橄榄球队教练的儿子开始，打拼出现在的事业的。事实上，两个人的事业都没有什么耀眼的光辉。法雷和查理·D. 都曾经离过一次婚，并且后来又都再婚了，开始了新的生活。在各自的市场上，法雷和查理·D. 各自证明了自己买“便宜货”的技巧。最后，他俩还有一个共同点，那就是看上去总是在寻找着更大的竞争与更大的风险。

杠杆收购专家威廉·F. 法雷是一位令人望而生畏、敬畏不已的企业家，作为一位值得尊敬的共和党人，伊利诺伊州的参议员查尔斯·皮尔西对他大加褒扬，赞他为 1986 年美国参议员“特别出色的”候选人，可与民主党在职的参议员艾伦·狄克松竞争参议员之位。对于法雷来说，这着实是一番恭维。法雷将自己的法雷企业建设成了一个高杠杆性的大型联合制造企业，结果，他自己作为一位特立独行的、火箭式暴富的初来乍到者，也成为了芝加哥商界一个颇有争议的人物。1989年8月10日,《芝加哥论坛》以标题的形式向他提问:“工业的果实：内衣之王威廉·法雷能够将自己的见解扩展到白宫吗？”

在法雷 8 月 7 日接受《纽约人》媒体人科尼·布鲁克的采访之后,《芝加哥论坛》的詹姆斯·沃伦在自己的专栏中对这位杠杆收购之王评论道:“他那不断拼搏抗争的触须有点滑稽，却并不能贬低他的价值。正如冒险一搏的公司收购获得的成功所显示的那样，他有点神经质。在一定程度上，这一点也表现为他的个人装束。在接受布鲁克的采访时，他居然穿了一件印有水果的圆领长袖运动衫以及一条隐约可见的红色针织三角裤。”

关于查理·D. 的竞争性，人们也有可能这么说。不过，查

理 · D. 从未模仿过法雷接受采访时夸张的言语及动作，他作为一个商人的心理定式还没有如此特别。成为公众人物似乎提不起他的兴趣；他更喜欢努力地做业务，为将来有朝一日成为一个真正值得谈论的人而计划，而努力，他希望长久地保持自己在交易方面的赫赫威名，他的天性里流淌着一些更加深刻的东西，而这些东西并不涉及形象顾问。最初，在一个较小的程度上，查理 · D. 或许不理解自己为什么不能从债券交易池里最出色的交易员转变成为另一种类型的富有创造性的交易者，他甚至希望自己能够成为一名企业家。他与许多有建树的企业家过从甚密——当他在雷恩斯多夫房地产开发公司工作时，他与公牛队及怀特 · 索克斯队的所有者杰里 · 雷恩斯多夫有交情。在他改行作交易员之前，他还与巴尔科关系密切。他当然不认为自己会永远待在债券交易池里，他认为法雷和雷恩斯多夫的性格特点里都有令他着迷并且激动不已的部分。他密切关注着他们在事业上的敏锐与风格，热情地渴望着获得他们那种层次的成功。

在安生日的派对上，没有人怀疑查理 · D. 有能力取得如法雷一般的成功，甚至相信他有可能比法雷做得更大更好，尤其是查理 · D. 本人，对此更是深信不疑。当他的交易业绩使他坐上了芝加哥期货交易所债券交易池的顶级台阶时，他已经开始思忖着下一步如何将自己的第一笔 1000 万美元变为 1 亿美元甚至更多了。毕竟，作为回报，他在交易池里的收入与法雷的年薪不相上下，并且他在创造财富的时候也无须举债。不久，查理 · D. 就开始寻找其他的投资渠道以及避税屏障，并且期盼着新的更大的挑战。作为这一目标的一部分，查理 · D. 开始对那些他认为前景光明的新兴公司进行投资。1982 年，他通过大量购买一个名叫森空的公司发行的普通股，取得了对该公司的控制权，该公司的根据地在伊利诺伊州诺斯布鲁克。整个 80 年代，他还对芝加哥的一个名叫细胞诊断实验室的公司投入了 120000 美元，并且对其他一些刚刚起步的公司进行投资，这其中有些投资是为了避税的目的。

最终，森空成为了查理·D. 投资的中心、注目的焦点，这个公司推销一种名为“森空系统”的产品，它是一种外墙隔离系统，由金属扣件将聚苯乙烯泡沫塑料或者聚苯乙烯隔离板固定在商业建筑物的外部墙壁。在这种隔离板的外面，固定着一层玻璃纤维网，网上又加上了一层黏结剂以及两层水泥质的森空产品。森空的湿用及干用混合物都包含乳胶涂料聚醋酸乙烯酯聚合物。这个公司当时尚未盈利，但是查理·D. 却嗅到了赚钱的机会。他在为雷恩斯多夫天天跑商场、逛商业中心的过程中发现，森空公司的这种材料是大有市场的。从 1982 年到 1984 年的头几个月，森空的所有产品都是由代顿超级公司在伊利诺伊州俄勒冈的工厂制造的，这些产品都要用到一种名叫霍恩韦尔德的商用聚合物。在美国中西部以及其他地区，这种产品有着广阔的市场。不久，查理·D. 就开始为这家公司提供营运资金，并且资助它打官司，打破了竞争者阻止它进入市场的企图。在这个过程中，他不断地推进一种观念，即要将这种产品营销到全国各地乃至世界各地，为了这个目的，他不惜投入了大量的金钱。1985 年，森空改变了原来的配方，将它变成了一种完全在工厂混合配制的干性混合物。这种混合物中的干粉状聚合物是在工厂混合配制的，这样就不需要往施工地点运输液体混合物了，并且可以简化工地的混合工序。这种革命性的干性混合物需要用到低碱水泥和适当比例的沙子以及其他成分。5 年多的时间里，查理·D. 将自己从债券交易池里赢回的近 500 万美元的利润投资到了这家公司。

森空公司早期的历史一直十分坎坷，经历了许多挫折，但是，这家公司为自己打出了名气。通过芝加哥的一位猎头，查理第一次会见了一位名叫 C. 兰达尔·拉辛的人，他原先是德里维特系统（一家设在罗德岛的沃尔韦克的公司）负责国内销售的经理。拉辛 1983 年 3 月离开了德里维特系统公司，开始推销一种外墙中断与隔离系统，这种产品将与德里维特自己注册了商标的名为“Out Sulation”（中文意思是外部绝缘）的外墙隔离与中断系统相竞争。因为走到哪里都能够看到商场、赌场、旅馆、机场和教堂，所以在查理·D. 看来，森空的产品用途无限。从东海岸到西海岸，甚至更加广阔的市场上，外墙以及隔离系统都是大型建筑物建造过程中的关键部分，美国军队甚至使用这种材料在本土以及夏威夷、韩国建筑兵营。

查理·D. 在许多方面看到了令人鼓舞的好消息。从 1983 年到 1984 年，森空系统已经从德里维特那里抢走了许多生意，包括丹佛（科罗拉多州首府）的斯堆普里顿国际机场项目、圣路易斯的万能旅馆项目、夏威夷瓦胡岛美军斯科菲尔德军营项目、明尼苏达福雷德里的塔吉特商场项目，以及明尼阿波利斯的波森西塔项目。德里维特公司当然是怒不可遏。于是，德里维特向 C. 兰达尔·拉辛要求停止对自己的进攻以及金钱上的伤害。那时的拉辛已是森空公司的总裁了，他还努力寻求双方达成一定的非竞争的信任同盟，并且让他自己享受执掌森空业务的成就感。但是，查理·D. 在 1984 年 9 月 21 日签署了一份无条件协议，进一步支持森空公司，这份协议帮助拉辛和森空公司对德里维特的控告展开法律抗辩。德里维特要求对森空公司采取禁令的请求于 1985 年 4 月 19 日被德里维特公司自愿从联邦法院撤销了，1987 年 1 月，它又在州法院撤销了这一请求，这家新公司正在寻找着那些能够成长为上百亿美元规模的庞大企业的机会。

对新兴企业进行投资的风险和与癌症进行搏斗之间并没能很好地协调起来，后来，森空指控自己的产品制造商 W.R. 本萨尔没有按照说明书的要求制造产品，并且指控该公司违反合同，而本萨尔则反过来要求森空公司支付争议发生前拖欠本萨尔公司的产品制造费。查理·D.1989 年 5 月 10 日最终同意支付给本萨尔 31643788 美元，这对森空公司来说，无疑是一个沉重的打击。查理·D. 苦于与癌症抗争，再也无力对森空公司施以进一步的援助。在这些早期的与产品有关的问题解决之后，加之后来的法律诉讼，森空公司最终回天乏术。

然而，1986 年时，在查理·D. 乐观的眼中，森空公司的前景真是再好不过了。当时，它刚刚清理了拉辛的法律纠纷，并且开始通过与 W.R. 本萨尔的一项第三方协议制造自己的产品。从 1984 年 3 月到 1985 年 12 月，W.R. 本萨尔一直是森空产品的主要制造商。森空在 1984 年 1 月与 W.R. 本萨尔达成了这项协议，并且订购了价值 600000 美元的产品运往全国各地的工地。由于森空本质上还是一个处于起步阶段的新公司，所以，生活被弄得有点复杂混乱，但却充满希望，前景可期。查理·D. 总是用“全球的”这个词来形容森空，不论是碰到他的律师还是与公司经理们交谈时都是如此。查理·D. 的乐观情绪极富感染力，尽管在这场实力悬殊的较量中，森空明显处于劣势，但是，查理·D. 从不怀疑：如果公司能够从一开始就找准自己的定位的话，它必将在竞争中获胜。像法雷一样，他知道自己能够找到一种好的方法以便变得更加强大，也更加成功。总有一天，他计划着自己将会把交易束之高阁，不过不是现在，做交易是他通往更加灿烂美好未来的通行证。

不过，并不是参加纽约的这次生日派对的每一个人都知道查理·D. 先生靠什么为生。查理扮演着自己那个来自芝加哥的成功商人的神秘角色，就像是房梁上的一位小提琴手。他享受着自己扮演的角色，并且，只要有机会，他就忘不了为这个角色增添几分光彩。当他扮演一位交易员的时候，他无疑是拥有自我的，但是，他又并不完全属于他自己。不论何时，只要有人群存在，他仍然能够找出乐趣来。

“我还记得他带着每一个人前往纽约为安庆祝 40 岁生日的事情，”加拉弗说道。“这个派对如此豪华气派，以至于广场饭店的推车人都认为他是黑帮头子，因为他来自芝加哥，又有一个那么精致的意大利名字。我想，许多纽约人都是那么想的。在总统套房里，有侍者专门服侍他，他们都是 24 小时静候召唤的。我们随着一位侍者去乘电梯，他说道：‘嘿，D. 先生，我希望跟您去芝加哥工作。’于是，查理回答道：‘你真的愿意吗？你知道我在芝加哥靠什么为生吗？’‘是的，我想我知道，D. 先生。’小伙子回答道。于是，查理变得真的严肃起来，他直视着小伙子的眼睛，缓缓地说：‘或许你可以来为我工作，你杀过人吗？’小伙子一脸茫然，脸色苍白，他说：‘不，我没杀过，但是我想我可以做的。’查理和我走上电梯的时候，都大笑不止，忍俊不禁。这就是典型的查理·D.，你永远不知道他下一步会做什么。”

天下没有不散的筵席，当客人们星期日回到各自的家里时，查理·D. 看上去微微有点不适。他的右臂下有一处很疼，他太忙了，以至于没有时间过多地考虑这个毛病。但是，他的确忙里偷闲，在派对上抽空请教了一下他的朋友，西北大学附属医院的首席心脏病学家吉姆·马索斯博士。有时，它看起来发作了。对于一位交易员来说，在交易日的相当一部分时间里不得不将自己的双臂高举过头，实在是太可怕了。马索斯博士认为，这可能只是肌肉紧张，只要稍事休息就可痊愈。但是，如果查理觉得很难受的话，他可以考虑回芝加哥之后去照一个 X 光片。谁有时间去照 X 光呢？查理当然不会去了，他桌上的盘子快速而有力地旋转着。

“每一年，查理·D. 都好像在把自己的热气球放得越来越高，”一位很了解查理·D. 的债券交易员说道，“在某个点上，你高高地待在半空中——于是，有人会想，什么时候该停止往气球里灌热气？但是，查理是如此自信，他希望尽可能高地放飞自己的热气球，看自己到底能够被它带到何方。他天生就不是那种操心的人——他不会思考生活让我们着陆之前可能到达哪些地方、经过哪些地方。他热爱自己的工作，总是为明天做着准备，上着发条。”

查理·D.和麦吉在密歇根湖

第三章　处变不惊

查理·D. 于 1991 年 5 月 23 日那个星期四离开人世之后，又过去了差不多 5 年，这时，一封从联邦调查局（简称 FBI）芝加哥办公室寄来的信件向我证实了债券期货交易池里那些场内交易员和经纪人们在随意的谈话中反复告诉过我的事情。查理·D. 的许多竞争对手都认为，查理·D. 不仅是债券期货交易池中最大的风险承担者（以合约交易量为标准）和最大的做市商，而且是最具纪律性的债券交易池交易员。联邦调查局的信并非突然而至，我曾向他们索取过查理·D. 的资料，因为我担心自己有可能找出什么不好的有关查理·D. 交易行为的东西，害怕它们玷污查理的清名。作为一名记者，多年浸淫在金融市场上，我自然而然地抱着一种本能的怀疑态度。我想，世界上绝对不可能存在查理的朋友和家人所臆造出来的这样一个“冰清玉洁”的经纪人。

在我请求与联邦调查局的一位办事员面对面交谈之后，这封信才来到我手中。对于接到了我的电话、听说了我的请求的第一位联邦调查局官员来说，仅仅是我那随意的要求本身听起来就颇有些奇异。因为要想找出一种恰当而简洁的方法提出请求，要求与别人谈论与一位死者有关的问题，而又不显得疯狂无理，着实不是一件容易的事情，仅仅是死亡这个因素本身便可能令任何刨根问底者望而却步。不过尝试一下也不会损失什么，于是，我按照自己所知道的最好的方式解释了这个故事。在这位联邦调查局官员的建议下，我试图直截了当地奔向资料的源头。我设想另一位名叫迈克尔·巴塞特的联邦调查局官员应当能够使我安心或者确认我的担心不是多余的。有两年时间，他经常在查理·D. 赚了成百万上千万美元的那个债券期货交易池里悄然出现。巴塞特 1987 年开始从事交易，直到 1989 年在联邦调查局精心布置的行动中暴露了身份，出现在 1 月 19 日《芝加哥论坛》的封面上，到那时，他已经从芝加哥期货交易所里销声匿迹了。我希望他能够私下与我谈一谈，我只是期望他能够使我放心，确认我所追寻的这个故事的确如我所想的一样。我只是需要明确这样一点，我所听说的有关查理·D. 的事情都是真的——或者相反，发现自己从其他渠道搜罗的所有有关查理的故事有什么错误或者遗漏。如果我需要在善意的友人的记忆中戳几个洞的话，我会实事求是，就像一名裁判员。

联邦调查局的“鼹鼠”（即长期潜伏的间谍）迈克尔·巴塞特，被安插派驻在芝加哥期货交易所的债券期货交易池里。当联邦调查局在芝加哥最大的两个期货交易所展开精心布置的调查行动时，他扮演一位名叫迈克·麦克洛夫林（Mike Mcloughlin）的债券交易员。他的工作并不轻松，当他在交易池里里外外与交易员们相遇时，有许多次他都带着窃听器以便录音。当时这个债券期货交易池是世界上规模最大的，到 1988 年底时，它累积的交易量已经达到 70300000 种合约。换言之，那年全美 49 种最大的期货合约超过 10 万份，它占据其中交易总量的 28.6%。他已经不知不觉地进入了期货业中最大的契约市场。在绝大多数交易活跃的日子里，交易池里都喧闹非凡。即使是交投比较平淡的时候，交易池里都充满了毫无意义的混沌。交易池里的声音喧闹不已，常常像喷气式飞机的引擎一般呼啸着。在激战最酣时，这架由交易员构成的机器常常推攘着、挤压着，又时而吐着唾沫以示不满，有时还在脾气发作时用手中的铅笔做戳刺状。尽管交易池周围用黑色泡沫橡胶做成的护栏可以起到一定的保护作用，使交易员们在为头寸而争抢碰撞或者在交易池里不断蹦来跳去的时候，不至于从交易池的外边沿掉下去，但是，它却无法容纳下沸腾着的情绪，也无法令爆炸般的声音归于平静。交易池的“震中”以及周围的地区，空气都很沉重。人头攒动、过于拥挤的交易大厅里飘荡的气息，一如男人的更衣室，沉重而憋闷。

就在那里，巴塞特就在那些最大的债券交易员的周围站着。这些交易员们与世界上最大的投资家、商业银行、保险公司、债务机构管理人斗智斗勇，有时甚至与美联储这样的中央银行斗法。总的来说，到 1989 年 1 月他销声匿迹之前，便衣调查已经使他掌握了三项罪证。当时 33 岁的经纪人霍华德 · J. 格罗伯斯坦被控触犯《强行诈骗及贿赂组织法》(简称 RICO) 以及其他 127 项控罪，被处三倍罚款。另一位时年 25 岁的场内交易员米兰尼 · 科萨被控恶意收购，此外还被控从事事先约定的交易。第三位是 36 岁的约翰 · 米斯科西，他被控恶意收购及从事事先约定的交易。联邦调查局怀疑的对象并不止这三个，但是他们只能对这三人提出控诉——至少在债券交易池里。

我发现，要找到巴塞特其实很简单——只要打一通电话就可以了，非常方便。他仍然在联邦调查局芝加哥分局的办公室里，并没有跑到别的城镇去工作或者生活，这一点与我听说的某些联邦调查局工作人员完成这种大规模的重要的调查工作之后往往跳到其他城市去工作很不相同。

在我们的交谈中，我省下了绝大多数的客套话，谈起了巴塞特绝不会暗示自己与之打过交道的那个人，这看上去有点难以置信，因为交易池里的每个人都知道哪些交易员的交易规模比较大，尤其是我正在追寻的这位。与巴塞特短短10分钟的交谈之中唯一值得回忆的事情，是巴塞特对我在《信息自由法》的约束下如何才能获取有关狄弗兰西斯卡先生——他选择了这种称呼查理的方式——的消息的建议，并且，在我们的讨论中，我总有一种很奇怪的感觉。当我说话的时候，我感觉巴塞特正在想象我们所说的这个交易员的模样。我认真倾听着唯一值得一听的东西：他的反应。与其说是他所说的话吸引了我，不如说他说这些话时的样子更加引起了我的注意。尤其是当我提到那位“狄弗兰西斯卡”先生已经于几年前去世时，他的用词变得字斟句酌，他的话也开始变得迟钝而啰嗦，他变得有点礼貌得过了头。在我的角度，投机地看，他说话的语调已经确切无疑地证实了他本想告诉我却又不能够对我说的那些事情，即使我永远不可能证实他真的在告诉我关于任何人的任何事。期货业中有许多人暗地里对我竖起大拇指，因为我在巴塞特欲言又止，还没来得及将舌尖上的话吞回去之前，已经抓住了这些东西。他是否亲眼看见过这位如此诚实正直、如此勤奋努力的交易员呢？

巴塞特那官僚气十足的礼貌，还是很有价值的，为查理·D. 的深度与形象增添了一层神秘色彩。我最初的意图只是想了解查理·D. 是否如一位代理律师所说的那样清白无辜，结果却探听出了一个更加令人信服的结论。从本质上说，这是一封官方信件，但是，写作这封信件至少使得某位联邦调查局的探员在芝加哥某个不知名的政府建筑物内的文件柜中好好地翻拣了一通，以查找一个名字。

“这是根据《自由信息法》，在你的请求下提供给你的记录，”联邦调查局特别探员小赫伯特·L. 柯林斯在这封信中声明，“本办公室于 1996 年 5 月 1 日收到了你索取查尔斯·狄弗兰西斯卡先生资料的来信，我们对芝加哥分部所保留的中央记录系统的目录进行了搜索。根据您提供的信息，我处查找不到您根据《自由信息法》所要求的记录。”

谢天谢地，那封信使我有权向美国司法部提出请求。我激烈地提出了第二个质问，这次听起来更加底气十足，口气更冲。“告诉我所不知道的一些事情”——意思大体如此——这就是我这封信的基本主题。理查德·L. 哈夫，司法部的信息与隐私办公室的副指导员给我写了回信，信纸的右上角盖了一枚看上去很正式的橡皮日期图章——1996 年 6 月 24 日，这封信显然是哈夫亲笔手写和签章的。图章下面是 Re:Appeal No. 96-1516 RLH ：DAH ：LAD。我猜想，这些大写字母意味着至少有 3 位政府工作人员看过这份申请书。而那个官方的申请号码将被某个地方法庭所使用，如果我决定选择上诉的话——现在看来，我永远有权这么做。不过，这封信使我确信，我再刨根问底地纠缠下去的话，只能是让伊利诺伊北部地方法院的某位员工徒然地做一些无用的文字工作罢了。我害怕罩子下面的形象——罪犯分子或者任何程度上可疑的交易员，几乎在所有这些掩人耳目的文字下消失了。

“1996 年 5 月 10 日，芝加哥地区办公室通知您，在那个办公室的索引中，查找不到与您要求内容的有关记录，”哈夫说道，“我的同事们认为这个答复是正确的。由于申请查询只在当事人无法获得现有记录且司法部文件有留存时才能启动，所以，我在此代表本办公室拒绝您的请求。”

就算联邦调查局保存着暗中探访工作中搜集到的有关查理·D. 的材料，我也不可能看到它。对于这一点，我十分明白，就只能仰仗联邦调查局办事员们的诚实了。他们以公文的形式出现在我的面前，我的申请书就是由他们处理并答复的，他们告诉我查理·D. 是没有案底的。这两封信的内容——它们看上去陈腐乏味，不近人情，至少是一个可以供我“挂帽子的钩子”。将芝加哥期货交易所美国国债交易池里那些交易对手们轶事式的证词与其他那些同联邦调查局的调查有关的资料联系起来看，它们共同确认了一个事实，那就是那些受雇潜入交易池进行卧底侦察，以掌握那些破坏法律的交易员的犯罪证据的人并未对查理·D. 的正直提出异议。或许，巴塞特已经用他的什么都不说将该说的都说了，因为我从其他一些交易员那里听说查理·D. 与至少一位联邦调查局工作人员打过多次交道——在包括查理·D. 本人在内的任何人都不知道他们的真实身份。我至少从一个可靠的渠道获悉，巴塞特亲眼目睹一位联邦调查局的探子有一两次向查理·D. 求教如何进行交易。查理·D. 从来不会错过向那些如他当年一样初入市场、在交易池里苦苦挣扎的交易新手们友善地提供建议的机会，麦克洛夫林显然是个生手，或许他们曾经交谈过。

凭查理·D. 在交易池里的地位，联邦调查局要是不调查他的交易，那才奇怪呢！联邦调查局在主要的调查之中投入时间与精力绝不会是为了抓住几个小贼。但是，就我所知，他们没有在查理·D. 的身上找到任何危险的东西。如果他们的确如后来在一次重要的记者招待会上所说的那样，他们就肯定调查过查理。也许，他们得出的结论是他很清白，后来又试图一点一滴地从与他的随意交谈中搜集有用的资料——在不暴露他们的真实身份的情况下。在查理·D. 于 1989 年 3 月发表自己关于交易的最后一次录像演讲之前，联邦调查局的探员在凌晨时分敲开了许多交易员的家门，给他们发了传票。但是，他们并没有去敲狄弗兰西斯卡先生位于威尔梅特的那座引人入胜的深棕色小砖楼。

后来，我发现查理·D.的三盒关于交易的演讲录像带中有两盒不见了。这两盒早期的带子不见踪影，知道它们的人提出的一种解释是：查理原来的清算公司戈德堡兄弟公司由LIT美国公司收购了，后来又卖给了华尔街上鼎鼎大名的交易公司斯皮尔·李兹－克洛格公司。在所有这些公司的分合变动之中，这最初的两盒录像带可能丢失了，也很可能被那些不知道需要对它们善加保护的新公司管理人员们扔进了什么盒子里。就我所知，只有最后查理1989年3月为LIT美国公司作演讲时的那盒录像带至今仍然保存着。查理的兄弟约翰是唯一一位保存着这三盘录像带的人，他留下的那份就是查理为LIT所做的那次演讲的录像带，也就是我所找到的那一份。我想，关于那两盘找不着的录像带，另一种解释就是可能有哪位不知名的交易员借去看而忘了归还。我询问了至少六个人，即戈德堡和LIT公司有可能知道录像带下落的管理人员，结果一无所获。LIT的一位管理人员还真是给我找来了一盘带子，他以为那是查理·D.的演讲，结果却完全是另外一个人的。这一番搜索（以及在此过程中从别人那里的见闻）使我更加确信自己那惊人的理论：查理·D.的录像教育讲座以及关于交易的“布道”已经使联邦调查局的探员们拥有了足够的智慧，足以用它们来自我训练——令交易池里的“鼹鼠”所必须掌握的交易伦理以及微妙的品质。联邦调查局肯定造访过这些大的清算公司，毋庸置疑，他们也肯定调查过像查理一样的大交易员。

联邦调查局的探员们在调查芝加哥的两大期货交易所的过程中到底发现了什么，至今仍然不得而知。联邦调查局探员们称之为“灌木剪子行动”和“酸浆行动”的调查，最终导致了1989年8月3日芝加哥期货交易所和芝加哥商品交易所交易员们提出了46项起诉和14项犯罪抗辩。那时候，商品期货交易委员会（简称CFTG）主席文迪·格拉姆与大律师理查德·索恩伯夫、联邦调查局负责人威廉·瑟西恩斯一起前往芝加哥，强调了联邦调查局两年半来进行的调查工作的重要性。在这些人以及美国大律师安东·瓦鲁卡斯的护卫下，格拉姆告诉一小群记者、摄影师和电视摄像师们：联邦调查局的这次便衣行动表现着“迄今为止在金融领域进行的一次最广泛也最积极的执法行为”。

一旦调查尘埃落定，同意承认罪状的14名交易员中的8位就在民事裁决书上签上了自己的名字，那是调查者与辩护律师之间在法律诉讼上讨价还价的组成部分。根据这些裁决书，他们将被剥夺再次拥有美国期货交易所会员资格的权利。在被指控的46名交易员中，共有24人来自芝加哥商品交易所的日元交易池和瑞士法郎交易池，其余的交易员来自芝加哥期货交易所的大豆期货交易池（由奥斯特洛姆进行的调查，奥氏化名为理查德·卡尔森）以及债券期货交易池（由麦克洛夫林负责调查）。卡尔森逮住了19位进行非法交易活动的交易员，而麦克洛夫林抓住了三个。

对于熟悉芝加哥那些变化多端的交易池以及在它那拥挤狭窄的角落里发生的经济上的达尔文主义——适者生存——的人来说，一位交易员仅仅是没有让自己的名字与联邦调查局的名单（这些名单或许早已通过多种渠道流入公众的手中，当然，也或许还没有）扯上关系，并不足以使自己获得别人的赞扬。事实上，只有那些每天与之打交道的交易对手以及市场力量之间日复一日、年复一年的考验，才能使一名交易员真正树立起自己的声誉。在他们之间，他们仰仗着一种 Lex mercatoria，即商业习惯法，那是自中世纪开始，不断发展，沿袭至今的一套商业伦理制度，在芝加哥期货交易所的各项规章制度之中仍然能够找到它们的影子。作为一个交易员，他的话就是他的契约，就像一个坚果的外壳一样，不能够破坏——如果你想使它永远金光灿烂的话。如果哪位交易员为了自己的利益而破坏或者扭曲了自己的承诺，那么交易所的规则将允许其他的交易员以一种类似于法庭的程序发挥作用——迅速完成决策过程并且以纪律对其进行处罚与约束，以便商业生活不会成为律师或者腐败行为的领地。无疑，这是一种微妙的平衡，但却是非常有效的。如果一种犯罪足够严重，足以被视为破坏行规，那么，这位破坏诺言的交易员将被取消交易的权利，并且被处以罚款，甚至被逐出交易所。这一经过时间考验的法律体系的运转目的，无论是对各类交易员还是对所有人来说，都是为了保持期货市场的运转顺畅。

芝加哥期货交易所的官员们指出,《强行诈骗及贿赂组织法》（RICO）中的三重伤害因为满足条件严苛，所以从未被试图应用于商业中各种不当行为或者一些轻微罪行。但是，联邦调查局对交易池里的交易员们的调查却不时反映出这种倾向，显然，这正是引致联邦调查局探员与芝加哥交易所官员之间发生冲突的原因。联邦调查局的调查，以及对它是否致力于发现无关痛痒的罪行的质疑，在《哥伦比亚新闻研究》上引发了一场争论，这场争论使记者而不是交易员们成为了更加有趣的讨论主题。在 1989 年 6 月和 8 月的《哥伦比亚新闻研究》中有一篇文章，它的标题无疑对新闻界以及读者都是一种嘲讽:《他们可以惩罚它，却无法击败它》（此为封面头条标题）。联邦调查局也好，新闻界也罢，都像期货市场一样，将会毫发无损地从这场调查中走出来。

就在这次调查浮出水面之后不久，许多交易员和记者都在抱怨联邦调查局甚至没有触及芝加哥期货市场上正在发生的种种内幕的黑暗表面。芝加哥的期货市场主要还是依赖于自律性的行业法规来取得成功，尽管1974年就根据国会法案组建了正式的联邦机构——商品期货交易委员会负责期货市场的监管工作。被宣布有罪的交易员之一，米兰尼·科萨就是低估联邦调查局以及新闻媒体的工作质量的许多人之中的一个，尽管她被判在芝加哥期货交易所的债券交易池里从事违法行为。在一份名为《芝加哥律师》杂志的封面故事中，文章的作者巴塞特是这样谈论科萨的。“在交易池里，”这篇文章出现在1989年5月19日，追叙了她是如何在芝加哥期货交易所里被一个联邦调查局的探员以及一位《华尔街日报》的记者毁掉职业生涯的经历，“我为她感到难过，因为她总是在输钱。她的交易能力低得可怜。她很笨拙，手势极其难看而且不协调，我还好心好意地留心照顾着她。”

那些没有斧子可磨，也没有记者的眼光可用来捕捉细节的人们也提出了类似的指控，但是他们的理由与科萨不同。他们的话更加接近市场上更高层次的——或许也是更加不完善的——行业法规。“新入行者要么必须做大额交易并且证明自己有驾驭重大风险的能力，要么就不得不自动降级，从事远离核心的交易活动，”大卫·格雷欣和劳里·摩尔斯在关于联邦调查局调查芝加哥期货市场的腐败行为的一篇披露性的文章《经纪人，代收贿金者和便衣侦探》中写道，“作为一位没有经验的初来乍到者，巴塞特从来没有到达、触及债券交易池的最高阶层，也就无从接触债券交易池里的最高秘密，因此，他的调查活动只检举了3名交易员。”

至于查理·D. 在调查结束之后的生活以及行动，并没有任何特别或者怪异之处，只不过他在言语间更多地表露出伤心不已。他对交易池里的生活竟然在公众眼中变得如此不堪而伤心不已。十分明显，联邦调查局的便衣侦察活动是一个相当令他感到尴尬的问题——不论这次调查是否证明了期货市场交易员们作为一个整体是否正直、健康。1989 年 3 月 23 日，他在同事们面前发表演讲的时候，公开对听众们承认，当他在佛罗里达度假的时候，有人问起他是否是一名期货交易员，而他断然否认了，这实在是一个令他感到耻辱的标志。1989 年，在联邦调查局的调查曝光之后的某一天，他的儿子杰克目睹了父亲的脸由于气愤而涨得通红——那是他将那辆保时捷停靠在伊登高速公路旁之后。在匆匆驶过的许多车辆之中，有一辆车上飞出了一幅拖在车尾的讽刺标语：“当心，该死的期货交易员！”查理·D. 和杰克都闭上了眼睛，不忍目睹这条令人心碎的标语。两人沉默良久，相对无言。第二天，查理就把这辆车给卖了。七年之后，杰克或许会拿这件事情开玩笑，但是，查理·D. 却看不出这里面有任何幽默的成分。交易是他热爱的一个事业，这个职业在一定程度上挽救了他。在他刚结婚不久，据说他曾经带着他的孩子们来到田间，将车子停在一片大豆田边，然后向孩子们讲述芝加哥期货交易所存在的经济目的。期货交易在绝大多数受过良好教育的成年人眼中都是一种难以理解的抽象事物，但是，查理·D. 却将大豆放在他那年幼的孩子们手中，告诉他们：“这就是我们交易的众多商品之一。”杰克和查理的继女麦吉还太小，他们一脸无知而困惑的表情，使得查理·D. 难以将自己艰涩的演讲继续下去。

尽管他那点石成金的交易技巧在芝加哥期货交易所里一直冠绝群雄，但是，在 1989 年里，他却对自己的技巧并不热心，除了在某种情况下。“你知道，我不喜欢这种感觉——站在交易池里，你竟然不知道你身边的人是不是个贼，”他对交易员听众们说道，“我不喜欢这样。”

或许他意识到了突如其来的死亡会降临到癌症病人的头上，这个原因促使他向那些于1989年3月参加他的演讲会的交易员同行们提出了挑战。他敦促他们以无可指责的方式进行买卖交易——接下来，在同一场演讲中，当有人指出关于他们的工作的相对价值存在的困难和误解的时候，他站起来进行了辩护。他对联邦调查局的微服侦察感到很尴尬——他看来也为自己曾经所选择的这个职业而感到尴尬。商品期货交易员？是的，那就是他。媒体对他的同事们的批评使他恼火而失望，虽然他的同事之中的确有少数害群之马，但是，他的愤怒仍然是在情理之中，可以理解。他与那些每日与他一道在可怕的压力下辛勤工作的人们一起被人们用有色眼镜打量着，这对他们无疑是一种侮辱。每一个行业都有缺乏职业道德的人，并不单单在期货交易池里如此。结果，他对于这件事的愤怒几乎达到了沸腾的程度。难道没有人意识到，如果美国政府债券交易池里一个价位的差价变成两个价位的话，美国政府以及纳税人将会为政府通过发行政府债券所筹集到的债务额外支付每年10亿美元的利息支出吗？这种消费者最终支付的事实却并没有成为任何一家报纸的头条新闻，他正是为这一理由来为自己的交易员同事们进行辩护的。约翰·Q. 帕布里克声称，期货交易员们通过偷窃那些不属于他们那个团体的人们的财产而掠夺外部公众并且大发不义之财。查理·D. 也对比提出了批驳。联邦调查局或者报社记者们是否曾经尝试过通过交易期货来谋生呢？这并不容易。尽管有潜在的回报，但是风险的确摆在眼前，正是像他这样的交易员们才组成了使市场兴旺发达的势力。

“终我一生，我也没有搞清楚为什么有人想成为一名期货交易员，想想我们得到的名声，想想我们的工作条件，我想，你的目的可能只有一个——你想赚钱，”他拖长了声音，紧闭双唇，踱着方步，“是的，我们是在这里赚钱，那是应当记住的一件非常重要的事情。当你走进那个交易池的时候，你的心理上不必有任何负担。没有人会走到你面前说你是一个糟糕透顶的交易员，并且，如果真的有人这么做的话，你也丝毫用不着介意，因为如果它不在你的（交易）证明里的话，你就不可能因为它而犯难，就这么简单。这就像是在你自己的个人文件里做记录一样，没有人会关心你写了些什么。你就是一位独立自主的操作员，你是一个肮脏的家伙，是一个恶心的家伙，你的邻居们认为你是一个骗子。没有问题。当他们下单的时候，他们总是认为自己被你占了便宜，他们认为你从他们的姑妈家偷了东西。我喜欢这样去想——我们在做我们的工作，提供一种服务，但是，我们是经济动物。当你走进交易池的时候，你就得扮演好自己的角色。作为一名期货交易员并没有太多与之相伴相随的魅力，所有的魅力都已经随着联邦调查局的作品而烟消云散了。因为你想赚钱，所以你成为了一名期货交易员。因此，当你走进那个交易池的时候，你不得不遵守一些原则……”

毫无疑问，正如查理·D. 所知道的那样，当公众们想起期货市场的时候，总是更多地想到嗞嗞声，而不是想到发出嗞嗞声的牛排。这种情况也不可能在一夜之间有所改变——也许永远不会改变，当然，在他那有限的生命之中，就更加不可能改变了。毕竟，交易池并不是一个单纯进行便衣调查的地方——它更是一个正直的人努力谋求体面生活的地方。尽管联邦调查局的调查结果给人某种印象，但是，查理·D. 知道，事实上有更多的交易员在极少数人获得成功之前便被洗出了市场。交易池里的噪音大得足以令人双耳失聪，并且足以使交易员喊破喉咙，那里的紧张情绪也深刻地体现在流血的溃疡与泛滥的心脏病上，交易员们常常仅仅依赖手势和眼光的交流来进行交易，然后将交易的内容潦草地写在一张卡片上。尽管有交易所职员确认交易池的各级台阶上的交易员们所做的交易的准确性，但是，交易员的诚实是最重要的。因为交易员的诚实是不能被交易所委员会、法律或者法规所约束的，所以，其他交易员在评价某人的时候，往往将诚实作为第一位的衡量标准。这是基于商业习惯法，也是那些交易员们的信仰和基本道德。正是在这样的基础之上，芝加哥期货交易所才能够卓有成就地运转，以至于平均每个交易日的交易量都可高达上百亿美元。当一名交易员犯错误的时候——他的操作可能与市场方向相反，站在了错误的一边，也可能他一不小心做了卖空交易，但承担损失的往往是那“恶心的家伙”或者某家清算公司，而不会是那个“恶心的家伙”邻居的姑妈。作为一个经济动物，查理·D. 可以很自然地、理直气壮地与任何怀疑他的人们讲这一番话。他不止一次地让自己“恶心”过，也不止一次地被其他交易员们“恶心”过，但都是掏的自己的钱，并没有损害别人的利益。正是因为这个原因，交易员们委婉地将交易卡片称为“子弹”。在运气不好的日子里，每一次你从口袋里掏出一张交易卡片并且用它来“出击”的时候，其危险程度都无异于一把手枪。

查理·D. 不像他的交易员伙伴之中的极少数人那样生活在对联邦调查局的恐惧之中，他的许多交易对手都认为查理·D. 在世界上最大也最古老的期货交易所的最大的交易池里为人们树立了正直的标准与楷模。查理·D. 的贡献是如此重要，以至于一位当时颇受欢迎的在纽约期货折扣公司工作的市场评论人士汤姆·博能（Tom Bonen）于1991年5月24日坐在他的电脑屏幕前发布了一条信息，那一天他将不为他的任何客户赚钱。在联邦调查局调查结束两年后，他确信没有任何人会在意这条信息。但是，当他听说查理·D.已经再也听不到市场的钟声时，作为芝加哥期货交易所的一名行政人员，查理的观察与经验出人意外地征服了他，令他做出了连他自己都颇感意外的决定。

在啜饮咖啡的间隙，当他看到自己的孩子在后院玩耍的情形时，汤姆·博能的情绪在他的电脑屏幕上变得有如隐喻一般耐人寻味。他想到了查理·D.的孩子们，在那个最后的、令人哀伤的日子里，那些孩子们该是多么痛苦呀："就像贝比·卢斯去世的那天一样……芝加哥昨天早上下雨了。事实上，星期四上午大雨倾盆，因为就连上苍也为查理·D.的英年早逝而伤心落泪。"

"在查理·D.和贝比·卢斯之间存在许多相似之处，简直令人难以置信。是的！他们二人都是传奇式的人物。当他们俩各自的事业开始转移到一个重要的新纪元的时候，他俩都成为了'无与伦比的超级巨星'。在未来的数十年里，市场分析家们将会欣赏到（并且赞美）'查理·D.'在20世纪80年代为债券交易池的发展做出的令人难以置信的贡献。他的确令人敬畏。"

"毋庸置疑，我愿意视'查理·D.'为'薄利撒旦'。在过去的五年中，他将交易艺术升华为一种科学。现在的债券市场所享有的流动性在很大程度上都是来源于他作为一名传奇式的投机者和交易员所具有的想象力与技巧。"

"我认为，名人堂的成员、贝比·卢斯的队友韦特·'校园男孩'·霍伊特（Waite 'Schoolboy' Hoyt）在贝比·卢斯去世之后在会议礼堂发表的演讲，说出了我们许多人想对查理·D.说的话。在霍伊特的赞美辞开始之前，一位莽撞而年轻的新手来了一句妙语，‘那个大家伙死了吗？我想我们会被鲜花绊倒的。’”

“‘听着，小家伙。卢斯对球员们来说，胜过任何曾经存在过的人。你应当跪倒在地，虔诚地感谢上帝为我们创造了一个像贝比这样的人。如果没有这样了不起的人，你认为自己所在的世界会是什么样子？抑或我的世界将会怎样？又或者说，如果没有贝比·卢斯，垒球运动将会怎样？’”

当人们第二天看到博能的赞美辞时，许多人忍不住热泪盈眶。他们知道这个人，他们也知道博能写的都是真的。到上午 10 点来钟的时候，博能已经从数十位交易员那里听说他们希望得到数十份查理·D. 的纪念品以示怀念，他们是从伦敦、多伦多、东京甚至悉尼打来电话的。

那天晚些时候，一位与查理·D. 并非十分亲密的交易员向博能吐露心声，他不得不离开债券交易池——因为这个人的去世令他如此悲哀。后来，又有一位交易大厅里的大腕承认自己跑进男用卫生间，因为他泣不成声，且不可压抑。他们都被博能的话语打动了，但是，更重要的是，他们都意识到自己已经被交易大厅里一位真正的交易天才的表现所深深感动——他就是“薄利撒旦”。

“我坐在那里，想着查理的孩子们是否真的知道他们的父亲有多么伟大、了不起，”博能说道，“他们怎么会知道查理对于自己如此衷心热爱的‘游戏’意味着什么呢？多年以后，他们怎么会了解他们父亲的行动对交易所的众多其他生命具有怎样的影响呢？这是我曾经写过的最自然的一篇文章。”

博能现在是芝加哥南部一家日报的体育新闻作家，他现在仍然隐身在自己的文字背后做着无名英雄。他确信，像许多独一无二的运动员一样，查理·D. 有一种独特的方法可以使他周围的人变得更好，更加善于从事他们所做的工作、所经营的事业。博能说，只要查理·D. 在交易，不论是什么时候，他都为交易池以及交易池里的交易员们定下基调。查理·D. 会将他们作为交易员在整个市场的效率方面所扮演的角色提升到一个重要的、崭新的高度，毫无疑问，这很可能从一定程度上说明了巴塞特在债券交易池里的捕鱼行动不甚成功的原因。

并非只有博能一个人相信查理是交易池里的模范。当查理·D. 站在交易池的顶级台阶上做着交易的时候，许多在芝加哥期货交易所工作的场内交易员和经纪人就已经说过这样的话了，交易员约翰尼·穆索就曾经亲眼目睹博能所称赞的查理·D. 勇于承担风险的大无畏精神。穆索曾经是黑斯曼杯赛的亚军得主——那是每年为奖励大学橄榄球队的优秀球员而设的。这位依靠速度和敏捷见长的小带球后卫（穆索所在球队为比赛冠军队），凭借自己的技巧赢得了传奇教练保罗·“熊”·布兰特的赞誉，他称这位带球后卫是“阿拉巴马有史以来最伟大的橄榄球运动员”。穆索在芝加哥熊队的短暂生涯结束后，辗转来到了芝加哥期货交易所。当债券期货交易池里的交易量屡创纪录的时候，穆索通常就站在查理·D. 身边不远的地方。那时的交易量往往每个月都要创出新高，有时甚至每周、每天都可以看到新的纪录，这种繁荣的景象贯穿整个欣欣向荣的 80 年代始终。

穆索回忆起查理·D. 的交易风格和他的正直诚实时，认为他是无可比拟的。这样做有许多理由，不像当时的其他许多大交易员，查理·D. 以在市场中交易任何价差且交易规模巨大而闻名，他绝不挑肥拣瘦，也绝不要求每笔交易必须赚钱。“这是令他骄傲的一件事情，”穆索说道，“就好像没有人能够使他背弃诺言或者改变主张，没有人能够吓倒他，我甚至认为查理·D. 压根儿就不是以金钱为导向的。当然，这是在交易池里保持成绩的一种方法，但是，我认为他并不主要依靠这种方法来保持成功。”

“他是如此正直诚实，”穆索说道，“他比我所知道的任何人都更加正直，他的正直是付出了代价的。当他担任芝加哥期货交易所的交易大厅委员会委员的时候，他必须做出决定，而他的决定将会影响到交易池里的其他人。他总是做正确的事情，如果交易员们必须为自己犯下的错误而接受苦难时，他们通常都必须吞下自酿的苦果，而他往往愿意代他们去吞下这枚苦果。交易员们会说：‘我不能那么做。’而他则会说：‘这样做会让你花费多少钱呀？’然后，他会把损失咽下肚去。不论对他自己而言代价是什么，他都会去做正确的事情。”

查理·D. 不声不响地就绕过了交易池里象征性的等级体系制造的障碍。迈阿密海豚队的前锋球员汤姆·加拉弗还清楚地记得查理·D. 与自己一起讨论与交易有关的问题时的情景。他通过安认识了查理。当时的安刚刚与查理结婚不久，也就是一年的样子，正在拉什街上的哈里斯咖啡厅当女招待。

加拉弗还记得，有一天查理·D. 卖给了他一份期货合约，第二天就以比原价高出 4 个基本价位的高价将它买了回去，一进一出让他赚了 126 美元。查理·D. 在买进与卖出之间给了加拉弗不少甜头，而当闭市的钟声响起，他俩一块乘上电梯时，他很诚恳地向加拉弗解释说自己绝不会再这样做。“下一次我会全力以赴的。”他这么说道。

加拉弗作为一名交易胜利者走出交易大厅时，他是如此兴奋，以至于他后来在某天晚上邀请查理和安共进晚餐，并且向查理赠送了价值 100 美元的牛排以感谢查理在交易大厅的许多疯狂的日子里对他的帮助和支持。现在，他已经能够用火抵御交易池里的磨难，并且凭自己的力量成为了一名成功的交易员，虽然他从未达到过查理·D. 那样的交易规模。

“直到那天，我认为我的那个举动对查理而言意味着很多很多，超过了我曾经做过的其他任何事情，”加拉弗说道，“但是第二天，在我给他送去牛排之后，他和交易池里的其他人一道把我笑话了一番，‘就是这个家伙，为了 30 美元的交易送给了我 100 美元的牛排，多笨的一个大傻瓜呀！’后来，我又多次听他给我解释有关市场的事情，”加拉弗补充道，“我却一点也不明白他在说些什么——甚至在这里做了这么多年交易之后，我仍然没有搞明白。每当我想起他的时候，都感激不已，查理交易债券的方式是其他任何人所无法比拟的。”

查理·D. 与交易大厅里的其他那些大交易员们的不同之处在于他那超凡脱俗的控制风险的能力。根据加拉弗的说法，即使在他们的黄金时期，债券交易池里的许多大家伙们都是仰仗他们的好运气才赢得交易的最好时光的。“当查理·D. 交易不顺利时，他不会守株待兔地等待好运降临，将自己重新带回游戏中来，”他解释道，“这里最大的交易员之一史蒂夫·劳伦斯就是个极其走运的家伙。当他躺在医院里做肩部手术时，居然迎来了他交易史上最辉煌的日子之一，我知道确有其事。我这样说绝对没有贬低他的意思，因为史蒂夫的确是一位伟大的交易员。当他躺在手术台上的时候，他留下了一个风险的头寸，而这天早上政府公布了一个极其重要的经济数字。结果，当他从手术中清醒过来时，馅饼已经从天而降——每个人都说，你在熟睡中替自己挣了 300 万美元。查理却从来没有仰仗过那样的幸运。”

查理·D. 对市场有什么影响吗？当然，几乎不可能将查

理 · D. 与交易大厅里那些交易头寸巨大、为市场提供了最终流动性的大交易员们相互联系，以此来评估他对市场的贡献。大家都知道，债券交易池里的大家伙们可以一次交易 500 手合约，折合成实物就是价值 5000 万美元的财政部债券。对于那样大规模的期货合约而言，一个价位的变动在不到一眨眼的工夫就足以使交易员赚进或者赔出 15750 美元。

除了查理 · D.，作为对手的交易员们能够很快地数出一大批，直到 1982 年，他们还能够在上升的市场中提供 50 至 100 手合约的流动性，当时，这种规模的交易仍然被视为巨额交易。这些交易员包括泰瑞 · 库勒滕、弗兰克 · 多赫提、克里斯 · 赫梅尔、拉里 · 特纳、狄克 · 弗尔、R. 杰弗斯 · 科拉和吉姆 · 亨兹。当债券交易池于 1982 年迁址到芝加哥期货交易所北厅后，交易池里又添了一群新的交易员。原来的所谓"大交易员"们将自己的头衔交给了这些新来者，他们成为了债券交易池里流动性资金的主要提供者。当他们的资金滚动起来时，他们一笔交易就高达 200 至 500 手。除了科拉和费尔，汤姆 · 伯文、史蒂夫 · 劳伦斯、罗伯和约翰 · 摩尔都名列大交易员之列。虽然他们的交易规模都十分巨大，盈利能力也非常强大，但是，却没有哪一个人能够像查理 · D. 一样在整个 80 年代一直扮演着做市商的角色。

这个事实是由迈克 · 曼宁发现的。他曾经担任过 LIT 美国公司——戈德堡兄弟公司的继任者——的风险管理主管，现任兰德金融服务公司的执行副总裁，也是芝加哥期货交易所的董事会成员之一。有那么一两次，曼宁说戈德堡兄弟公司以及后来的 LIT 美国公司为芝加哥期货交易所的绝大多数交易规模较大的场内交易员提供清算服务，他列出的大交易员名单，包括罗伯、约翰、迈克、阿特 · 摩尔、狄克 · 费尔、史蒂夫 · 劳伦斯、R. 杰弗斯·科拉、汤姆·伯文、凯文·多铎、汤姆·加拉弗、约恩·图布斯和查理·D.。

“所有这些交易员都很成功，”他解释道，“不过，从1982年到查理·D.去世之前一年的这段时间里，他一直是交易大厅里遥遥领先的交易量最大的交易员。单纯地从交易来说，其他人谁也比不上他。他每天的交易总数都超过了1万笔，并且一贯如此。在相当长的时间里，没有人能够超越这个数字。如果现在汤姆·伯文做那种规模的交易，我不会感到惊奇。但是，那时的查理有时一天交易超过1.8万个回合。我提到过的其他那些交易员尽管交易量也很大，凭借自己的力量也做得很成功，但是，他们之中却没有任何一个像查理·D.那样在这个时期对市场有真实的、感受上的或者心理上的冲击。今天唯一能够与他相提并论的交易员只有汤姆·伯文。”

其他人也从交易池本身看出了这个现象。事实上，查理·D.几乎迅速地成为了交易池里最大的交易者之一。按照竞争对手兼友人马克·德罗吉穆勒——一位与LIT清算服务公司有着密切关系的大债券交易员的说法，当债券交易池里每天的交易量只有2.5万份债券左右的时候，查理·D.在巅峰期竟然每天交易100份期货合约。他估计，平均而言，在80年代初期芝加哥期货交易所里的债券交易池还是一个相当新奇的游戏时，查理·D.每天的交易量就已经达到2500份至3000份合约。在那个时候，这样的交易量代表着交易池内日交易量的10%甚至更多。

“查理的交易量非常巨大，”德罗吉穆勒说道，“他总是相信你交易得越多你挣得就越多。从第一天做交易开始到他去世那天为止，查理·D.或许一直是交易池里交易量最高的交易员。当他早上起床站在那里刮胡子的时候，他感到自己有工作要做——那就是为市场提供流动性，并作为结果要赚钱。与这里曾经有过的其他任何一位交易员相比，他是一位真正的做市商。”

1985 年芝加哥期货交易所前任主席、传奇式的交易员鲍比·戈德堡——组建了所谓“B & D”清算单元专门处理巨型交易员罗伯·摩尔和查理·D. 的清算工作，他与德罗吉穆勒的意见一致：“他的交易量与日俱增，我记得我曾经问自己：‘这个家伙真的曾经做过银行家吗？’他是一个拥有伟大才干的出类拔萃的风险承担者，他对风险的喜好远远超过绝大多数交易员愿意考虑的水平。我说的是实话——我甚至都不能跟查理的风。”

然而，对于那些在交易池里与查理·D. 竞争的其他交易员们来说，意义重大的并不仅仅是他那巨无霸式的交易量。穆索也是 80 年代一位成功的交易池交易员。自从他卖掉了自己的席位之后，穆索看到了查理·D. 的侧面。当他被市场混乱的噪声所包围时，那个侧面常常让他回忆起阿拉巴马橄榄球教练的传奇——保罗·“熊”·布兰特。“查理是你能够拥有的最好的朋友，”他说道，“对于其他许多人来说，他或许也是最好的朋友。他是否与我竞争？不，因为我不在他的队里。他只是向你提出挑战——促使你做得更大、做得更好、做得正确。他是我们心目中的教练。如果他认为你在某笔交易中做得很差的话，他就会和你开玩笑。如果他看到你错误地处理了一笔交易的话，他会挂上一脸嘲讽的笑容或者摇摇头。如果他发现你由于某笔交易的金额过大而拒绝了这笔交易的话——他们拿着 200 手合约给你，而你拒绝了，然后接受了 50 手合约——他会像一只小鸡一样踢踢跶跶地走来走去。他就像是一名教练试图挖尽你所有的潜能。只有那些在交易规模上与他旗鼓相当的人才是他真正的竞争对手，因为他总是希望自己成为最大的也是最好的交易员。”

80年代债券交易池里少有的女性交易员之一、后来的芝加哥迪恩–威特期货公司亚洲分部首席副总裁安·卡瓦诺芙观察到了博能最初赞美的查理·D.的种种优秀品质。“我没法告诉你有关那些便衣探员的事情，”她说道，“但是，说到从一位交易员的角度来评论查理·D.的正直诚实的话，你通常可以在交易大厅的周围听说有关的传闻，来判断某某究竟是肮脏的还是清白的。一旦你做了有辱声誉的事情，交易池里的每个人就都会知道。我可以告诉你，我从未听到任何人说过查理的任何劣迹，从来没有。当你为某人做交易时，你会了解对方的许多底细，而查理挣钱的方式也正是你打算采用的。他看到市场的运动，看到市场不对头，市场之中存在着弱点，他就会跳起来抓住这个机会。”

不过，当查理·D.这么做的时候，他并不是贪得无厌、嗜血如命的。“这是一个冷酷的行业，”一位要求隐瞒真实姓名的交易员说道，“有时候，毫不夸张地说，你将会踩在别人身上，将他逐出市场，因为你持有一个与他相反的头寸。你不能够去想那可能会是一个很不错的人，不能去想他家孩子的大学学费。你不能那样想，你能想的只是你从他手中活了下来，那很像是狗咬狗的情形，但是，查理从来没有为伤害其他的场内交易员们而感到洋洋自得。在这些交易池里，并非人人如此。你能够从他那儿得到的，不论这笔交易是好是坏，都不外乎那蒙娜丽莎式的神秘微笑。”

查理·D.那蒙娜丽莎式的微笑后面的神秘意义对查理的竞争对手们来说就截然不同了——尤其是那些在反向交易过程中的外来委托流是他最强劲的对手。他们当中有的人说，他们看到的不是别的，正是一个在交易债券时永远不甘充当替补队员的自我。据传，他在债券交易池里的竞争对手之中至少有一个人曾经说过，他将很高兴看到查理·D. 归西，因为那样的话，顶级台阶上将会有更多的空间。交易池的“谣言制造厂”里老是流传着一些黑色幽默，但是，这些黑色幽默正好反映出了查理·D. 在交易池里的表现。

桑格蒙交易公司的所有者、芝加哥成功的商品交易顾问诺尔·摩尔亲眼目睹了查理·D. 如火的竞争热情。当时的诺尔作为迪恩－威特－雷诺兹公司负责销售业务的前第一副总，坐在交易桌上观察着查理·D. 的交易情况。摩尔看到的男人“英勇无畏、永不气馁”。他观察的结论是，“查理作为一位风险管理者的某些局限之处与他作为一名做市商的最伟大的力量，有着深刻的联系。他，向大经纪行承诺做大额交易——这等同于一位做市商的希波克拉底式的誓言。他追求的就是扮演这个角色，有时甚至过了头，达到了极致，就好像他要测试自己在赌博或者运动方面的极限。他选择以一种独具魅力、令人着迷的风格进行交易。如果仅仅以赚钱为目的的话，那么，没有哪个交易员会以这种方式来做交易。我还记得有一次债券交易池里最大的经纪人大卫·瑞安与查理迅速地交易了相当于 3 亿美元的债券，尽管查理在这笔交易中赔了钱，但他却一点儿也不沮丧。他是那种希望领导人们前行的人，他从来不愿意跟在人群后面。”

“当查理身患癌症的时候，以及在他去世之后，他在交易池里的位置一直是空着的，没有人企图站在上面，这一部分原因是，因为查理作为这个大厅里‘最积极的交易员’赢得了人们的尊敬。但是，我认为这并不是答案的全部。我们都非常感激查理，因为他的正直、诚实以及他对事业的热情影响着我们每一个人，使我们全都得到了提高与升华。”

查理·D. 的故事听起来是否有那么一点大男子主义的味道？

这主要取决于你自己的观点，你是否敢于在他张扬的自信下做与他相反的交易，你在交易池里关于意志力与金钱实力的战斗之中是胜是负，或者你是被查理・D.带入了或者驱出了某笔交易。但是，在查理・D.“任职”芝加哥期货交易所的日子里，显而易见，美国政府债券期货市场的兴旺发达是其他市场所罕见的。1978年，国债期货市场交易了555350份合约，位列美国最大期货合约品种的第22位，占据的市场份额不到1%。那个时候，仅仅芝加哥期货交易所就有6个期货合约品种比国债期货交易量更大，包括大豆期货。1978年时，芝加哥期货交易所的大豆合约交易量位居全美第一。到1980年，也就是查理・D.开始交易的那年，债券期货合约的交易量达到了近600万份合约，成为了全美第四大的合约品种，但在芝加哥期货交易所里仍然落后于棉花期货和大豆期货合约，这两种期货品种当年的交易量都超过了1170万份合约。但是，到1981年，债券期货合约却成为了世界上最大的交易品种，交易量高达1390万份合约。1990年时，国债期货合约仍然保持着第一大交易品种的地位，而那一年也是查理进行交易的最后一个完整的年度。那年的债券期货交易量高达7550万份合约，也就是说，在超过100000份合约的51种期货合约品种的总交易量中占据了27.3%的份额。此外，在整个90年代，债券期货交易都保持着头号期货合约品种的位置。1995年，芝加哥期货交易所的利率复合期货及期权合约成为了交易所的经济引擎。在这个世界上最大的期货与期权交易所里，利率期货与期权的交易量占到了整个交易所21000万份期货与期权合约中的16000万份合约。

当然，将这样的表现完全归功于某个个人显然是非常错误的，因为芝加哥期货交易所的会员从1980年的1784位增加到了1990年的3642位。毫无疑问，在当时的交易池里，还有其他一些交易量颇为巨大的大腕。现在的那些大交易员们甚至比查理·D.曾经的交易量更大，美国债券工具的期货合约取得的巨大成功显然也有他们的功劳。但是，有一点也很明确，如果曼宁对查理·D.在鼎盛时期的交易量的估计是正确的，那么，在这10年的大部分年头里，查理每年的交易量就高达成百上千万份合约了。或许正是因为这个原因，包括博能在内的一些交易员和市场专业人士们才如此坚信正是查理·D.在20世纪80年代的债券交易池里处于领导者的地位。他们认为，查理为芝加哥期货交易所在债券方面的成功做出了超凡的贡献，正是他以及其他交易员们的努力，才使得大的场内交易员成为了日复一日为债券期货市场提供流动性的关键性因素。一旦债券成为了芝加哥期货交易所的头号交易品种，交易所里的利率期货合约与利率期权合约品种作为一个整体必然也迅速地崭露头角，引起世人的关注。

“查理·D.是芝加哥期货交易所有史以来最好的交易员之一，”戈德堡补充说道，“以他的交易类型——争取做差价交易而言，他绝对是最棒的。他在市场的两边同时做交易，低买高卖，这就意味着使交易量翻倍。只要有一个价位的差价，他就会在市场上买进卖出，这种做法使他在进行巨额交易的同时保持着（相对）较低的风险。在规模巨大的交易中，他只取点滴小利，但是积少成多，最后积累在一起也是一笔巨大的利润。与之相反，汤姆·伯文的风格则是一位极其成功的当日买卖投机者。因此拿他俩做比较就好像将苹果与橙子拿来进行对比，又或者向人提问谁是有史以来最伟大的垒球运动员。他们俩各有千秋，都很伟大。”

我又一次看了博能写的新闻信件，我可以在字里行间听到博能在不久以前在后屋的走廊上踱来踱去的脚步声，书写着关于芝加哥期货交易所150年历史中几乎无人记录的一天。“两周前，查理·D.最后一次出现在交易大厅里，那是他令人难以置信的传奇生涯中的最后一次，癌症深深地伤害了他。查理在中午时分悄悄溜出了医院，乘了一辆出租车赶来芝加哥期货交易所，进行他职业生涯中最后90分钟的交易。因为那天下午，重要的自营商们将会为5月份的30年国债投标竞价报出各自的价码。”

大约在这个时候，我停住了，意识到如果查理·D.在这个过程中没有赚到钱的话，博能所有的赞美之辞都将理所当然地失去意义。毕竟，金钱是经济动物在债券交易池里保持分数的方式。查理·D.劲头十足地保持着高分——从1983年开始，他常常每年从交易池里拿走七位数的交易利润。当然，他在债券交易池里以及债券交易池外的生活之中的确存在着许多风险，一路上他也的确遭遇过一些不幸与挫折，其中有一些甚至夺走了他不少的金钱以及全部的健康，但是，却从未夺走他的志向、他的灵魂。

使博能对查理·D.推崇备至的，并不仅仅是他作为一名交易员在金钱上取得的成功。他作为一名颇有鼓动性的证人给整个市场上的交易员们写了这封信，这些交易员们通常都非常年轻，充满梦想，他们往往更加关心自己的前途而不是别人的过去。博能以十多年的历史为背景来看查理·D.，正如博能在他的赞美辞中预言的那样，第二天早晨又下起了一场雨。在世界上最疯狂，也最刺激、最令人胆战心惊的市场上，价格的变化或许也会将一些年轻人冲洗到另外一种不那么冒险的生涯中去吧。

博能坐在那里谱写着他的颂辞，希望加上一些他自己的“倾盆大雨”，加在星期四早上从云层里汹涌而下的雨水之中。奇怪的是，在他的后院里，太阳却在早些时候的大雨滂沱之后露出脸来，阳光普照大地。

“这样做很合适，他们一定已经打破了用来制造查理 · D. 的模型，因为不可能有第二个像他那样的人。他以自己的慷慨与正直著称，人所共知，他承诺不惜任何代价去承担起造市的义务，人们也都知道他作为一名交易员的挚爱。”

查理和杰克玩橄榄球，1978年

第四章　乐透[①]彩票游戏

1986年2月7日，星期五,一群年轻的交易员兴致勃勃地搭乘电梯下降到芝加哥期货交易所的大厅。对于那些从未乘坐过这些电梯的人来说，这架电梯的速度是普通电梯的两倍，坐起来着实令任何一位勇敢的中年人吓得胆战心惊，但从电梯上下来的乘客却“淹没”了大厅。每天闭市之后，从芝加哥期货交易所交易大厅里涌出来的人流总是这样汹涌，但是今天的人潮流动得格外迅速一些。今天是星期五，并且债券市场收市的时候比前日高出了25个价位。因为道·琼斯指数今天首次突破了1600点大关，受到股市的刺激，债市也以红盘收盘。在交易轻松发财的市场里，这些只不过是不那么迅捷的发财机会罢了。一位发型怪异且在背后留了一条老鼠尾巴的瘦骨嶙峋的交易员划着了一根火柴，点燃了一支万宝路香烟，这时，他的朋友却从电梯间直奔一群打扮得漂亮入时的姑娘们。她们正准备召开一个派对，从这群红粉丽人的身上袅袅地飘来袭人的幽香，如一团引人入胜的云彩，其他那些肩膀宽大的男士们仍然在成群结队地搜索着美丽性感的“猎物”。在交易池里拼着老命叫嚷了一天，一个个嗓子都很粗很哑了，他们纷纷从拉萨尔街和杰克逊街拐角处的芝加哥期货交易

① 亦被译为“六合彩”。

所正门涌了出来。那一晚，他们要用许多清凉的啤酒来滋润自己干裂如火的喉咙。“去拉什街。”他们当中一个人说道，边说边与两个同伴一起跳进了一辆黄色的出租车。

在这股人流之中，一位交易员在他 12 层办公室里迅速洗了个澡之后乘电梯下来了。这套淋浴装置是在他的特别请求下安装的，因为人们都知道他在交易的时候必定累得汗流浃背。炎热的夏季，他在债券交易池里总是累得头发全部湿透，一缕缕搭在前额上，尽管交易池里安装着空调。但是今天，虽然他看上去很新鲜很干净，但是，他却感觉比平时更加筋疲力尽，对于这位无法简单加以形容的 34 岁的交易员来说，这一周可谓收获颇丰，有两个交易日都为他的腰包里装进了 10 万美元，而在其他的三个交易日里，利润虽然少一点，但也足以令人满意。在股票市场波动以及石油价格飘摇不定的情况下，仅凭低买高卖赚取差价就在债券市场取得了这样的战绩，他对于自己这一周的交易又岂是“满意”二字所能形容？

查理·D. 迈着与他人相同的步子，几乎看不出他在动（因为人们太拥挤了）。他偶尔停下来与芝加哥交易所大厅里的朋友们打招呼，然后突然向左转弯，在芝加哥期货交易所主厅的一家报纸及烟酒糖果铺前面停了一下，那家小铺名叫“拉萨尔新闻”。通常，他在那儿都会买一盒奶球（Milk Dudsuh）迅速补充能量，还会买上一份《高尔夫》杂志以及一份《芝加哥论坛》。他的左侧有点难受，就在腋窝下面，不过他并不知道那儿为什么难受。或许是因为他在这天的交易之中老是举着胳膊，以至于拉伤了某条肋部肌肉。他现在心里所想的就是自己正在热切地盼望着一趟前往拉斯维加斯沙漠旅馆的旅行，在那里，他将挥舞着他那标着徽章的新球棒尽情地打上几局高尔夫，他还可以好好地赌上一阵。查理有着一张金色的男孩的脸，当他将手臂抬高，打到肩膀以上时，从他的卡迪根式开襟毛衣下就会传来一阵剧痛，这剧痛使他那薄薄的嘴唇咧开，做了个鬼脸，这张薄薄的嘴唇使他的面孔格外引人注目。那个动作使他的肩膀如针扎一样痛，但他既不想也没空来考虑产生疼痛的原因，或许当年在橄榄球队里受的老伤现在还没放过他吧。

这家报摊的主人是两兄弟——乔治和阿齐，他们对查理早就久仰大名。虽然他们并不知道那个人就是查理·D.，但是，他们的确知道查理是债券交易池里传说中的矮妖精（将其捉住后可使之指点宝藏之所在），他可以在绝大多数日子里迅速地找出价格波动的彩虹，并且在闭市的钟声敲响之前全力以赴地将赚钱的债券兑现为大堆大堆的黄金白银。在芝加哥期货交易所里，无论查理·D.走到哪里，都有一个关于会生金蛋的金鹅的故事跟在他身后。当其他交易员们肩膀挨肩膀地排列在交易池里的时候，关于查理·D.的故事便在他们中间口口相传。早上，这些交易员们在这个报摊上购买价格走势图或者报纸，并且买上一些糖果作为早餐或者在日间交易中补充能量。有时候，当接近中午，交易池处在交投清淡时，或者在午餐时，他们也会过来买上一份《体育画报》或者《花花公子》聊以解闷。在期货市场上没有什么比消息传播得更快，唯一的例外就是有关谁赚钱最多以及谁最常赚钱的流言与传闻，查理·D.的名字总是在这样的交谈中出现。这种点石成金的美名从交易员口中传到经纪人那里，又从经纪人那里传到市场报价员那里，最后又传到保安人员耳中，有时甚至是“双杀传球”——传到了别的什么地方。这种流言传播起来悄无声息，有时是即席随意地说起，有时是在经纪人旅馆或者交易者的标志餐厅一边喝啤酒一边聊起的。这两家餐馆都是交易员们经常喝酒的去处，这样的流言随着交易池里交易员们频繁地进出而频繁地流动。

在芝加哥期货交易所的报摊周围，少数几个完全不知道查理·D.赫赫威名的人，其有一位55岁的黑老头，名叫埃里斯·潘尼克斯。他是“拉萨尔新闻”报刊杂货铺的雇员，乔治与阿齐两兄弟雇了他来收拾杂志、快餐和糖果架。当他第一次开始在这个报摊工作时，他几乎大字识不了几个，阅读能力和儿童差不多，也不会加减法。在店主二人“职业技能培训”的帮助下，潘尼克斯已经掌握了足够的技能应付这件差事了。现在，他能够操作现金出纳机，并且能够准确地给顾客找零。如果他节俭的话，他应该能够凭他的小时工资维持生活。

但是，并不宽裕的薪水并不能阻止这位看上去胆怯而缺乏自信的潘尼克斯在芝加哥期货交易所的场内交易员和保安人员之中拥有不顾后果的名声。因为他总是将全部家当都押上，在伊利诺伊“乐透”那极不均等的机会中押上最大的赌注，他常常为自己盲目的投入而向机会女神支付救济金。他的工资里有很大一部分被拿来购买每日一开奖的“小乐透”以及每个周末开奖的“大乐透”，有时他还会买一些其他的彩票。他的嗜赌已经发展到了一定的程度，以至于他的两位雇主已经私下里讨论过在整个一周里定量付给他工资的可能性了。当潘尼克斯要求提前预付工资时，他们已经厌倦了他的“赌博”带来的问题了。这是一条敏感的界线，但是潘尼克斯却常常毫无顾忌地穿越这条界线。

这一天，潘尼克斯和拉萨尔新闻的两兄弟又在这个位于芝加哥期货交易所大厅正中心的小小店铺展开了压低声调却针锋相对的激战。没有人特别留心要倾听或者真正关心这场雇主与雇员之间心与心的交流，除了一位站在报摊前搜索着一本《高尔夫》杂志的交易员。他忍不住听到了他们的谈话，即使他所听到的全部东西都是在一定程度上凭想象力补充出来的。雇主威胁说要限制他的雇员的工资，除非这位雇员能够想出办法来为自己制定预算，合理安排开支。这位交易员抓起了一盒奶球，又拿起了他想要的《高尔夫》杂志，付了一张 100 美元的大票子。他反复考虑了一下如何才能解决潘尼克斯与报摊主人的财务困境，显然一个主意自发地冒了出来，就好像他在交易池里做出的任何一个决定一样。这个叫作埃里斯・潘尼克斯的人已经装好了快餐架，正在打扫一些报纸屑，他的背转向店主——那可怜的店主，半是生气，半是狼狈。乔治和阿齐可能有自己的道理，毕竟，雇员为什么要把自己辛辛苦苦挣来的钱全部拿来买什么乐透彩呢？脸色彤红的店主正在关雇员的收银机，尽管雇员心烦意乱，但对客人仍然很礼貌细心。店主正在问自己关于埃里斯的这个问题，他为什么要买乐透彩呢？

查理直接向埃里斯走去，他那闪闪发亮的褐色小牛皮皮鞋正在埃里斯的视线之内。查理・D. 引起了埃里斯的注意，他抬起头来，从鞋子开始打量起查理来。

“对不起，伙计，”查理・D. 开口了，他直视着潘尼克斯的眼睛，“谢谢你帮助我找到了我所要的杂志。这点东西或许能帮你一点小忙，使你不那么烦恼。抬起你的头，鼓起勇气别气馁。在度过一个轻松的周末之后，事情总是会变得更好的。”

店主听到了他的问候，或许潘尼克斯并不是一个在所有方面都一无可取的人，但是，店主并没有看到这位交易员折成两半塞到埃里斯拇指与食指之间的那张百元大钞，他的手还靠在那个一品脱大小的扫帚上。交易员像老朋友一样拍了拍埃里斯的右胳膊，就好像盼望着每周都能见到他一样，并且将钱悄悄塞到了他手里。看上去他俩似乎早就认识了，以至于潘尼克斯和店主不由得想了一想，但是，他们是从不认识的嘛。

“记住，当你工作或者做交易的时候多用用右脑思考，就总会有好的结果。过个了不起的周末吧，我的朋友。放松一点，别紧张。”

在埃里斯还没来得及做出反应之前，查理·D. 已经走出大厅了。看上去，报摊里发生的这场雇主与雇员之间的争论已经烟消云散了。潘尼克斯将他的扫帚抬高，离地面 2 英尺左右，以示某种抽象的敬礼，然后结束了他日常的零星工作。

的确，这是一个美好的周末，尽管并非如这位不知名的交易员所建议的那样是一个令人轻松愉悦的周末。星期六下午 5:00 的时候，电视上出现了乐透彩开奖的镜头——一堆乐透球在一个透明的塑料盒子里蹦蹦跳跳，然后被一个又一个随机地吸进一个真空吸管里，由此产生了获奖号码，大奖获得者将得到 500 万美元的奖赏。这次的大奖号码是 21–24–28–29–37–41，这一系列魔术般的号码大约只有一位发了疯的随机天才才能够答得出来。星期日的时候，这些号码像往常一样，公布在《芝加哥太阳时报》第二页上，插在最新电视节目预告和当地天气预报中间。

那一天，在潘尼克斯那套靠近村舍果园街的南侧公寓里，他独自呆坐着，傻傻地凝视着一张特别的彩券以及那张《芝加哥太阳时报》，其他那些彩券被他四散扔在他周围的地板上。他看上去很茫然，每个小时，他都会从口袋里掏出这张彩券将它仔细地再看一遍，并且将上面的号码与他在电视和报纸上看过的中奖号码进行比较。他也觉得自己这样做很傻，但他老是觉得自己的眼睛在和自己开玩笑。但是，他的确就是那个答对了全部 6 个随机号码的人。他是怎么解开这个方程的？他又该如何向拥有拉萨尔新闻的两兄弟解释一切？他已经赢得了这两兄弟频频奉劝他停止玩的这把乐透彩游戏——因为这周他有足够的金钱去安排周末约会！他忍不住从心底里笑出声来，就好像是从地下的泉眼里喷涌而出一样。他们很可能解雇他，但是谁会真的在乎呢？在他的字典里，“解雇”已经是一个毫无意义的字眼了。从心底里升起的激动情绪几乎使他发狂，他的周围都是些不安分的邻居，因此，那天晚上，在偷窥那张藏在皮夹子暗格里的乐透彩券的间隙之间，他忙里偷闲地将门上的锁检查了一遍又一遍。那张 3 英寸长 2 英寸宽的小纸片，在他看来，无异于一块大金砖。

那个星期日的《芝加哥太阳时报》的扉页文章题为《财富是否改变了乐透彩赢家？》，如果潘尼克斯读了的话，应当会受益匪浅。“无论如何，赢得州乐透彩大奖的人通常都会继续工作，继续花时间、花金钱娱乐嬉戏，他们还会快乐地结婚，并且慷慨地馈赠给亲戚——但是却很少捐赠给慈善事业。”在这篇文章的卷首语中，记者吉姆・里特如是说。里特报道的是罗伊・卡普兰先生的调查工作，卡普兰先生是佛罗里达技术学院的一位社会学家。“金钱买不来幸福，的确如此。但是，金钱却是获得幸福的秘诀之中非常重要的一种成分。”他告诉里特。他进而补充道，突然的暴富能提供给乐透赢家一种安全感，从而“卸下了精神上与心理上的一个巨大的负担”。

星期日晚上，拉萨尔新闻的主人之一，戴着眼镜、相貌儒雅的乔治从他的雇员埃里斯・潘尼克斯那里接到了一通电话，后者告诉他自己病了，星期一不能来上班了。联想到星期五在报摊上的谈话，乔治怀疑可能有疾病以外的其他什么东西使埃里斯不能来上班。他要求埃里斯不要对他隐瞒什么，要直截了当。如果他不实话实说的话，乔治将不再信任他、依靠他，也不会再让他干这份工作。既然乔治开始斥责埃里斯在电话里和自己搞鬼把戏，潘尼克斯实在找不到别的办法——只能举手投降了。他向乔治解释了自己星期一不能去上班的真正原因，他已经赢得了这次乐透彩的大奖，但是他不想让他的任何一位爱胡搞的邻居知道这件事，他打算在任何人发现这件事情并且将彩券从他手里偷走之前将它交到兑奖处兑现。乔治现在什么都明白了，不论潘尼克斯周末是病了还是中了乐透彩抑或输光了他所有的钱或者弹子，都没有什么区别，他怀疑自己究竟是否还能够再见到潘尼克斯的面。不过，那天下午，潘尼克斯倒真的在报摊前露面了，他的彩券已经平安地交到了伊利诺伊州乐透彩活动的组织者手中。他就这通古怪的电话交谈向乔治道歉，进而开始解释自己不愿意在有生之年再干一天活的原因。乔治提出来说他的儿子，一名律师，或许可以帮埃里斯一点忙，他接受了这个建议。那天晚些时候，潘尼克斯遇见了查理·D.，他热情地提出为报答查理带给他的好运，要为查理买一辆新车。查理·D. 谢了谢他的一番美意，并且向他解释说这样做没有必要。他握着潘尼克斯的手，然后面无表情、一本正经地谈起了他的候补队员近期的金融成功："想没想过交易债券呢？"

那正是《拉萨尔街上的一个奇迹》，这两位风险承担者从未再碰面，至少交易员之间广为流传的故事结局大致如此。

你还不相信吗？我也不太相信。但是，这正是我在芝加哥交易所大厅里听到过的有关查理·D. 的传奇之一——那些认识查理·D. 的人一次又一次地告诉我有关这个故事的片段，我一开始也难以相信。最早告诉我这个故事的人是汤姆·加拉弗和马克·德罗吉穆勒，当时，我们正在他们在芝加哥期货交易所 19 层的办公室里一边洗牌一边看着报价机终端。他们的办公室具有一种"动物之家"的格调，房间里有一张供打盹用的靠椅，一张打破了的响弦鼓，角落里还有一只曲棍球棒，这一切都使他们的可信度大打折扣。他们的“查理·D.与埃里斯传奇故事”之中也有着太多的漏洞，听起来好像不太真实。这个传奇故事看上去无异于一个经典的撒谎者在扑克戏中虚张声势：“只要我紧握着几张大牌，他们就会立刻打退堂鼓。”但是，接下来，查理·D.的亲密朋友约翰尼·穆索又向我确认，说他和其他一些人一样听说过这个故事。穆索坦言他也不能肯定这是一个真实的故事，但是，他并不认为这是查理·D.编造出来的东西，尽管查理向来以开玩笑和扭曲事实取乐出名。他的笑话和故事之中没有哪一个像这个故事一样“做工考究”，并且在开过玩笑之后，他总是会向大家澄清事实的真相。并且，如果这件事不是真的，那么，为什么在查理·D.最要好的交易伙伴那古怪的脑子里会保留下这个传奇故事呢？

如果我能确认并且找到芝加哥期货交易所唯一的乐透彩赢家的话，这个故事是否真实看来就可迎刃而解了。乔治的兄弟阿齐告诉我，他们的一位名叫埃里斯的雇员在五六年前的确赢得了一次奖金为500万美元的乐透彩大奖。他建议我去问问乔治，他通常在上午上班，可能更加清楚这个乐透彩的故事。我还与伊利诺伊州乐透彩联络中心的主管迈克·朗取得了联系，想请他帮忙寻找一位我仅知其名为埃里斯的男士。警惕性颇强的朗看上去对我的故事半信半疑，他让我以书面形式写一封申请给伊利诺伊州乐透彩管理中心，申请查询有关信息。过了几天，他为我提供了一部分资料，包括那位乐透彩赢家的全名以及他赢得的奖金数量、他中奖的日期。朗拒绝为我安排与潘尼克斯先生会面，也拒绝安排我直接以我自己的名义与他接触，这涉及乐透彩管理中心保护每位中奖者隐私权的原则。要想确认有关查理·D.的传奇中最令人兴奋的故事，实在不那么容易。

最终，我通过暗中调查，费尽九牛二虎之力，找到了潘尼克斯的踪迹。首先，我从一位本地的接线员那里听说潘尼克斯的电话号码是没有印在电话簿上的，这意味着他住在这个城市里，我仍然有可能找到他。接下来，我试图通过任何一名记者所能得到的最新的手段来间接查找他的地址与电话号码，那就是查询选民登记记录和伊利诺伊州机动车辆管理部门的驾驶员执照记录，后面这条渠道让我花了 8 美元，结果我一无所获，看来潘尼克斯先生不能够合法地驾驶汽车。1996 年 6 月 4 日，芝加哥选举委员会办公室给我寄来了我要求的可公开获取的材料。“我们检查了我们最近的活着的及已故选民的记录，发现了关于埃里斯·潘尼斯先生的记录，他仍然活着，住在……”接下来的信息包括他的住址及生日，1919 年 8 月 29 日。结尾是：“谢谢，您真诚的维尼·阿皮克。”乐透彩赢家们或许不开车，但是，他们却的的确确会投票。

阿皮克的回信却使我更加困惑，如果他提供的埃里斯的生日是正确的，那么，这位乐透彩赢家就该是 66 岁了，而不是如《芝加哥太阳时报》道的那样只有 55 岁，这是印刷错误还是埃里斯故意在自己的年龄问题上做了手脚？从天而降的财富既是青春的活力之源，又提醒他从父亲那辈流传下来的“人生苦短”“冷暖无常”的老话，因而促使他虚报了年纪。你的猜测与我的一样，并且，我是在寻找潘尼克斯先生呢，还是如阿皮克在回信中提到的潘尼斯先生呢？我不能确定我究竟是在寻找哪一个，不过，后面那个名字看上去或许更加适合一个赢得了乐透彩大奖的男士。但是，我不能确信自己能够敲响一位潘尼克斯先生的门，却向他打听自己能否和一位潘尼斯先生交谈并且安之若素。反之，如果我向一位潘尼斯先生请求拜会一位潘尼克斯先生，在我看来同样非常失礼。我别无选择，只能得出一个极其黑暗的结论——查理·D. 在和我开一个肮脏而阴险的玩笑。查理·D. 从未同意接受采访，我也几乎可以肯定我所有这些劳心费力的努力最后都有可能竹篮打水一场空。但是，我又能怎么办呢？选举委员会已将我带到了这个地步。如果再出现一个印刷错误的话，我就可能碰上一个名叫艾尔维斯的人，因此，有什么可害怕的呢？我决定向公寓的 3309 号进军。

在准备好了一封请求采访潘尼克斯先生（我更愿意相信朗和《芝加哥太阳时报》的拼写，而不是选举委员会从一份官方的选民登记记录中胡乱找出的那个名字）的信之后，我跳上了杰弗里六号快车前去拜访这位乐透彩赢家。头天晚上，我打印了一份正式的采访请求，解释了我对这位绰号查理·D. 的债券交易传奇人物奇怪的迷恋。

按照选举委员会提供的地址，我找到了摄政花园，当我还是加利福尼亚州大学的学生时，我就已经知道这是一个中上层阶级居住的地方了。我踏进了摄政花园的旋转门，向一位看上去与拳击经纪人唐·金长得一模一样的保安自我介绍。这个家伙穿着一身漂亮时髦的绿色制服，坐在接待区后面（配有电话和监控视频），他的头发向上卷曲，花白的头发是埃弗罗发式风格（Afro，一种类似非洲黑人自然发式的呈圆形的蓬松头发）。我告诉他，我有一个包裹要亲手交给潘尼克斯先生，他没看我第二眼，就从大厅里拨通了潘尼克斯先生的电话。

“您好，潘尼克斯夫人，这里有一位法龙先生送过来的包裹。一位信使正在大厅里，他要求今天上午亲手将这个包裹送到您丈夫手里。好的，谢谢。我会打发他上楼的。”

这位长得酷似唐·金的先生打电话叫开了我右边的玻璃保安门。

“南楼33层，穿过玻璃门，电梯就在大厅，你的右手边，就在康体中心的前面，潘尼克斯夫人说你可以上去了。”

不能浪费时间，我飞奔上前，直扑门铃，猛按了一通。通往南楼的门打开了，我又迅速乘电梯。但愿一切都向着最好的方向发展，我得到的地址是南楼3309号。当我寻找着潘尼克斯的公寓，沿着大厅走了30码的时候，一个声音打断了我的搜索。这时，我还压根儿没来得及敲响任何一间公寓的大门。

“谁呀？”

这声音并非来自我正在凝视的3309号公寓的门背后，而是来自3307号公寓的门后，就在我身后。我转过身，举起了我的信封，以便门背后的人能够很容易地从猫眼里面看到它。这个善意的举动丝毫没有任何帮助，没有人跳出来为我开门向我问候。我们的会面对我们双方来说都是一个不幸的未经安排的意外事件，大门仍然紧锁着，我的话像机关机枪一样疾射而出。

“先生，我有一件包裹要交给潘尼克斯先生，如果您就是的话。这个包裹里面包括一封，请求采访您、与您谈谈一位查尔斯·P. 狄弗兰西斯卡绅士的事情的信，是潘尼克斯夫人叫我上来的。狄弗兰西斯卡先生是一位著名的债券期货交易员，我听说您在赢得那次乐透彩大奖以前曾经遇到过他。狄弗兰西斯卡先生已经于1991年因癌症去世了，法龙先生，事实上也就是我，正在准备写一本有关他的生平的书。如果您还记得他的话，我希望您能够乐意读一读这里面的信以及我对这本书的构想，我很想证实一下我听说的有关您与狄弗兰西斯卡先生之间的故事是否属实。”

“谁？”门后的人问我。

我听到两三下插销锁头打开的声音，一只黄色的、布满血丝的眼睛从两道链子锁的正上方直视着我，门只开了一道三四英寸长的小口子。这只眼睛似乎正在努力地在记忆中搜索与我有关的回忆，或许是在10年以前的芝加哥期货交易所大厅里，又或许是在别的什么地方。这位藏在门后的“独眼巨人”判定他以前从来没有见过我，我仍然在继续我的请求。

“查理·狄弗兰西斯卡，芝加哥期货交易所的一名债券交易员，人们都管他叫查理·D.。我听说在您赢得那次乐透彩之前的那个星期五，他给了您100美元，而您用这些钱买了您中奖的那张彩券。我想，这是一个有趣的故事，您或许可以帮助我证实或者补充有关的细节。有人告诉我，查理看到您和您的老板闹别扭，因此他给了您一些钱以便让您度过一个愉快的周末。我听说您的老板让您不好过，却正好被查理看到了正在发生的一切，他给了您一些钱并且告诉您鼓起勇气，诸如此类的话。我已经听说了好几个版本，我不知道哪个故事是真实的。我认为这个故事值得一提——如果它确有其事的话，我希望在我的书中尽可能多地告诉读者这个故事。如果您有什么东西可以对这个故事进行补充的话，我将感激不尽——如果您愿意看一下我写的信并且与我谈一下的话。如果这个故事不是真的，那么，我真的不打算写它。东西全都在这个信封里，包括我的电话号码。如果您愿意的话，您可以看这封信并且给我打电话。我真的无意打扰您，先生。但是，您的电话号码不在电话簿上，因此，我不能先给您打电话，只能冒冒失失地直接找上门来。这封信解释了我是如何找到您的，我衷心感谢您提供给我的任何帮助。”

“把你的信封从门底下塞进来吧，我会看它并且给你打电话的。”

“谢谢您，潘尼克斯先生，我感谢您的帮助，给您。”

我猜想伸出来的那两根手指正是当年握扫帚的，它们从门背后的某个地方伸了出来，伸长了两三英寸以便夹住信封，就像一把极其钝的剪刀一样。我举起这个信件大小的信封，将它放在他的手里，他的手就在链子锁的正上方。尽管当时已经是上午 11:00 左右，我依旧可以看到潘尼克斯先生的蓝色睡衣，半张蓬头垢面的脸以及半个长着黑人和白人混合发型的脑袋，但是，却看不出在过去 10 年中这张脸的生活。调查研究查理 · D. 的生活往往意味着，事实以一种扭曲的畸形的方式出现在我的面前，就像从马戏团的哈哈镜里看过去那样，一个叫作潘尼克斯的人也没有逃出这个规律。

"我会给你打电话的。"这是我从他那里听到的最后一句话。这位"独眼巨人"将他的手缩回门里去了，我又一次听到了插销锁上的声音。

"再次对您表示感谢，潘尼克斯先生，谢谢您的帮助，"我对着门说道，"我的电话号码就在信的下面，希望尽快和您谈一谈。"

一转眼，几个月过去了，我仍然没有听到他的回音。我试图将这一章中某个部分的草稿送给潘尼克斯，请他确认其准确性，但是毫无结果。

就连我对拉萨尔新闻的乔治进行的数次拜访也一无所获，压根儿不能帮助我证实任何与这个奇怪的传说有关的更多的东西。这件事太过遥远，回忆起来太过困难。他的确尝试过以我的名义给埃里斯 · 潘尼克斯先生打过一两次电话，却没有成功，因为他用的是潘尼克斯辞职以前留给他的号码。潘尼克斯的电话无休无止地在拉萨尔新闻店面后的储藏室里鸣叫时，乔治所能做的只是努力向我解释潘尼克斯不在的原因。

"他现在或许在拉斯维加斯或者正在某条河流的船上赌场里，他喜欢做这样的旅行，我很抱歉我不能够为您联络到他。但是，我可以给您他的电话号码，我告诉过他我不会把它给任何人。”

看来，这个尝试没有必要再继续了。

从潘尼克斯摄政花园那套33层的公寓望出去，他无疑可以看到密歇根湖的潋滟波光和湖岸的地平线，这美丽的风景足以令莫奈也叹为观止。他也可能选择就在他家窗子南边的公园里散步，那里的树木葱郁，是海德公园里最著名的一群空中公民——“哈罗德的鸟”的家。据说，有两只来自南美洲安第斯山脉的色彩艳丽的绿色长尾小鹦鹉曾经从附近的一个鸟笼子里飞出来，逃到了这里。仅仅靠吃这儿的面包屑和树籽，这两只绿皮鹦鹉竟然与城市和平鸽一道在这个公园里度过了两个寒暑。当冬季的芝加哥被冰雪覆盖时，这些安第斯山脉出生的鸟儿一点也没有被这恶劣的天气所吓倒。它们迅速适应了新的环境，并且繁殖开来。鸟儿们用枯枝和泥土做成了许许多多类似球形的土坯制的公寓套房，颇有野趣，就正对着芝加哥市市长哈罗德·华盛顿曾经居住过的53号街上的汉普顿大宅。当市长住在那儿的时候，为保护市长的安全而配备的警力使得这些树木能够保证绿皮鹦鹉的安全。市长，或者在严寒的冬天饲养这些鹦鹉与鸽子的奇怪的人，如果潘尼克斯想过这些事情的话，也许有能力提醒潘尼克斯先生，使他想起自己与查理·D.的交往。这些繁衍出来的绿鹦鹉之中有一部分已经迁移到了圣托马斯教堂附近的一处栖息地，过一段时间以后的某一天，它们将会以更大的规模进一步向南迁移。我可不能指望这事儿发生在伊利诺伊的农场主身上，因为这些鸟儿素以破坏田地、聒噪喧闹而出名。有的环境保护工作者认为应当在这些鸟儿进一步繁殖并且破坏一两片玉米地之前将它们抓起来。如果真的发生这种事的话，这些鸟儿将被证明为一位期货交易员最好的朋友，因为我在海德公园的朋友们常常这样开玩笑。

我不知道对这个传奇我还能再想些什么，尽管我不再怀疑它的真实性，我唯一的希望就是查理·D.对潘尼克斯先生来说还能有那么一点意义。如果说我有什么希望的话，我但愿所有这些奇怪的鸟儿构成的奇迹能够使我们所有人想起另一位极有运气的已故的“同类”。或许钱太多的人与钱太少的人一样有着数不清的烦恼，不多不少是最好。现在，在潘尼克斯先生看来，我一定像那些绿色的小鸟一样麻烦而又顽固，以至于他不敢告诉我这个故事，但是，生活的点点滴滴——尤其是查理·D.生命的点滴片段，却往往是一顿精美的大餐，值得品味。

我请求任何一位看了这篇文章的人谅解，或许正是查理·D.在债券交易池里明星般夺目的能力使得那些第一次听到这个故事的人相信它是真的。我认为，它在一定程度上只不过是一种象征，是交易时查理·D.所具备的神奇力量的标志，就好像贝比·卢斯的“好球”仍然是一个与他的超级本垒打能力联系在一起的神话。贝比·卢斯总是否认自己曾经打过那样一个本垒打，但是却毫无用处，而在我看过的重播中他看上去的确在用球棒瞄准。或许潘尼克斯知道，查理·D.可能以“念咒的方式”，召唤起外场座位上的观众，指证那天曾经目睹他们在芝加哥期货交易所大厅里的碰面。查理从不害怕在球场上挥棒出击，也从不害怕帮助别人进行尝试。

如果这个故事压根儿就没有真实性可言的话，查理·D.可能更加乐于欣赏这个乐透彩游戏的传奇——如果这仅仅只是他设计好的神话故事，他希望通过它来传播一点对于苦难人生的乐观情绪的话。正如查理·D.所知，生活只不过就是沉思默想某些非常奇怪的鸟类身上所隐藏的能量，他的精神无疑是一抹绿荫。如果你问我的话，我要说，他的灵魂有时候会展翅飞翔。

第五章　疯狂高尔夫

我所搜集的查理·D. 的生平故事，按照时间顺序存放在六个很大的活页纸封面里，摆成一摞，活像是一堆水碴砖，就在我的地下室里。这些活页纸封面里保存的是有关一个人的生平及死亡的一堆错综复杂，如乱麻般剪不断、理还乱的片段。老实说，我已经接受了这个事实，那就是我所写的只不过是经过提炼与过滤的记叙——来自家人、友人、熟人以及一些照片、报纸、杂志剪报、家庭录像的记叙而已，而不是绝大多数传记作家都能迅速弄到的第一人称的资料和日记。

当我为这些纷乱的片段中丢失的章节而灰心丧气时，我常常想，永远不可能与查理·D. 打上一局高尔夫，是多么令人羞愧的事儿啊。毕竟，正是在威格瓦姆旅游胜地的高尔夫球场草地之行后，查理·D. 才第一次进入我的视线，而我的笔记本中记载的他那些光怪陆离的生活片段中也有许多是发生在高尔夫草地上的。今天早上，我看到的一个令人费解的片段来自最大的笔记本，那是《芝加哥论坛》上刊登的查理·D. 的讣告，讣告的周围只有一些紧密交织的片段。

他喜好扑克牌和高尔夫，有时，他会与芝加哥公牛队的巨星迈克尔·乔丹一较高尔夫球艺。

“我永远忘不了他第一次遇见乔丹的情形，”介绍二人相识的菲兹杰拉德说道，“他对迈克尔说：‘你认识大卫·科尔金吗？你能为我弄到他的亲笔签名吗？’迈克尔转过身问我道：‘这个家伙是谁？’”

而这也正是我想要问的问题。

正是从《他的骄傲》中引用的文字以及它里面所有谈论查理·D. 的文字之中，我才感到应当将高尔夫作为我那不完全的传记草图中的一部分。毋庸置疑，查理·D. 将被包括迈克尔·乔丹在内的朋友们永远地记在心里，为了他在高尔夫球场上那喜剧式的、竞争性的风格。如果我能够与迈克尔、泰格或者查理一道打高尔夫的话，我将毫不惭愧地说，如果要我选择双打的伙伴，我将选择翻番再翻番游戏（Double-Redouble，标准高尔夫竞赛的一个有趣的变种，将在下文中详细描述）那骄傲的发明者，而不是这些超级体育明星们。他的高尔夫球打的比泰格更有喜剧色彩，比在高尔夫球场绑架退役乔丹的鲁尼·尤尼斯（Loonei Yunes）加起来还要搞笑［《太空拥堵》（Space Jam）中的情景］。

曾经目睹过名叫查理·D. 的高尔夫怪人打球的，除了迈克尔·乔丹之外，还包括芝加哥期货交易所交易员托马斯·菲兹杰拉德和交易员汤姆·加拉弗——他劝说查理·D. 参加埃文斯顿乡村俱乐部以便他可以老是和他们泡在一起。他的高尔夫球伴还包括 J·B. 多弗拉、约翰尼·穆索、汤姆·德马克、约翰和温斯、安以及一次性陪练、零点森林的首席职业高尔夫球员弗雷德·里德。事实上，这个名单还可无止境地写下去。无疑，只要有可能，查理·D. 在任何时候都喜欢打上一局高尔夫。正是通过这些高尔夫球场上的传奇故事，查理·D. 的生活才带上了一层亲近的色彩，这种亲密感只有通过一起打高尔夫球才能够培养起来。

“我有许许多多关于查理·D. 打高尔夫球的故事吗？”菲兹杰拉德反问道，就好像这个问题确切无毫地表明我对那个家伙一无所知，“我记得有一次与他一道去波多黎各。高尔夫球场离我们的旅馆有 45 分钟的车程，我们每天坐公共汽车去那里打球。查理当时病得像条小狗一样没精打采，我的兄弟是一个高尔夫职业球员，而查理愿意向几乎任何人学习请教。因此，他带我去高尔夫练球场。那里的人说我们关门了。‘什么？’查理说道，他拍着鼓鼓囊囊的一满兜子的百元大钞问这位波多黎各小伙子。‘看在这的份上，拜托！’‘查理，’我说道，‘这里太暗了，我们看不到球呀。’

“‘我只有 5 年多的时间能够学习这项运动了，菲兹杰拉德，’他说道，‘而你却拥有一生的时间来享受世间的一切。’

“因此，他让这个小伙子将他那辆 1962 年产的宾渡车开了过来，车上已经锈迹斑斑。‘就在这里，’查理说道，‘打开前车灯，拜托。’

“他在黑暗中少说也击出了 30 多个球，他将这个球向右击出大约 50 码。

“‘我现在该做什么呢，菲兹杰拉德？’他说道。

“‘将它往回打 5 厘米。’好的，他几乎击到了那立在宾渡前车灯灯光下的杆子。他对我微笑着。‘嗨，伙计，’他说道，‘你应当在高尔夫课程里教我这些。’我们站在那里哈哈大笑。公共汽车大概早就开走了吧，我心里揣度着。见鬼，我们到底要做什么？宿营地就在那里，可我们却没有车子回去。查理光是大笑，他告诉那个小伙子将后备轮胎放到别处，以便腾出一些空地来。我现在正在猜想我们将会被耍了，但是，查理总是那样积极乐观。旅途之中，他病得比一只比利小山羊还疲惫，但却兴致勃勃。他让这个小伙子将车开进一家麦当劳，为我们要了奶昔、炸薯条以及乳酪汉堡。然后，小家伙将我们带回了我们的旅馆。”

零点森林的弗雷德·里德也很高兴为我的“高尔夫故事大全”补充一些新的内容。作为罗伯特－特伦特－琼斯的首席职业高尔夫球员——罗伯特－特伦特－琼斯是密歇根本顿港的一项精心设计的高尔夫课程——以及每年夏天举办的久负盛名的西部业余选手培训班的主持人，里德将该课程描述为查理·D. 最喜爱的课程之一。我向弗雷德提出的问题，或者说我通过弗雷德间接问到的查理·D. 的问题，是查理·D. 在高尔夫课程上最喜爱的节目——翻番再翻番。查理·D. 的儿子杰克的确曾经告诉过我他父亲有时候有这样的习惯——在轻击的绿色杯底放上一大摞绿背大钞，以便激励他的球伴，使之精神上、体力上达到最佳状态。从弗雷德和菲兹杰拉德的叙述中，我可以听到从笔记本中传出的查理·D. 在背景里的声音。在我的想象中，我正驾着一辆高尔夫小车，和查理与菲兹杰拉德一起，或者查理和弗雷德一起，在波多黎各和密歇根之间的某个地方。约翰尼·穆索也和这群人在一起，汤姆·加拉弗也是如此。我作为最糟糕的那种偷看他们打高尔夫球的家伙，被分派给查理·D.，捡那些失落在形状古怪的大树上的高尔夫球。和查理一块儿打高尔夫球的时候，人们想到的只有多种故事——没有确切的时间，也没有确切的地点。我向弗雷德提出了翻番再翻番的游戏。

“查理是一个了不起的家伙，”他说道，“说到他赌高尔夫球的事，那纯粹是为了娱乐。查理就是想看看你是否能够承受、对付这样的压力，并且以此为乐。他是在高尔夫训练课上提出翻番再翻番游戏建议的。他很喜爱自己在密歇根的小村舍，常常在晚上去那里打上几洞。当他在俱乐部里待着的时候，他会对我们之中任何一位仍然待在职业球员的店子里的人说道：‘嘿，什么与麻烦同行呢？’我们就都知道他的意思了，于是，我们会到门外去。他会玩双击游戏，也就是用两个球换你的一个球。因此，如果他打了一个三英尺的轻击，他就算失误了一次，要再轻击一次。”

“翻番。”他说道。

“他仍然会失误，他就是这块料，我是说真的。翻番再翻番是一种不断更新变化的游戏，每一次我们玩这个游戏的时候，它都会更进一步，变得更加复杂。他还即兴想出了一项特殊的规则，他称之为‘大气压力’。”

原因显而易见，“大气压力”这个术语使我突然想到要向弗雷德请教讣告中关于迈克尔·乔丹的故事详情如何。他没有告诉我查理是否在向后摆臂的过程中利用它来扰乱迈克尔的注意力，也没有说他们的游戏是否引发人们创造出了这个故事。高尔夫作为查理·D. 生活的隐喻，远远比谈论查理可能与迈克尔一起玩过的任何一种别的技巧游戏有趣得多。对他来说，高尔夫是一种友好竞争的游戏，即使与迈克尔也一样。不论赌注大小，这种游戏里友好的竞争意味着“既不多，又不少”。

“最后，他变成了一个秃脑袋，”弗雷德继续说道。他回想起了查理在零点森林打最后几洞球的情景，“他没有头发的时候，看上去很像泰利·萨瓦拉斯。但是，病魔从未让他屈服，他像平时一样去职业球员俱乐部打球。”

“‘谁爱你呀，小孩？’他说道。那是查理。

“‘好的，弗雷德，就是它了，这是我盛大的化妆彩排。’

“‘你在说什么呢，查理？’

“‘就是它了。’”

什么都不必再说了。

“我知道他指的是什么。我们于是走了出去，打了五六洞。从那以后，我再也没有见过他。”

“那么，弗雷德，他在高尔夫游戏的技巧方面表现如何？或者说，他是否有任何高尔夫球技？”我希望了解这一点。

“事实上，他从没有哪一杆打得特别糟糕的，”弗雷德说道，“球被击起，然后飞了出去。他是半道出家打高尔夫的，但他知道该如何打好球。他有时打 10 杆，有时打 13 杆，取决于那天的运气。我得说，他是一个相当好的击球手。即使明知自己没有机会，他也喜欢向你挑战。有一次我落后了 5 杆，正准备打 12 杆，我们已经攒下了一大堆赌注。在翻番再翻番里，所有这些‘大气压力’都不会花太多时间。‘绝不要与交易所会员玩这个。’他开玩笑道。然后，他对着绿色的草地将赌注翻了一番。我轻轻一击。约翰尼·穆索就跟在我们后面。”

“‘弗雷德打得不错。’”弗雷德补充道，他引用的是查理在击球场上说的话，以便充分地利用时间。

“弗雷德，查理能够打出高于标准数的分数吗？”

“没有，从来没有。他在运气好的时候，也许能打 78 分或者 79 分，但是这样的日子并不多。不过，他的确有发挥失常的时候。我记得有一次他要打 2 号球洞，标准分数是 5 分。他果断地击中了这个球，但是可惜球却击中了标号旗杆，扑通一声，旗杆应声倒地。

“‘最后看你的了，’查理说道，边说边微笑着。于是，我们接下来站到了 11 号洞前面，这一洞的标准分数是 3 分，‘如果你打进了这一球的话，我愿意输给你 10000 块。’他说道。我打出了一记 5 分铁头棒击，球在洞杯前半英寸的地方停住了。

“‘相当大胆，’他说道，‘但是可惜没有落杯。’我们就站在高尔夫发球区，低声地笑着，那些都是我们常玩的游戏。”

那一刻，约翰尼·穆索从三层活页封皮里跳了出来，跳到了我们这个集体中，与我们一块儿开玩笑。他抓住机会对查理·D.报复。查理以前为了搞笑他，而向他征收在零点森林的乡村俱乐部那些高尔夫设备费和球费，并且从中获得乐趣。后来，查理自己掏钱支付了这些费用。当我读着活页夹里的文字，看着约翰尼的引语时，我仍然能够看到他试着向我解释与查理·D.一起打高尔夫时的感受如何且不住地摇晃脑袋的情形。在穆索的个人记忆中，那位浑身上下都是崭新的高尔夫装束、带着光鲜亮丽的高尔夫球具的高尔夫球手恐怕永远都不会消失。

“高尔夫杀了查理，”约翰尼说道，一抹坏笑从他的嘴边浮上来，尽管他竭力想将它收回去，因为查理·D.在高尔夫球课程上的形象已经深入人心，并且非常引人注目了，“它确实杀了他，他不是一个好的高尔夫球运动员。他在这上面浪费了那么多钱，他去参加这些高尔夫球学校，购买高尔夫球棒。看着他学习打高尔夫球的情形，真让人感叹世上竟会有人拥有这样狂热的激情，因为他太可怕了。他是个20岁的小伙子，又或者才16岁，但是，这是一种给自己找麻烦的行为。如果你问我的话，我认为他已经35岁了。当他进入一个角斗场，发现自己在这里没有竞争力的时候，这个事实杀死了他。他总是会投入更多的时间和精力，努力提高竞争力。

“在高尔夫球场上，查理·D.要想和别人竞争，唯一的办法就是打赌。因为如果他把赌注叫得足够高的话，每个人都会突然发挥失常，下降到他的水平。他会为任何事情设置障碍，打赌令任何一位与他交手的人都变得如此紧张，因为他看上去似乎不那么在乎金钱，他是在开玩笑。他喜欢与职业选手对垒，他会打双击游戏，用两次击球换人家的一次击球。然后，他用打赌的方式使自己与对手处于平等的竞争地位。那是他的竞技场，他总是想方设法要赢球。当然，我们的比赛有时很激烈，而他总是设法笑到最后。”

当查理与汤姆·加拉弗在巴特菲尔德邀请赛上一道竞争时，他在高尔夫练习课程上一贯遵循的那些他自创的原则得到了最充分的表现。巴特菲尔德邀请赛是一种严肃的两人一组的比赛，场地上设置了各种各样的障碍，以便技术水平高低不等的所有高尔夫球手都可以互相竞争。在联赛较低级别选手的一场比赛中，查理由于迟到20分钟未到发球区，令他与汤姆这个二人队落后两洞。他到哪里去了呢？“他正在债券交易池里做开市时的交易，”加拉弗说道。“我告诉过他，他一定来不及按时赶回来，但是他说他能够赶到。结果他来了，在这一局的某个地方，他正站在一个发球区里等着我们呢。”

加拉弗自己打了最初的几洞，那一轮结束时，加拉弗－狄弗兰西斯卡队落后于对手。后来，他们队逐渐将比分追了回来，到打第14洞的时候，两个队的分数已经差不多追成了平局。然而，查理却时不时地故意打丢几个轻击，以便使比赛更加活跃，从而在他结束比赛返回俱乐部之前好好地过把瘾——打几洞更富于竞争性的球。在加拉弗向他解释了一场真正的联赛与查理理解中的与伙伴打着玩的竞争性高尔夫球戏之间的区别之后，查理戴正了自己的遮阳帽，严肃认真地打了起来，不再出现小球上的失误了——至少不再为了找乐而故意失分了。后来，联赛的竞争进入了胶着状态，但是，查理他们两个还是最终赢得了他们这一级别的比赛。

正是这样的一些故事，连同查理·D. 在拉斯维加斯的传说，或者佛罗里达州的职业选手以及业余选手之间的传说，一道使我想到了乔治·普林普顿的《高尔夫高手》，这本书是对普林普顿那真实却充满悲剧色彩情况的描述。普林普顿之所以进行比赛，是为了使每个地方的高尔夫球运动员都感到放松，而查理·D.亦是如此。无论何时，只要他准备击球，从查理的脑海中涌出的各种想法和念头足以写成厚厚的一本书。

这种游戏本身或许也招来了最后的报复，对于任何一位严肃认真的高尔夫球手来说，最厉害的折磨或许是在他那些好诘问的高尔夫球友没有看到的情况下击进一洞。而某天当查理·D.与他的妻子安一块儿打高尔夫球的时候，确实表演了这种“磨草皮”式的奇迹。那天，甚至没有一个人在这个球洞上押赌注、拍美元。如果没有一个人听到树倒下的声音的话，它是否真的倒下了呢？球真的落下来了吗？后来，查理从朋友们那里听到了这些闲话，也知道在他从球洞里将球取出来并且亲吻它的时候，这些闲言闲语会冷不丁地冒出来。“灰姑娘的故事”这个短语正是因比尔·默瑞在《疯狂高尔夫》里扮演的精神失常的草地看护人而出名的，这些词语无疑极其适合查理的击球。至少在他的生命中有一记击球是这样，他的铁头球棒将花儿从茎部干脆利落地切断了，而他却赢得了精英赛。

当我想到这些故事的时候，所有这些故事或许在一定程度上引致了我某天晚上做的一个关于查理·D.上高尔夫课的梦。在这个梦里，我陷进了蓝色的高尔夫球道。我被迫向查理·D.提问，问他一些关于本·胡根的《五堂课：现代高尔夫基础教程》的一些严肃的问题，以便测试他对高尔夫挥杆这个动作的机械原理有什么真知灼见。他对我即兴提出的问题给出的每一个答案听起来都很正确——也就是说，除非他试图通过真刀真枪的实干来向你说明正确的挥杆是什么样的。就是在这个梦里，查理同意就他的交易方式接受采访，条件是我同意指出胡根打高尔夫球与他学习交易的方式之间有什么共同之处。查理 · D. 是否真的读过这位完美的高尔夫挥杆高手写的这本极薄的小册子呢？睡梦中的我在蓝色的高尔夫球道上不住地思考着这个问题。但是，我永远不能知道它的答案了。

在我的梦里，在这个时刻，我不知道该提些什么。当查理 · D. 注意到我在俱乐部里正在思考的那个错综复杂的难题并且看上去并不开心时，我第一次变得害怕了。我不知道他会说什么，直到他走到我面前。当他向我走来时，他的锋芒在路上留下了一道车辙印，就好像粉笔在黑板上划过一样。

“像交易大厅里的绝大多数傻瓜一样，”这位握着一柄刺有徽章的高尔夫球杆的蒙娜丽莎式的人物说道，“你压根儿就不知道应该如何去做交易。我告诉你做交易有多么困难：债券交易池里最杰出的交易员之一史蒂夫 · 劳伦斯，在交易池赚走了成百上千万的金钱。后来，有一天，他被一位警察叫住，停了车。警察问他为什么要超速，那个时候，史蒂夫驾驶的是一辆相当漂亮的小汽车。但是，他却说他正赶着去 Jewel（汉译为‘宝石’，此处未译出，应指地名，编者）上班，他是那里的农产品经理。这位警察看了看他的汽车，给他开了一张罚单，很生气的样子。但是，有趣的是史蒂夫并没有撒谎。他说的是实话——史蒂夫 - 劳伦斯的确是一家杂货铺的农产品经理，即使当时他早已是一位腰缠万贯的百万级的债券交易员。像史蒂夫这样的好交易员总是记着如果没有纪律、没有节制的话，你的结果就会是在杂货店里给别人装口袋。顺便说一句，那个故事也可以解释史蒂夫平时给小费那么吝啬的原因。”

这个家伙是谁？就在那个时候，我拿起了我那本封面早已翻得卷起了边角的胡根的书，现在，那本书正危险地靠近我那三层活页夹装着关于查理·D.的资料与笔记——就在我旁边的一个高尔夫小车里。从胡根的书里冒出来的词句像蚂蚁一样向笔记本走去，而我却根本没法让它们停下来。当它们爬进那些笔记本中关于高尔夫球的那本时，这些词句突然可以听到了。头两句词句是查理有时用在弗雷德身上的，模仿的是泰利·萨瓦拉斯的声调："大气压力"，孩子。我们就在高尔夫球的课堂上，我不太确定我钱包里的那点钞票是否禁受得住另一次"大气压力"，我莫名其妙地将它在草地上磨来磨去。

接下来我在梦里听到的那些话，听上去颇有欺骗性，但是又很有戏剧性，就好像是由一位坚信自己是某种游戏的顶尖高手，就连胡根在他面前也会黯然失色的高级障碍赛高尔夫球手说的一样。在完成一个三步轻击的过程中，我听到耳边传来一个声音，轻声地模仿着这位高尔夫挥杆高手本人的得克萨斯口音，它是查理·D.还是本尼·D.呢？

在我看来，在翻番再翻番中有些长期以来被人们视为极其重要的东西其实根本就无关紧要。另一方面，有些一直被人们视为不那么重要的（或者根本不重要的）东西在我眼里却是无价之宝——事实上，那正是这种游戏真实的基础。还有一件事，我提倡一种具有真实特性和感觉的教学方法，即强调高尔夫球手为达到他想要的效果而做出的动作。如果你要教一个孩子如何开门，你不会为他开门，然后在打开的门前详细地描述这个门看起来是什么样子的。不，你不会这样。你会教他如何转动门把，以便他能够自己打开这扇门……作为伟大的高尔夫球运动员们个人风格的组成部分，尽管他们有这样那样的个人缺陷和矫揉造作的毛病，我却从来没有看到过哪位伟大的高尔夫球手的成功法宝中没有包括所谓“大气压力”这种游戏的本质与精华。否则——就是这么简单——这位高尔夫球手就不可能成为一名伟大的球员。

我从 1 美元开始试着计算了一下打 18 个洞以后翻番再翻番游戏的赌注该有多大，假定我在这一轮里一直在击球的话，那就是 1 美元变 2 美元，2 美元变 4 美元，4 美元变 8 美元，8 美元变 16 美元，16 美元变 32 美元，32 美元变 64 美元，64 美元变 128 美元，128 美元变 256 美元，256 美元变 512 美元，512 美元变 1024 美元，1024 美元变 2048 美元，2048 美元变 4096 美元，4096 美元变 8192 美元，8192 美元变 16384 美元，16384 美元变 32768，32768 美元变 65536 美元，65536 美元变 131072 美元。在我击出这一记轻击以前，我的前臂变得紧张而僵硬，我努力掩盖手臂的抽搐。我们在玩多少钱呀？有人问道。

我惊醒过来，不知道我这一记是否击中。在我的笔记本中有其他许多关于查理·D. 的高尔夫竞赛故事——但是没有哪一个比我混乱奇怪的梦更有戏剧性——这些故事看上去好像有那么点合适。作为一名垂头丧气、颇受打击的传记作者，笔记本就摊在我面前，我意识到我只能梦想在黑暗中与查理·D. 一道挥出不多的几杆，就在密歇根和波多黎各之间的某个地方，那辆福特宾渡车的两盏前灯打出的聚光围绕在我们周围，光圈里有一面红色的小旗，还有几个测距用的球儿。

第六章　上帝不做债券交易

1989年3月22日，芝加哥，一个星期三下午，芝加哥期货交易所上空大朵大朵爆玉米花似的云朵慢慢地在一尊隐去了面孔的克瑞斯女神（也就是谷物女神）的塑像后面飘荡着，就在这座世界上最古老，也最庞大的期货交易所所在的那巨大的石灰石建筑物的头顶上。这座建筑物的艺术浮雕装饰着的豪华门厅里有着高耸的空间，突出的黑灰色大理石的柱子，任何一位参观者看了都禁不住血脉偾张，仿佛血管中流动着了不起的杰·盖兹比的血液一般。里面走出来了一位穿着天蓝色夹克的交易员，他匆匆忙忙地跑出了大厅的旋转门。

他的眼镜片反射着阳光，看上去好像着了火一样。在他左边的口袋里塞着一摞小小的记录卡片，上面写着的“666”依稀可辨。他看上去没有什么值得一提的特别之处，除了衣服穿得好像有点不合季节以外——毕竟，这是明媚的芝加哥的春天，温度大约二十五六度，街上的其他人几乎无一例外地都穿着一件外套。他汇入了拉萨尔街与杰克逊街交接形成的“T”字路口拥挤不堪的人流之中，而不是静候人行横道线对着的灯由红变绿。他就像克拉克·肯特在大都会那样默默地向北沿拉萨尔街走过了一个街区，又在亚当斯街拐角处向左转弯，走进了米兰旅馆的另一扇旋转着的前门。他早到了 5 分钟，按照他的朋友们的说法，这种情况并不多见。

他走向一间挤满了 200 多名交易员的房间，当他走进去的时候，他们安静了下来。他交易员夹克右边那海军蓝和银色组成的徽章标志着他的清算公司——GB，意味着戈德堡兄弟清算公司。这次非正式的讲座事实上是由 LIT 美国公司资助的，这家期货佣金商刚刚买下了大卫·戈德堡和鲍比·戈德堡两兄弟的清算行。这两位戈德堡兄弟本身就是芝加哥期货交易所的地标，因为他俩都是谷物交易池中闻名业内外的交易高手，亦是深受敬重的清算所会员。

台下的听众们都很清楚，即将发表演讲的这位男士就是早上开市钟声敲响时债券期货市场上最被同行害怕也最受他们敬仰的交易员，他将向大家讲述的是在交易池里做交易时的微小变化。这位交易员总是站在八角形交易池西边的顶级台阶上，他那低沉的男中音总是能够盖过交投活跃的市场上所有那些大嚷与尖叫，传递到债券交易池里最远的角落。他的嗓音传递出来的信息是如此有说服力，以至于它居然能够为不那么自信的交易员注入钢铁般的意志，使他们勇于起来挑战。顶级台阶上，他的目光如炬，没有人能够逃得过他那锐利的眼光。

尽管查理·D.拒绝所有媒体对他的采访，却并不反对现身说法，教育后进的交易员们如何在交易池里生存，毕竟，他没有忘记作为一名交易员初入这一行时的情景。1980 年 5 月，他刚刚开始做交易，花钱租下了一个席位，租期为 3 个月，手头剩下用来交保证金的流动资金就少得可怜了，可能只有 3000 美元。这些钱中的绝大部分都来自一笔与巴尔克的朋友托尼·马诺合作的地产生意——在这之前，他向城里商业区的银行家巴迪·科恩借了

100 万美元以做这笔生意。他们的这笔生意做得并不是那么迅速利落，因为当时的芝加哥房地产市场并不景气，正趋于疲软。

当时，人们都称他为查克。倒霉的查克一开始手气不顺，赚多少就赔多少。在他所到交易池里的这两个半月的时间里，他有时一整天只执行一手合约的交易，价格每变化 1/32 个点（也就是一个价位），合约价值仅变化 31.25 元。每一次他在交易池里报价时，总是非常苦恼，因为市场看上去总是赢家。即使他偶尔赢了，他也不知道自己为什么会赢。更糟糕的是，他被自己的嗓子搞得失去了活力——就在他想采取行动、扣动“扳机”的那一刹那，他常常发现自己的嗓子竟然在话才说到一半时就不由自主地哑住了。他想在纸片或者“公告板”（交易大厅里的人们常称场内交易员的卡片为公告板）上潦草地快速写下自己的交易，但是却什么都写不出来。“你是在报买价还是在报卖价呢？”在激烈的战斗中面红耳赤的交易员们抱怨道。种种不确定性以及他反复无常的嗓子使他感觉自己像是一只鸽子，无助地面对着这荆棘丛生、杂乱无章的为生存而残酷斗争的经济丛林，他不想继续干下去了。

比他的逆来顺受以及惊慌失措的嗓子更加令人害怕的是他对金钱的过度担忧。他害怕失去金钱，害怕回到贝尔蒙特那套除了一张书桌和一张卧铺垫以外别无任何家具的公寓去。他 28 岁时，已经离过一次婚，和萨莉，他俩在科罗拉多州立大学相识。一想到女朋友安或者他的父亲温斯——为了支持儿子的事业，为了给儿子提供一点启动资金，他将自己的房子拿出来做了抵押贷款——一想这些，他的手掌心就禁不住冷汗潸潸。他以前曾经在无数观众面前代表威斯康星队和科罗拉多州立大学队踢过橄榄球，但是，交易池里的噪声绝对是另一回事情。他难以集中精力，也难以倾听自己的思想，难以做出反应。作为一名运动员，他从来没有为这些问题而苦恼过——作为运动员，他是威斯康星州沃基肖才华横溢的高中橄榄球队四分卫——在格子板似的球场上画着的白线之间，他洒脱自如。

“他没有什么特别引人注目的地方，”戈德堡兄弟公司前任操作与风险管理部门的主管迈克·曼宁说道，“当然，查克是一个年轻的好小伙子，但是，在芝加哥期货交易所里，有许许多多年轻的好小伙子都败下阵来。我不能说他当时引起了我的注意，他当时还正在转动车轮，为将来的腾飞打基础呢。”

在做这种噩梦两个半月之后，戈德堡兄弟的合伙人约翰·卢斯在交易池边拜访了这位刚入行的交易员，当他俩都在哈里斯银行工作时，他们就已经是好朋友了。

“查克，从你开始交易以来只做过6笔交易，有什么问题吗？”卢斯问道。

查克不愿意回答，他似乎在倾听这位年长一些的期货行业发言人的话语，感谢卢斯提出的忠告，然后默默地走回到自己的会员席，静静地观察着芝加哥期货交易所南厅的债券交易池里的动静，他希望没有人听到他俩的对话。时间很快就过去了，数周以来，他一直在努力爬坡，研究着市场和交易大厅，就像一位坐在新闻记者席上的教练一样，研究运动员在场上的位置以及他们的动作，他在心里做着笔记，在纸上做着虚拟的交易。当某个大家伙——他指的是交易池里最大的攻击手，抬起头来看着超级杯赛记分牌一般大小的红红绿绿的价格屏幕并且目光移动时，他会紧跟着他们的目光追踪而去，看他们到底在看什么。这就是他深信不疑的买卖方法吗？真是有趣。他又做了一次纸上谈兵式的交易。厚厚的镜片使他略感安慰——他有机会做市场的学生，整理自己的情绪，组织心中的疯狂，并且制订自己的计划。

1980 年 8 月初的一天，情况有了一些变化。在他做的 10 次纸上交易中，有 4 笔是赚钱的，1 笔是赔钱的，还有 5 笔是不赔不赚的。尽管他觉得这种结果难以解释，他还是最终明白了鲍比·戈德堡以及其他一些老谷物交易员们所说的“赚差价”是什么意思了——对日元做差价，对道·琼斯指数做差价，对一个商品篮子做差价，对未来日子里到期的一份债券期货合约做差价。他走下旁观席，到交易大厅里，他的头脑清醒，思路清晰，在最后一个小时里交易了 265 份期货合约，他觉得自己做差价的水平实在不怎么高明，却赚到了 5000 美元。他的声音变了，他那紧张兮兮的神经变了，他的信心也变了。数周之后一个类似的交易日结束后，他给他的兄弟打了个电话——当时，他的兄弟在郊区的一个学校里当初级教师，年薪 11000 美元。他告诉兄弟这个好消息，“约翰，你应当到这里来淘金。”他在电话里说道。

两周以后，他的女友安及其父母来到交易大厅里见他。他面带着一种神秘的微笑，向他们致意，这种微笑通常是交易员小伙子们打了一宿好牌之后才能从查理脸上看到的。“我刚刚赚了 19000 美元，”他低声向安耳语道。安是个生物学家，白天在实验室里工作，晚上在拉什街上的哈里斯咖啡厅打工，以养活她前夫留给她的两个孩子。安的父母站得太远，听不到他说的话。两位老人显然第一次来到交易大厅，他们看上去很高兴，因为他们的女儿显然理解这种疯狂，并且显然处于热恋之中。

1980 年 9 月，查理和安幸福地结婚了，不久，查理·D. 便财源滚滚，在交易池里一天可以赚上 10 万美元。当资历较深的交易员在东部银行俱乐部传授小窍门时，查理只是听他们高谈阔论，而从不告诉他们他查理·D. 自己早就知道的事实——他的损益状况比他们强多了。他告诉他的妻子，他将是交易池里人们见到过的交易规模最大的交易员，那是他的梦想。1989年，到他发表此次演讲时为止，他已经是交易池里最大的交易员了，那些试图估计他身家的“好事之徒”预计他的财产已达4000万美元。不论确切的财产数字是多少，这些钱全都是在债券期货交易池这个艰苦的战场上经过无数次的失败、久经磨炼之后才取得的。听众中的交易员们——即使他们并不知道查理的经历——都知道：在期货交易池里唯一比金钱盈亏流动得更快的就是名望与声誉。在小有财富之后，查理·D. 这个绰号在交易大厅里很快便新鲜出炉了。对于运动员查克来说，这个绰号恰恰就意味着金钱。为什么这么说呢？因为在相互竞争的对手之间——他们之中有许多以前都是校队的运动员——一个绰号足以表示他们对此人意志之坚强、交易风格之流畅的敬意与肯定。现在做一笔100手的交易，对查理·D. 而言已是小菜一碟了，简直比与卢斯谈话之前做6笔1手的交易还要得心应手，而现在，每一个价位的变化已经意味着3125美元。80年代他处于交易顶峰的时候，通常每天都会带着厚厚一摞高达18英寸的卡片去他的清算行，这通常也就意味着他在单单一天里就在市场的两边各做了20000笔交易。“他的交易量极其巨大，”曼宁说道，“他自己的交易量比绝大多数公司的交易量还要大。在他的状态处于顶峰时，他无疑是交易大厅里最大的交易员——我们则为他们提供全部的清算服务——狄克·菲尔、杰夫·科拉、史蒂夫·劳伦斯和汤姆·伯文。”

查理·D. 深深地感谢交易池里的前辈高手们给了自己许许多多的帮助，他衷心希望通过演讲这样的方式为后来者提供同样的帮助，作为对前辈们的报答。1988年8月，癌症的第二次复发使他意识到自己的病情已经非常严重了。在医疗领域他所思考的选择远远比他在交易池里所面对的各种选择要困难得多。尽管他那满头茂密的头发看上去显示出他是一位健康人士，但是，医生已经警告过他，他的淋巴癌不会彻底消除。癌症的第二次出现标志着他一直很不错的健康状况被打上了问号，维持生命、继续生存意味着甚至更加激进、更加实验性的治疗，包括可能的骨髓移植和毒性更大的化学放射疗法。对满满一屋子为他做会诊的人来说，即使不是显而易见，他的未来也相当不容乐观。他的主治医生建议他接受骨髓移植手术，而手术本身的副作用、术后可能产生的致命毒素的水平，足以在癌症夺走他的生命以前便置他于死地，没有容易做出的选择。

对于筹备、组织这次演讲的许多交易员来说，这一周很不顺利，他的兄弟约翰很理解查理的心情："我很了解他，在那盘录像里，他像是喝醉了一样。"或许，约翰有充分的理由。上周五早上公布了制造者价格数字，给债市以沉重打击。据说，查理·D.的交易员同事汤姆·伯文在1989年3月17日的25分钟时间里损失了3500万美元。伯文多买了6000份合约，可是债券价格却狂泻而下，惨遭重创。后来，在1993年11月28日《芝加哥论坛》上小威廉·B.克劳弗写的一篇关于伯文的系列文章中对伯文的这次损失做了描述。"我记得那天，很清楚，"伯文对克劳弗说道，"这样的事情是不会轻易忘记的。"

倒霉的当然不止伯文一个，尽管这周在个人事务以及职业工作上都如此倒霉，但是，查理仍然没有完全丧失幽默感。那天，演讲会所在的房间挤得满满的，就像是冠军杯赛前的更衣室。追溯起来，不可能有更加离奇的会场布置了。一架录像机正对着他，立在他面前，一扇玻璃墙立在他背后作为背景幕。我仔细观看着查理·D.的演讲录像带，一遍又一遍，就好像查理·D.又借尸还魂了一般，如米尔斯·戴维斯一样吹着号角，面对着听众给予我们他所能付出的全部。摄像机是自动拍摄的，我们看到他的脸仿佛隔着一层水波，有时候他的脸像是从水底冒出来似的——想呼吸一下空气，有时候又模模糊糊地恍如沉入水底去了。

这就是我屡屡听人谈起的那个男人，市场上有那么多鲜活的与他有关的故事。他的脑袋棱角分明，如铸造出来的塑像一般，有着斯巴达人的阳刚之美。好像他的脑袋被塞进了美式橄榄球的头盔，然后又被拿出来一样——那头盔正是铸造用的模范。他的直发有一部分向左肩滑去，半道上又沿着耳根伸向后脖领，就在领子上方停了下来。他的皮肤光滑，看上去几乎呈柔软的玫瑰色，就像是吉列男用剃须膏广告片里那个刚刚剃完胡子的男人。他戴着眼镜，镜框是透明的玳瑁壳，看上去更像是个商人，而不是专业人士，镜框微微地遮掩住他那两道引人注目的剑眉以及他那犀利的眼神。当他说话的时候，他的嘴唇显得很薄，几乎有点像生气的模样，仿佛一位刚刚输了球的教练一般。他不停地晃来晃去，激动地向前迈上 4 步，又慢慢地向后退回 5 步，在 2 小时 12 分 17 秒的时间里，他一直在无意识地重复这一动作。在开场白里，他开了一个玩笑——关于他 6 年中第一次连续 4 天赔钱的短暂而痛苦的经历。他威胁听众们不要对任何问题起哄，也不要重复他自己的说话以折磨他的听众们——就像他本人被折磨着一样。听众们对他自我解嘲的态度报以哈哈大笑，他自己亦跟着嘿嘿微笑起来。但是，他的嘴唇很快又变薄了。显然，他在念上周报纸上的重大新闻标题，尤其是那些出席波卡·拉顿期货业协会年会的一些警察声称的消息：联邦调查局在芝加哥期货交易所里的便衣调查为期货交易引入了一个不同的时期。报上还有关于取消双重交易的说法，双重交易允许交易大厅里的经纪人在为客户执行交易的同时也可以为自己的账户做交易。对于他的行业，新闻界所做的所有那些坏的评论都令他加倍地不快。

“我赶到这里来以前冲了个澡，并且小小地哭了一场。我开始思考：我是否愿意做一个好的输家？答案显而易见，我不愿意做的一件事情就是做一个好的输家，我想这个房间里在座的各位没有谁愿意做一个好的输家，我也不认为在交易池里做交易的人中有谁愿意做一个好的输家。走进大厅，让人们看着你说：‘那个狗娘养的，他是一个好的输家。他并不因此而感到难堪。当他赔钱的时候，他总是微笑，他是一个好的输家。’这一点价值也没有，那是初级交易学院的做法，我可不相信这一套。没有人愿意做一个好的输家。但是，在做一个腐败的输家和在赔钱的时候对你的狗和孩子们小气，以及在你赔钱的时候撒谎、做不诚实的事情之间是有区别的。尤其是在这些时候，我希望这个房间里的每个人做出承诺：拜托，拜托，千万不要做一个该死的小偷。遍地是黄金，到处是发财的机会，这是世界上最好的职业。美利坚国债期货池里的经纪人们在风险更低的情况下赚着佛罗里达烟草船上的家伙做梦也想不到的高额利润，我想这里的人没有谁在交易的时候非得作弊不可。”

我抓住了这个人的形象——一个真真切切、可观可闻、有声有色的形象，他对生活的热爱，他面对死亡时保持的幽默感，以及他的交易秘诀，这些都难以轻易地诉诸笔端。他的议论尤其适用于交易员们，但是，即使是不做交易的人，亦可从中获益匪浅。我们在日常为了生存而进行的斗争、挣扎之中，全都承担着某种形式的风险，并且要与其他人竞争。查理·D.建议大家在自己当时观察得到的信息的基础上做出决策，而不是在你担心可能发生的情况的基础上做决策，这堂课上所有的人都受益匪浅。同样，他提出的在嘈杂混乱的情况下依赖自己的判断、自立自信的独特主张也很有意义。他强调自力更生做决策，使自己立于不败之地，妥善管理亏损并使它们为你所用，并且以一种足以证明你有能力遵守纪律、战胜人性弱点的方式增加盈利，而不是像绝大多数交易员那样被人性的弱点所战胜。人们都知道查理说过："如果猴子能谈话的话，它也能做交易。"鉴于他坚信交易不是"火箭科学"的真理，因此，头寸、韧性、规模是一个成功的策略之中的重要因素。这种说法的确有一定意义，而那个制胜法宝几乎是一个"只要肌肉，不需动脑"的方法。

查理·D.的演讲无疑帮助一些交易员赚到了他们以前不敢想象的巨大财富，或者使他们避免了更大的损失，我们所有人都可以从他的演讲中获益并且获得乐趣。抱着这样的想法，我将他的演讲整理、组织了一下，以便读者能够更方便地阅读与理解，我只是把演讲稿中的那些逻辑问题需要修改，或者句式重复、需要编辑的地方稍稍做了一点改动。我在他的演讲稿中加上了一些斜体印刷（中文版无此体现，编者），至少可以强调他的一部分抑扬顿挫的变化——尤其是当他看上去顽强地植根于交易池这片热土时更是如此。最后，我还为那些对交易池里的交易员们的行话不熟悉的读者做了一些有帮助的脚注。尽管人们都知道查理·D.乐于帮助别人，但是，在谈到他独特的交易方法论时，他永远保持着晦涩难懂的讲解方式。他的录像里满是珍贵的信息，但是，他的演讲却并不总是易于把握，他没有说出而又蕴含在话外的东西同样非常重要。无论他的录像带是否教给了我们赚钱的法门，它都实实在在地为我们提供了查理的音容笑貌，使我们看到了他的精神、他的韧性——那些对他的交易成功来说都是同等重要的。

如果你对期货交易抱着如痴如狂的热情的话，查理·D.的建议将会提高你的交易效率和盈利能力。他的演讲当然也有助于我们更加深入地了解他本人，并且更加深刻地领会到交易所大厅里像他一样的做市商在全球经济体中扮演着什么样的角色。他那闪闪发光的交易思想在交易池里迅速传播，并且体现在他的演讲里，令人为之屏气凝神。在演讲的几处地方，他的声音——每到转折处时便渐渐增强又慢慢降低——几乎不可能抓住。作为一名运动员，当他“在界内”时，他的动作几乎都是出自本能的反应，而不是出自思考。因此，当查理·D. 在交易池里的时候——他正努力描述交易池，他的行动或许与他的解释完全相反。

当然，我们远远不能确定，有跳到交易池里来的人都能够挣到足够多的钱以便生存下去。下面的事件或许算不上耸人听闻，鉴于在交易池里成功作战的难度如此之大，以至于美国海军决定派遣特种兵进驻交易池现场，以便获取处变不惊之感，在不太致命的嘈杂喧闹之中镇定自若地做出决策，此亦是一种宝贵经验。在海军和纽约商品交易所之间，发起这次“联合行动”的海军陆战队中将保罗·K. 范·里珀解释了像查理·D. 这样的交易员的见解，对于那些愿意去交易中心了解他日常活动的战士，可能会有更广泛的帮助。1996 年 12 月 16 日,《华尔街日报》刊登了一篇题为《海军登陆商品交易大厅，交换在战火下求生存、谋发展之秘诀心得》的文章。海军陆战队中将保罗·K. 范·里珀写道:“我们两群人之间好像存在着一种天生的共鸣或者说联系，我们都必须在有限的信息基础上迅速做出决定”。

我唯一的遗憾就是查理·D. 作为一名交易员有许多礼物都销声匿迹了。正如海军军官们如此智慧地根据他们在交易池里的经验指出，使诸如查理·D. 一类的交易员们看上去如此引人注目的，是他们在与市场的有效性进行的激烈抗争之中获胜的能力。他们的交易伙伴们能够如此迅速地、机智地在“作战”信息不那么完备的情况下采取针对“敌人”的行动，这一点使得海军指挥官们都惊叹得直搔脑袋。或许，这在军事战略课程中的确有一些价值。作为交易池里最优秀的交易员之一，查理·D. 把自己定义为一位具有超凡洞察力的、正直的、勇敢的人。下面就是查理·D. 的演讲……

我希望与在座的诸位深入细致地谈一谈有关交易的话题。我这里所说的交易指的是交易池里的交易，而不是从大厅外的电脑屏幕上进行的交易。我要和大家谈的有四个基本问题，如果你能理解这四个基本原则并且严格地遵守、应用这些原则，你就能够成为一名成功的做市商，成为任何一个交易池里成功的期货交易员。

让我们从头开始吧。要记住的第一件事情就是，尽管你已经听说过相反的观点，但是你一定要记住，期货交易并不是一场零和的游戏[①]。对于每一位赢家而言，并不一定有输家，以一位交易大厅做市商[②]的角度来看，事情就是如此。市场上有些职业人士专门从事套头交易活动，称为套利保值者，他们利用期货市场来进行保值，并且他们的数量在不断增加，正是他们的委托指令流使你作为一名交易池里的交易员有了赚钱的机会。但是，作为做市商以及这种委托指令流的辅助执行者，你能够从每一个交易池

① 期货市场里，人们普遍认同的理念之一便是在交易池只要有人赚钱，就会有人赔钱，对于每一个赢家而言，总会有一个输家。查理·D. 的观点听起来虽然奇怪，但是，他只是认为从交易大厅里的交易员的角度来看情况并非如此。试想要卖掉一座房子，如果你以 100000 美元的价钱卖掉了你原来花 90000 美元买来的房子，而买下你的房子的人接下来又以 110000 美元转手卖掉了这座房子，那么，在这笔交易里有人赔钱吗？没有，你们双方都是盈利的。在交易池也一样，不止一个交易池交易员能够从流入交易池里的委托指令流中赚钱，反之亦然。

② 做市商是交易池里随时准备在市场的两边（多方和空方）进行操作的交易员，作为对做市商提供流动性的回报，其他交易员可能为其留下微小的买卖差价，而这些差价正是做市商的利润来源。在演讲之中，查理所说的“做市商”亦指那些作为批发商谋求微小差额利润并滚动操作的谋大利的个人，或者那些投机谋利者。

里取走的利润都只有那么多，你必须在交易池里与众多的场内交易人士[①]一起平分这个赚钱的机会。场内交易人士越多，这个机会的馅饼就要由越多人平分，你能得到的那块馅饼也就越小。

尽管所谓“零和游戏”的说法在交易池里无异于骗人的鬼话，但是，赚钱机会之饼的确必须在各个交易池的做市商之间平均分配，没人担保每一个做市商都可以在交易池里谋生存。在那个意义上，当你走进一个交易池时，你实际上就在无形中从你身边站着的那些交易员嘴里抢饭吃。因此，你必须理解你旁边的家伙不跟你说“很高兴见到你”和“谢谢你的光临”，这是一件很正常的事情。在一定程度上，你正在往外掏那个家伙的腰包，掏走的或许足够买辆梅赛德斯汽车呢。

我在债券交易池里的职业生涯中取得成功，是因为我严格遵守下面的四大基本原则。这四大基本原则潜移默化地将我的那份机会馅饼最大化，它们是：（1）选择正确的交易池；（2）做交易；（3）承担损失（这是绝大多数风险管理人认为的最重要的基本原则）；（4）获取利润。这正是我津津乐道的。

对一份国债期货合约而言，一个价位[②]——代表一个点的1/32，在一份价格正在上升的合约中的价值是31.25美元。

---

① 场内人士是指任何交易所里交易池里的交易员。有两种类型：交易大厅场内交易员为他或者他自己的账户执行交易，而交易大厅里的场内经纪人则为客户执行交易，并且为自己以客户的名义执行的每一份合约收取佣金。

② 什么是一个价位呢？交易员多头（买入）或者空头（卖出）国债期货以接受或者付出交割标的即面值100000美元的国债现货，所有合约的标价都以平价的百分比表示，最小的增量为1%的1/32，即一个价位。作为价格波动的最小单位，相当于31.25美元（100000美元的1%的1/32）。如果市价是90-06，也就是90加上100000美元的6/32。价格的前半部分——在我的例子里也就是90，假定为交易员在交易池里买入和卖出时为了记号的目的给出的。如果价格变为90-07，那么，一位在90-06购买（多头）了500份债券期货合约，或者面值500万美元的国债现货的交易员，就从这一个价位的变动中赚到了15625美元，而卖出（空头）相同头寸的交易员就损失了相同数量的金钱。

当我交易 500 份债券合约的时候，价格的每一个价位的变动都会使我交易的这个头寸的价值发生大约 16000 美元的变动。如果你在任何一家交易池里的成功都很有限的话——我就总是获得有限的成功——我相信你将会像我一样尝试着多在债券交易池里做交易，因为我在债券交易池里赚到的钱总是比我间或在谷物交易池里做交易时赚到的多得多。

随着时间的推移、经验的丰富，交易的规模也会随之扩大。要达到那种境界，你必须老老实实地在交易池里做相当长时间的工作。现在，我问你一个咬文嚼字的问题：谁是更优秀的交易员？是一位一天交易 100 手（期货合约）赚 30 个价位的 1 手交易员（1–lot trader），还是一位每天做 10 次交易赚 30 个价位的 10 手交易员（10–lot trader）呢？[①]

或许这个房间里正坐着一位世界上最优秀的“小”交易员。他的名字叫约翰尼·穆索。如果按我的想法，他不应当做一位小额交易员，而应当做一位一次交易即达 20 手或者 50 手的交易员。你在交易 10 手、20 手、50 手或者 100 手的时候，与你交易 1 手的时候，遵守的交易规则都是完全相同的。但是，如果你是一位规模较大的交易员的话，你能在更少的时间内赚到更多的钱。我或许是说这种话的唯一的人，而清算公司将会对我的这番话咬牙切齿、痛恨不已，但是，我的确全心全意地认为在期货业里越大的就是越好的。你交易得越多，对你就越有利，你也就更加有利可图。当你做一笔数量为 1 手的交易时，不论你在做交易的时候多么大声嚷嚷，你的交易池都只有一个有限的确定的规模。它永远得不到发展。当你做一笔数量为 10 手的交易时，你的交易池

① 1 手交易员对于每个价位的变化，他的头寸风险为 31.25 美元，而 10 手交易员面对的价格风险 10 倍于此，即 312.50 美元。后者交易 10 份国债期货合约，而前者一次只交易 1 份国债期货合约。

就会变得大一些。当你做一笔数量为 50 手的交易时，你声音洪亮，你知道自己在做什么，你在做这项工作的时候充满自信，得心应手，你的交易池就会规模巨大了。当你做一笔数量为 100 手或者 500 手的交易时，市场就会听命于你了。你可以走进洗澡间冲凉，而其他交易员只会坐在那里进行交易。你的交易池变得巨大无比。

说到有利可图的交易在总交易中所占的比例，如果我是一位交易额较小的交易员且是遵守纪律的 50 手交易员的话（我的交易中大约有 20% 亏损，30% 赚钱，另外 50% 不赔不赚[①]），比起那些由于害怕市场风险、害怕赔钱而只敢做 1 手交易的交易员来，想想我能够多赚多少钱呀，再想一想如果我一卖就是 20 手的话，我作为一位规模更大的交易员，可以争取到多少更好的生意呀。交易池里与我正对着的那个家伙以 $90^{7}/_{32}$ 吃进又以 $90^{7}/_{32}$ 卖出 275 手合约！他将会得到我卖出的那 20 手合约，因为他是一位经纪人，所以他手头的所有委托指令放在一起很容易失去平衡。我再重复一遍：当我交易规模较大时，我可以得到更好的生意。如果他的报价是以 $90^{7}/_{32}$ 买入 100 手合约而你能够卖给他 1 手合约的话，他不会从你那儿以 $90^{7}/_{32}$ 买入另外的 99 手合约，这是不可能发生的事情。你交易做得越大，越能够迅速地建立起巨大的规模，你就越有优势。也请你记住下面这一点：如果你是一个谋取薄利的人，那么，做这样一个薄利多销者的意义是什么呢？所谓一个薄利多销者就是这样一个人，他站在经纪人面前，对他们说："是的，你是好样的，你也是好样的，你们都是经纪人。但是，猜一猜，有什么事？我可以比你们更好地执行你们的委托指令。在这

① 一笔交易不赔不赚的意思是先买进再卖出或者先卖出再买进的价位完全相同。像查理·D. 这样的交易员做这样的操作时唯一的损失就是每笔交易中他的清算公司收取的手续费，数额相当低。

一年之中，我将赚得一大笔钱，因为我可以比你们更好地执行你们的委托指令。”

试想你是债券交易池里的一名薄利多销者。市价是 $90\frac{6}{32}$ 买入，$90\frac{7}{32}$ 卖出[1]。交易池里的这位经纪人以 $90\frac{7}{32}$ 从你这里买进 50 份合约，是因为他手里有一份委托命令他买入 50 份合约。过了一会儿，你又在 $90\frac{6}{32}$ 买进了 6 份合约。现在，如果这位经纪人没有别的事情可担心，只剩下那 50 手合约的委托未执行而他又像你一样了解行情，那么，他或许就不会支付 $90\frac{7}{32}$ 这样的价钱了。他或许会稍稍地压一压价钱，支付 $90\frac{6}{32}$，但是，你就在那里，把他的委托执行得又快又好，比他本人去完成还要快还要好。债券交易池里握有厚厚的、规模难以置信的卡片叠[2]的经纪人比期货市场历史上其他任何交易池里都要多。在这一点上，请不要误会我的意思：他们如期望的那样完成客户的委托，在许多时候甚至超出客户期望地为客户完成了委托指令，但是，他们有如此多的交易要做，以至于他们并不是在每笔交易中都有足够的时间与精力来讨价还价。因此，当他们要在 $90\frac{7}{32}$ 买入 10 手合约时，突然，交易池里的行情变成了 $90\frac{7}{32}$ 大卖单，$90\frac{7}{32}$ 大卖单（big 7sellers，big 7sellers）[3]。于是，交易场内的交易人士就将买价

① $90\frac{6}{32}$ 买 $90\frac{7}{32}$ 卖出。在查理·D. 演讲中，请记住 B 总是代表着“报买价”和“买入”（“bid” and “buy”）。因此，市价是 $90\frac{6}{32}$ 买入 $90\frac{7}{32}$ 卖出意味着场内交易人士愿意在 $90\frac{7}{32}$ 买入国债期货并且在 $90\frac{6}{32}$ 卖出国债期货。因此，6 bid at 7 按字面意思翻译即为 6 买 7 卖。如果一位交易员说 6 for 50，他是把价格放在前面而把数量放在后面，因此他的意思是愿意 $90\frac{6}{32}$ 买入 50 份债券期货合约。如果一位交易员说 50 at 6，那么，他是在卖出，因为他先说明数量然后再说明价格。查理在他的演讲中使用了一些交易大厅内惯用行话的变体，但是，这样有助于你的理解。

② 一摞卡片叠就是在交易池里由一位经纪人掌握的一摞委托指令（纸）。如果某经纪人的卡片叠很厚，就说明他有很多委托指令需要执行。

③ big 7sellers，big 7sellers 意思是在交易池里有许许多多交易员愿意以 $90\frac{7}{32}$ 卖出国债期货合约，这就意味着在 $90\frac{7}{32}$ 这个价位上沽压（卖压）很大。

降下了一个价位，以 90 7/32 买入 10 手。这个技巧看上去非常简单，算不得什么，但是对于一笔 100 手的交易来说，这就意味着 3000 多美元。这种技巧听起来也不怎么样，但是，作为回报，你将比市场更有效率，更有流动性，也更加充分地做好了接受那个头寸的准备。过了一年之后，你将会看出这样做会有什么样的收获，那将是 70 多万美元。问题就是：你能够比市场更有效率吗？绝大多数交易员做不到。但是，这些基本原则或许能够使新入行的交易员更加接近他们的终极目标：成为那些总是把持着任何交易池的顶级台阶的交易精英中的一员。作为一名做市商，你应当不断地向自己挑战，去做更大规模的交易，并且用更大的规模去做更好的交易。

第一课：选择正确的交易池

你怎样选择正确的交易池呢？首先，你必须对准未决权益或未平仓合约这个目标重点出击。所谓未决权益（未平仓合约），也就是任何一种期货合约没有被轧平的多头或者空头头寸，交易所每天都公布这个数字。巨大的未平仓头寸[①]标志着这个市场里有众多的玩家，你能够在这个交易池里找到立足之地并且谋取生计。当未平仓合约数量巨大时，就有可能发生某种戏剧性的事情，市场将会止跌回稳，空头将会回补，多头会进一步买入，必定有事情发生。如果市场崩溃的话，空头将会进一步压低价格而将多头逼上绝路，同样会有事情发生。只要有未平仓合约，就会有故事。

除了要进入一个有健康适度的未平仓合约数量的交易池以

① 未决权益或者说未平仓合约是在任何时点上当时未轧平的期货合约数量。相应的，日成交量是当日换手的期货合约的总数。一份买入的头寸（即多头头寸）未被一份卖出的头寸（空头头寸）所抵消，它就会被加计到总的未平仓头寸数中去。

外，你还应当确保自己进入的交易池里有足够的价格波动性，波动性是至关重要的。你或许是世界上最好的小伙子，整天都在报着买价和卖价，但是，如果你不能够做交易的话，你就没有办法生存。如果交易池里没有价格的运动，如果买价没有变化，卖价也没有变化，那么，在我看来，你将不会去做交易。

在选择做交易的时候，另一个需要考虑的重要问题是你能否获得合理规模的头寸。坦白地说，芝加哥期货交易所的债券交易池有点像是一个专卖大道，这里的一些地方有点像是步行道和停车场，还有一些地方则是太平洋大道一样的绿地和像马尔文花园一样的黄色。八角形交易池中间有一些地方，是给那些不做差价、在最初几个月里也不尝试报价的小伙子们留下的，有点像巴尔狄克街或者地中海大街上车站的地方。我坚信是这些地方造就了人才，而不是人才造就了这个地方。有各种各样的“选手”希望进入债券交易池一展身手，各种各样的交易行、各种各样的现货套利者。各种各样的投机交易行、多种多样的投资人和套期保值者，都对债券交易池虎视眈眈。于是，从所有这些参与者手中流入交易池的委托书[①]非常充裕。如果你站的位置格外好，如果你是一位1手交易员并且能够战胜你早先在交易池里经历过的波涛起伏以及痛苦折磨的话，你将会非常迅速地成长为一名50手交易员。

你能够在交易池里占据一个有意义的位置，这一点是极其重要的。如果你就在交易池中心，就在我通常习惯称之为“狗屎洞”的地方待着，那么，你很难得到生意。人们也很难看到你。我这样说的理由是这里的视角是有限的[②]。当我在芝加哥期货交

① 委托书：送入交易池里的买入委托和卖出委托指令书。

② 一个四分位如果视角不开阔，看不到好的投球路线的话，他就只有死路一条，而做市商也面临同样的问题。

易所的老谷物交易池做交易的时候，那里的经纪人常常说："你知道，我们过去常常将委托指令拿到大豆交易池中间，你站在那个交易池的中间，就可以得到你想要的全部委托指令，于是你可能会疯狂地进行交易。"于是，我站在大豆交易池中间进行交易，结果事实证明我是个白痴。如果有哪个大豆交易员或者哪个谷物交易员告诉你，你不必站在顶级台阶上就可以成为一名优秀交易员的话，你就应当回他一句"狗屎不如"。你必须站在顶级台阶上，或者尽可能站在紧靠交易池顶级台阶的地方。

为什么？正因为我说过的那个原因：视角。作为站在顶级台阶上的交易员，我们大概可以知道在一个大约 180° 的范围内发生的事情。如果我在顶级台阶上转动我的脑袋而我的视角又够清晰的话，我就可以看到整个交易池了。既然我们今天谈的主题是交易，你们将会明了在交易池里最重要的事情之一便是了解你身边正在发生的一切。你不能做一个白痴，你不能站在交易池里——报着 $90\frac{5}{32}$ 卖出，$90\frac{5}{32}$ 卖出，$90\frac{5}{32}$ 卖出，$90\frac{5}{32}$ 卖出——却看不到另一边所有的场内交易人士都在 $90\frac{6}{32}$ 大笔吃进，并且准备将 $90\frac{5}{32}$ 买进推高到 $90\frac{6}{32}$ 买进，甚至 $90\frac{7}{32}$ 买进，你必须知道现在正在发生的情况。我们要了解交易池里正在发生的情况，方法之一便是跟随一个公开叫价系统[①]进行交易。你应当知道现在正在交易什么，而不论我们身处交易池的哪个角落。不要害怕向交易池里的任何人请教：那里到底在交易些什么呢？交易了什么？在一个公开叫价的交易池里，他们应当会告诉你有关的情况，这不是什么秘密。但是，这个行业不适合柔弱的人，你必须能够尖叫和大声叫嚷，不要害怕请教别人，你要了解正在发生的情况。

① 公开叫价系统，是指一个公开竞价的氛围，在这里，许多交易员不断大声叫出他们的买价和卖价。

因此，我就站在交易池的顶级台阶上。我能够看到交易池里正在发生的绝大多数情况。我基本上都知道正在发生的事情——赚取差价者[①]在做什么，远月交割的合约[②]有什么变化，我甚至能够粗略地了解其他交易池里正在发生的事情。如果你让另一个小伙子向下移动四级台阶的话，他的视野就会在相当程度上缩小了。他看不到他身后发生的每一件事情，他也看不到在交易池的角落里发生的事情。因此，我在这里努力做一名薄利多销者，努力遵循薄利多销者的原则办事，努力以 90 6/32 买进 90 7/32 卖出，90 6/32 买 90 7/32 卖！90 6/32 买 90 7/32 卖！90 6/32 买 90 7/32 卖！我将为你做你需要我做的任何事情！从本质上说，我的交易态度就是抓住任何一个哪怕非常微小的盈利机会，因此我会在 90 7/32 卖出，永远结清我的头寸——如果我必须避免损失或者避免长期持有那个头寸的话。

那只是这种哲学在交易池里的一个问题而已，如果我去 Jewel（此处未译出，汉译为“珠宝”，应指地名）购买小百货的话，百货商店的主人绝对不会希望听我说：因为我所有的交易都不赔不赚所以我不能为我买的东西付账。你应当有能力了解那个交易池了，你也应当能够走进那个你能够看到、能够了解的交易池了。

现在，沿着那些相同的路线，当你走进一个交易池的时候，你会站在什么地方呢？好的站立之地是那些驾驶着最漂亮的汽车、

① 取差价者，一般来说，以赚取差价为目的的交易员建立两个头寸——一个多头头寸和一个空头头寸——以便从两种期货价格差距变动之中获取利润，或者从到期月份不同的同一种期货合约的差价之中获利。人们一般认为差价交易比单纯的多头头寸或者单纯的空头头寸的风险更小，因为不同交割月份（这种差价交易被称为日历差价）之间的价格一般都趋向于齐涨齐跌，这种交易可能使交易者所承担的价格波动风险减少。

② 远月交割的合约，指在将来到期的期货合约，与之相对应的是近月交割合约，后者的交割日或者到期日最短，也最有流动性。

赚着最多的钱的场内交易人士待的地方。你在这一行里待得越久，就越会发现这一事实：没有人会提出任何新鲜的建议，你所做的每一件事情以及6个月前开始干这一行的任何一位交易员所做的每一件事情都早已发生过成千上万次。当你在交易池里的时候，事实上并没有太多新的意料不到的转折能够赚钱。我这么说有一点找借口的意味，但是，对于任何人来说，成为一名优秀交易员的最好的方法就是做一个模仿者。你仔细盯着优秀的交易员们，然后模仿他们采取交易行动。你没有必要模仿他们的穿着打扮，也没有必要模仿他们的说话方式，但是，你的头寸与他们的头寸非常接近。你观察到他们在卖出头寸，于是你也赶紧报出卖价。一位大交易员卖掉头寸之后，平掉了所有的仓位[①]，为什么他要这么做呢？他卖掉头寸后，又出更高的价钱将它买了回来，为什么呢？他在 $90\,^{5}/_{32}$ 卖出后又在 $90\,^{4}/_{32}$ 买进，这又是为什么呢？如果是我，我一连 4 天都在赔钱的话，这只是因为我在 $90\,^{7}/_{32}$ 做了多头。

当你进入一个新的交易池，当你选择了一个交易池，你应当确保自己在交易池里的位置尽可能接近大家伙们[②]的位置。理由很简单：以谋取薄利为生。我们是交易池里的薄利多销者，或者说乞求薄利者，在那个交易池里绝大多数的时间里，我们都在叫着：$90\,^{6}/_{32}$，我的主人，请卖给我吧！我以 $90\,^{7}/_{32}$ 卖给您，请买下吧！好吗？除了站在正确位置上并且严格遵守纪律以外，你没有别的太多东西可做以使你的收入最大化。在我看来，就没有什么秘密可泄露，因为每个人都知道这个事实——你可以在交易大厅周围转上一圈，你总可以在某些交易池里比较容易地获得一个离

---

① 平仓，又称为抵补。持有相反的头寸，以便结清一个交易头寸。一个空头头寸抵补了一个相同数量的多头头寸，反之亦然。

② 大家伙，交易员们常用这个术语来描述任何交易池里的大额交易员们。

赚钱大腕们待的地方比较接近的位置。

我在1980年来到这里，开始我的债券期货交易生涯。那时候，我们每天大约交易10000到12000份债券合约，当时债券交易池里大约有60名场内交易人士。我还记得我们第一次在一天之中交易25000份债券期货合约的情形，那时我们全都乐得把手中的交易卡片抛向半空，在当时，这可是一个大交易量。我们当时的未平仓合约（未决权益）远远低于你们现在在许多交易池中都能见到的未平仓合约的数量，因此，我认为作为一名交易员在芝加哥期货交易所里还是很有机会的，很有前途的。

我再强调一遍，选择正确的交易池，你应当确保自己能够找到一个能够做交易的地方，待在交易池中心这个“狗屎洞”里实在是没有一点好处的。当我最后一次去看粮食交易池和石油交易池的时候发现，人们可以很轻松地在紧挨着那个交易池里最成功的交易员丹尼斯·弗林的地方找到一席之地。如果你尝试这样做的话，你或许会在那儿碰上四五次壁，但是，你可以这么做，你可以站在他的旁边。从理论上说，那也就意味着你正开始你的交易生涯，除了你的资本总额以外，你一无所有，白手起家。

交易池就是一个专卖大道——不是人造就了它，而是它成就了人。因此，一定要挑选好的地点。当我们在芝加哥期货交易所南厅那个最初的债券交易池里开始做交易时，作为交易员，我猜想我们当中有一些人的确是够聪明，竟然偶然发现站在交易池的不同位置上会对交易的结果产生巨大的影响。像我本人一样的小伙子们——并不只有我一个人这么做，在18到19个月里一直坚持每天早上2：00就到交易所去排队，以便能够在债券交易池里占据有利的地形，抢到有利的位置。我的兄弟约翰一连6个月天天半夜就爬起来去抢座位——因为他和另一个交易员为了争夺这个位置进行的战争已经达到了白热化的程度。最后，交易员们竟然开始在过道里打地铺，当交易所开门的时候，所有的人都一窝蜂地涌进大门争抢有利地形。我提到这段往事，只是为了证明位置的确有好坏之分，对你的交易成果的确有利害关系，并且最有可能持久地产生影响。

第二课：做交易

从观光走廊望进来，或许有人会觉得在交易池里做交易是一件轻而易举的事情，实际情况却远非如此——尤其是对于那些不那么有经验的交易员而言，做交易就更加不是一件易事了。事实明摆在那里，如果你不能做交易的话，你就永远不可能获得利润。我刚刚进到芝加哥期货交易所的时候，在两个半月的时间里我什么事情都没有做。在哈里斯银行工作的时候，我习惯穿着三件套的西服去上班，于是，当我来到交易池里的时候，我也穿着同样的三件套西服，只是在做交易的时候脱下我的上衣。我穿着我的背心，又像这样在背心上罩上我的交易员夹克衫，并且把它扣得严严实实的，我双臂交叉，站在交易池里。交易池里的交易员们叫着 90 6/32 买进！我于是也跟着说，是的，90 6/32 买进。他们又大叫着 90 7/32 卖出！于是，我又鹦鹉学舌道，是的，90 7/32 卖出。我大约每周做一次交易，我不能承担更多的交易。我会买下一份合约，持有一天，然后将它卖掉。在两个半月行将结束的当口，我仍然觉得赚取微利这个概念是那样难以置信的艰难。我不理解为什么你在 90 6/32 买进却不得不在更低的位置卖出，因为我还记得有好些天，当行情是 90 6/32 买进 500 手而卖出价为 90 7/32 且只有 7 手时，突然，如闪电一般，90 5/32 的卖单就蜂拥而出，以 90 6/32 卖出 1000 手，以 90 6/32 卖出 500 手，以 90 4/32 卖出 500 手。

我在 $90\frac{6}{32}$ 买进了 1 手合约，满以为那是最了不起的交易，结果，却突然之间为我带来了 3 个价位的亏损。相反的情况也发生过：我在 $90\frac{7}{32}$ 卖出 1 手，而当时的买单有 500 手，于是，在我还没来得及反应的情况下，我已经从我的 1 手合约中盈利了。那使我不再恐惧，于是，我成为了交易池里的一名赚取差价者。那个时候，税法和现在不一样，政府鼓励人们利用上个月买入的合约合法避税。我想，我们现在是不可能再得到那样的机会了，但是，我对于差价交易的概念从来不曾真正改变。后来，作为交易池里的一名薄利多销者，我的内心深处仍然把自己视为一名赚取差价者，只不过是另一种不同类型的赚取差价者罢了。

我这样做的理由很简单：在芝加哥期货交易所的历史上，只有一群交易员一直在赚钱，那就是赚取差价者。直到债券交易池创立时为止，还没有听说过谋取薄利者也能赚钱这样的事情。约翰尼·穆索知道这一点，我也知道这一点，因为我们都在大豆交易池里做交易。当你在大豆交易池里的时候，当你以 $90\frac{6}{32}$ 买进 100 手合约的时候，另一位交易员以 $90\frac{6}{32}$ 卖给你 100 手，这时，交易池里的每一个人都在考验你。如果你报价 $5\frac{1}{2}$ 买入 100 手时，市场可能并不给你成交的机会，你只好报价 6 买入 100 手。在交易池里，没有严格规定 6 买入 $6\frac{1}{2}$ 卖出或者 6 买入 7 卖出的。[1]

在债券交易池里，每个人都知道薄利多销是条铁律。那就是 6 买进 7 卖出。[2] 在大豆交易池，事实上，几乎在债券交易池以外的其他每一个交易池里，都没有像这样明确的狭小的差价区间。如我有时候常说的那样，那些交易池里边也没有像薄利多销者或

① 这里的 6、$6\frac{1}{2}$ 和 7 的单位都是指的 tick，即 1/32 个点，6 就是 $90\frac{6}{32}$，7 就是 $90\frac{7}{32}$。

② 也就是说在买价和卖价之间有一个价位的差价。

者微利乞丐这样的事物。在每个交易池里，每个人都是一个小型投机者兼小型单日交易员。他们中的绝大多数人都随着时光的流逝而被淘汰出局。在这里，总是在不断赚钱的就是赚取差价者。他们赚差价，赚差价，不断地赚差价。我就是从那里开始我的交易生涯的。

一旦我理解了差价交易的概念，并且在小餐馆里想清楚了它的运作方法，我就由头一天的1手交易员变成了第二天的50手交易员。作为交易员，做差价交易使人们更容易变得成熟，并且有机会赚到许多钱，至少在过去是如此。现在，国内税法不同了，不再有避税概念上的差价交易了。当然，在债券交易池里，仍然有人在通过差价交易赚钱。如果你是一名跨期债券差价交易员（Note over bonds spreader）[①]，那么，你就是一位纯粹的差价交易员。

当我使用薄利多销者这个词的时候，顺便说一句，我用的是一种宽松意义上的“薄利多销”，而不是艾维里特·克里普的那种严格定义。艾维里特·克里普是阿尔法交易公司的运作者，他或许是芝加哥期货交易所最好的人之一，他教育新入行的交易员们应当如何进行交易，并且教育他们在交易中严格遵守纪律。艾维里特就是从6买进7卖出的学校“毕业”的，在他的世界里，如果我在90 6/32买进，现在是1001、1002、1003，那么，我就该出局了，就应该去进行另一场交易了。艾维里特使得整整一大批阿尔法的交易员们在芝加哥期货交易所里赚了一大笔钱。但是，艾维里特却没有使最近来到芝加哥期货交易所的阿尔法交易员们赚钱。尽管如此，艾维里特却是教会了每一个人做薄利多销者的真正含义的人。如果你们之中有谁有机会去拜访大卫·戈德堡就

---

① 简称NOB Spreader，跨期债券差价交易员，利用收益率曲线的平行或者不平行的移动，在中期国库券和长期国库券之间谋取差价收益。

好了——当我刚开始做交易员这一行时候，我一大早偶然拜访了他，我们谈论起那些在交易池里做着薄利多销的生意的老交易员们。大卫常常说："在战场上，每一天都是新的。每一天都是一个新的回合……"我本可以把大卫的演讲稿拿过来给你们讲一讲，但是，我不打算这么做。我只是用它来提醒那些初来乍到的交易员们，要想成为一位成功的交易员，就必须严格遵守纪律。

在绝大部分人看来，芝加哥期货交易所里，使用金融工具的期货交易池的交易员们都不是差价交易员，但是，我认为他们就是赚取差价者，那也正是我的想法不同于艾维里特的思想之处。要想做交易，你就必须适应差价交易者的思维。你们或许会问，查理，你在谈论什么呢？我说的是，你在债券交易池或者其他任何一个交易池里可能从事的是谋取微利的薄利多销者的工作，但是，你必须像一名差价交易员一样去思考。进入到债券交易池里来的每一份委托指令本质上都有一种差价的功能，我猜想我不能说每个人或者每个委托指令，但是，大约有 65% 的输入近月合约（the front month contract）[1] 委托指令的人都是与另一种现货工具反向操作，以锁定风险。

"如果你站在交易池里"是什么意思呢？那意味着我们是债券交易池里的差价交易员，纯洁而简单。我们是在交易债券，但实际上，我们是在对某些其他商品做反向的操作债券交易。每个人都在做着价格关系的交易，我仍然能够记得当我刚开始在债券交易池里做交易时是多么灰心丧气。我愿意以 90 6/32 买进并以 90 7/32 卖出，我对自己说：我为什么要在 90 6/32 买进呢？仅仅因为债券交易池里的每一个人都在这么做吗？如果真是那样的话，我又怎么能在 90 6/32 买到我想要的合约呢？不可能。于是，我又对

① 离到期日最近的期货合约。

我自己说：当别人都愿意以 $90\,^7/_{32}$ 卖出的时候，我也希望以 $90\,^7/_{32}$ 卖出，那么，我得到 $90\,^7/_{32}$ 的卖价机会有多大呢？答案还是零。

要想解决这个集合问题，唯一的方法就是在心里将自己视为一名差价交易员。让我们以债券交易池为例来说明这个问题吧，我希望对什么做差价交易呢？我希望对场外的人士做差价交易。但是，在我说这个问题以前，请你们现在立马搞明白一件事情：如果交易池里现在有一个大的 $90\,^6/_{32}$ 的买单，那么，你会愿意在 $90\,^6/_{32}$ 买进；如果在 $90\,^7/_{32}$ 有一个大的卖单的话，你也会愿意在 $90\,^7/_{32}$ 卖出。当你走进交易大厅做交易的时候，如果你不记得其他任何事情，我也希望你务必记住这一点。那会使你免遭许多麻烦，少走不少弯路。

那么，你又是如何能够得到 $90\,^6/_{32}$ 的买价或者 $90\,^7/_{32}$ 的卖价的呢？当其他 500 位交易员正努力购买这种合约的时候，你如何能够以 $90\,^6/_{32}$ 这么一个不太有吸引力的价格买到你想要的合约呢？当其他 500 名交易员都希望卖出这种合约的时候，你又如何能够以 $90\,^7/_{32}$ 这个不那么有吸引力的价格卖出你想要卖出的合约呢？你需要针对另一个市场发出买入或者卖出的要约。当我在债券交易池里的时候，我个人总是密切关注着其他市场。在这一点上，我与芝加哥期货交易所其他那些成功的交易员没有什么两样，不论是过去还是现在。正如你们所知道的那样，有一大帮交易债券的家伙密切跟踪着日元的走势。当日元对美元上涨时，他们便积极地抛售美国政府债券；当日元对美元贬值时，他们又会积极地买进美国政府债券的期货合约。转天，交易池里又可能会是完全不同的情景。如果我们某一天观察道·琼斯指数的变化，发现道指出现了突破的话，我会根据道指向上突破或者向下突破的力度及幅度相应地选择积极买进或者积极卖出国债期货。举例来说，今天交易日快结束的时候，我们盯上了石油。当石油价格向下突破时，我们都积极地买进美国国债期货。当石油价格止跌回稳时，我们又积极地卖出国债期货。

正如你们所能看到的那样，我并不鼓吹你在交易的时候急功近利，那不符合一位差价交易员的精神。如果另一位市场参与者希望交易而现在的行情是 $90\frac{6}{32}$ 买进，$90\frac{7}{32}$ 卖出，我认为你不应当在 $90\frac{7}{32}$ 买进 10 手并且乐不可支地继续做交易。生意不是这么做的，请让我向你解释我这么说的原因吧。经纪人希望与场内交易人士进行交易，但是，除非你是一位积极的买家或者积极的卖家，否则，他们是不会乐意与你做交易的。不幸的是，对于资历相对较浅的交易员来说，世界上最困难的事情就是在没有头寸的情况下积极地走进交易池里做积极的买家或者积极的卖家。底线就是你并不知道太多正在发生的事情。你对于自己正在做的事情必须给出充足的理由，你可以对自己提问题：为什么我不想在 $90\frac{6}{32}$ 买进呢？为什么我不想在 $90\frac{7}{32}$ 卖出呢？

在我职业生涯的早期，当我还是一个差价交易者的时候，我在中月与近月合约之间做差价。如果我卖出中月合约的话，我可能报出卖价 $90\frac{20}{32}$。交易池里有人会大声叫道："你在 $90\frac{20}{32}$ 卖出多少呀？"我会抬头看看他们卖出的近月合约的数量，而那正是我打算买入的。于是，我会大声叫道："我有 400 手合约可以按 $90\frac{20}{32}$ 卖出。"如果我在 $90\frac{20}{32}$ 有 400 手要卖并且希望买进别的合约来做差价的话，本来是不会有人理我的茬子的。但是，当我报出卖价的时候是那么自信，因此当一位经纪人有一份委托要执行时，他会跑过来找我，"我要买 100 手"。这笔差价交易之所以能够做成，是因为这位经纪人知道我愿意在 $90\frac{20}{32}$ 卖出。

对于交易池里的新交易员们来说，最糟糕的事情莫过于声音如《白雪公主》里的小傻瓜（Dopey）一样难听，说着："好呀，哦，90 6/32 买进 90 7/32 卖出，90 6/32 买进 90 7/32 卖出，90 6/32 买进 90 7/32 卖出，哦，我真的不知道自己想要做什么——在 90 6/32 买进或者在 90 7/32 卖出，但是，哦，90 6/32 买进 90 7/32 卖出。"

假定一位交易池里的经纪人感到对不起你或者对你有负罪感——他们都有负罪感，因为他们赚了那么多钱，他会在交易池里对你说："你在做什么呀？"他想为你做一件好事，跟你做一笔交易。这一次，你比傻瓜（Dopey）还要糟糕了，你变成了"害羞"（Bashful），以一种真实而平静的声音说道："6–7。"你可能忘了说 6，因为你是如此害羞，而经纪人将会发现他自己有一个如黄金般的 6。交易不是那样做的，在交易池里，不要做"7"个小矮人之一。当你报出 90 7/32 的卖价时，应当有充分的理由，并且有充分的自信。经过一些实践之后，你能够轻松地做到这一点。像一位差价交易者一样思考，你就可以针对另一个市场做交易了。

让我们全都想象上几秒钟，我们刚刚跳进了交易池，进入了市场的生活。我将买进 90 6/32 的合约，我已经决定了要这么做，因为我正在针对日元做差价交易，因为在那个时点上，那样做正是明智之举。当日元破位下跌，相对于美元币值趋弱时，美国政府的债券也更加有吸引力。交易池里的行情是 90 6/32 买进 90 7/32 卖出，我对一位经纪人大声叫道："90 6/32 买进 10 手！90 6/32 买进 10 手！"如果有机会的话，经纪人会愿意帮助我，尤其是，我周围的其他交易员在看上去没有充分自信的情况下，经纪人更愿意与我打交道。

某一天，我可能跟踪日元的走势，针对日元走势反向运作债券。第二天，情况可能会发生较大的变化。但是，我的内心深处一直视自己为一名差价交易者——我每时每刻都在密切观察着交易池里发生的情况。交易池里新入行的交易员们都知道当你在交易池里大叫着“$90\,{}^{6}/_{32}$ 买进 10 手！$90\,{}^{7}/_{32}$ 卖出 10 手”的时候，听起来有多么荒唐滑稽。你能够听到你自己的声音，你和其他所有人都感到非常尴尬。我不再感到尴尬了，但是，当我刚刚开始做交易的时候，我的确总是很尴尬。当交易池里的数字是 6 的时候，每个人都认为我是在报出买价，因为我在大叫着 6！在我吞下这个 6 字的时候，我恨不得同时吞下我的舌头。我是那么糟糕，我自己在交易池里的声音使我焦虑万分。然后，我会强打精神，报出一个“7”，但是，那个数字从我嘴里冒出来的时候竟然高了一个分贝，因为我在听到自己的声音时是那么尴尬不已。当你对自己在交易池里正在做的事情有充分的理由时，你就能够轻松得多地放大嗓门报出你想要的价格，从而使你在交易池里的规模得以扩大。

千万不要忘记，扩大你在交易池里的规模是做交易的关键部分。千万不要像我一样像个白痴一般傻站在那里嚷嚷着“6 买进 7 卖出”！当你报出买价或者卖价的时候，要有充分的理由。如果你在大声叫着“$90\,{}^{7}/_{32}$ 卖出 20 手”的话，你就更加有可能与另一位说着“$90\,{}^{6}/_{32}$ 买进 10 手”并且希望以后卖出的交易员达成交易的共识。针对另一个市场做差价交易是做交易的最简单的方式，如果你不知道有关交易池里每一个人头寸的详细情况的话。

如果你按照我针对日元汇率走势反向操作美国国债期货的例子做交易的话，当日元破位下跌的时候，你就可以变成一位积极的买家，大声叫着“$90\,{}^{6}/_{32}$ 买进 10 手！$90\,{}^{6}/_{32}$ 买进 20 手！$90\,{}^{6}/_{32}$ 买进 30 手”！不论你的交易单位是多大，都无所谓。太棒了！总算开花结果了！你将会得到一笔交易。你可能希望立马通过“打平手”[①] 轧平这个交易头寸，但是，至少你已经做上交易了——

① 打平手，即在相同价位做一笔反向的、公开报价的交易。

并且在做交易的时候你已经能够给出充分的理由。我要告诉你的是，那已经是战争的四分之三了，而不仅仅是战争的一半，你没有必要总是针对日元做差价交易，你可能希望对近月期的合约做差价交易。你有可能希望看着交易池顶级台阶上的大家伙们，针对他们做差价交易。比方说，我看着上面的一个大家伙，他正在卖出合约："$90\frac{5}{32}$ 卖出 100 手，$90\frac{5}{32}$ 卖出 100 手，$90\frac{5}{32}$ 卖出 100 手！"就像那样，在不到一眨眼的工夫，我的注意力就可能转换到别的我可以做差价交易的对象上了。密切关注大交易员的动向，可以及时告诉我很快就会有许多人愿意在 $90\frac{5}{32}$ 卖出，从而抢在市价变成 $90\frac{5}{32}$ 以前卖出。因此，我将采取什么行动呢？最低限度，那个信息将会使我在 $90\frac{6}{32}$ 积极地卖出手头的合约。现在，我在许多层次上进行着差价交易。我针对近月合约做差价交易，我针对大交易员报出的买进合约的买价做差价交易，并且在大交易员以 $90\frac{6}{32}$ 报出卖价的情况下报出 $90\frac{6}{32}$ 的卖价。现在，市场是 $90\frac{6}{32}$ 买进 $90\frac{6}{32}$ 卖出。但是，我正在以 $90\frac{6}{32}$ 卖出，并且是积极的卖出者。

太棒了！——让我们再看一眼那幅场景吧！你是一位积极的卖出者，经纪人也知道你想要做什么。我要买进 20 份合约。"卖出！"有人大声叫道，这叫声将你拉入市场。或许经纪人并不知道市场是什么状况、现在的市价如何，也或许他们是在帮你的忙。现在，我在 $90\frac{6}{32}$ 买进了 20 手，而所有那些 $90\frac{5}{32}$ 的买单都被市场拒之门外。$90\frac{6}{32}$ 是买价，他们买的数量很多，但是你知道那些买单一文不值。我在 $90\frac{6}{32}$ 买进了 20 手，等着报 $90\frac{5}{32}$ 的卖价的人出现。猜一猜怎么回事？现在，我积极地在 $90\frac{5}{32}$ 买进，$90\frac{5}{32}$ 买进，$90\frac{5}{32}$ 买进！希望帮助你的那位经纪人知道你想有所动作，因为你正在大声叫着 $90\frac{5}{32}$ 买进，$90\frac{6}{32}$ 卖出！经纪人要买进 10 手。他并不想刺激你或者伤害你。如果你不知道怎么处理的话，他不想从你手里买下 10 手合约；如果你不想卖出 10 手合约的话，他也不会从你手里买下 10 手合约。但是，你用你的行动向他证明你有能力做这笔交易。在交易池的顶级台阶上，你看到了某些事情逐步显现出来；在交易池里，你发现中期合约中有一些东西慢慢暴露出来；又或者，你发现在某个外部市场中有某些情况正在逐渐明朗化，于是，你成为了一个积极的卖家或者一个积极的买家。

就我在交易池里的经验来看，我知道经纪人都不愿意与输家做交易。每个处理过委托指令或者做过经纪的人都知道，当你在那个位置上的时候，你也不喜欢敲别人的竹杠。如果你出 $90\,^{6}/_{32}$ 的买价和 $90\,^{7}/_{32}$ 的卖价，叫着 $90\,^{6}/_{32}$ 买进 $90\,^{7}/_{32}$ 卖出，可是突然一下子冒出来了许多卖家，他们愿意报出 $90\,^{6}/_{32}$ 的卖价的话，你就该倒抽几口凉气了，而经纪人也不会愿意继续与你做交易了。他们之所以不愿意继续与你做交易是因为，他们不愿意对你的亏损负责，因此，在交易池里，你必须使他们相信想要在 $90^{6}/_{32}$ 买进或者希望在 $90\,^{7}/_{32}$ 卖出这些合约。如果是我的话，我想要在 $90\,^{7}/_{32}$ 卖出合约，不是因为我是个天才，预见到债券将会下跌两个价位，而是因为我在另一个市场上看到了某种事情正在逐步显露出来，将会打击债券交易池里的价格。就是在那个时候，我成为了一名积极的卖家。

我追踪的对象很多，可能是日元汇率的波动，也可能是石油价格的波动，或者是一个商品篮子的波动，或者是道·琼斯指数的变化，也可能是政府债券交易池里小伙子们尖叫声音的高低变化，也许是中月期或远月期合约价格的变化。我是否得到了我认为自己需要的交易？这并不是我赖以生存的前提，但是，在我报出买价和卖价的时候，我却是在那个基础上认真地找出交易理由以及报价的理由，并且以充沛的精力去完成交易的。

记住，如果一个大家伙积累了一个相当大的头寸的话，他可能会不想要你说话。如果你以 90 7/32 卖出 20 手合约的话，他或许会买下你以 90 7/32 卖出的合约，目的就是为了赌上你的嘴，即使他自己在 90 6/32 拥有多头的部位。有的交易员在交易池里赚了许多钱，不为别的，就是因为经常有大交易员花钱赌他的嘴。如果你作为一名交易员嗓门洪亮并且充满信心，那么，只要你愿意，每个人都会与你做交易的。

另外还有一个概念，那就是个人的交易池规模。那是交易中至关重要的一个部分。当我在交易池里严格、温顺地按照 6 买进 7 卖出、6 买进 7 卖出的规则做交易时，我在交易池里的规模是微不足道的。有人说 90 6/32 卖出 2 手！你买下了这 2 手合约。你将你的清算公司的名字写在你的交易卡片上，并且为自己做成了这笔交易而感觉良好。我要认真地告诉你，那正是你亏损的原因。当你在卡片上写下这笔交易之后，假设市场变成了 90 6/32 卖出，且卖压很重。你必须出局。“卖出！”你大声叫道，向你左边的人及右边紧挨着你的友好的交易员们一手一手地兜售着，“哎呀，我完了！”我卖给你一份合约，卖给他一份合约。这样做的问题在于你的交易池规模已经萎缩了，你的机会也变小了。那样做交易的话，你没有付出任何努力以扩大你在交易池里的交易规模。如果你想赚更多的钱的话，你就必须在一个更大的交易池里做交易。

你能够在一个多么大的交易池里做交易吗？你应当在一个公开透明的交易池里做交易。你没有必要变成非常令人讨厌的侵略者，但是你必须放大嗓门，让各个角落里的人都能够听到你的声音。“90 6/32 买进 10 手！90 6/32 进 10 手！90 6/32 买进 10 手！”如果你不扩大你在交易池里所占的规模的话，那么，你就只是一个只会在井底观天的青蛙罢了。上帝将价格打压下来，你没有机会逃离市场。现在的买价是 90 5/32，买进 150 手。但是，突然，行情变成了 90 6/32 卖出。你应当抓住这个时机承认自己的损失，轧平自己的头寸，但是你的交易池规模很小，你卖不出去。你在 90 6/32 买进了 10 手合约，但是，你仅仅损失了 312.50 美元，因为你右边的家伙喜欢你，你左边的家伙也喜欢你，因为你为他们提供了一个赚小钱的机会。

我将告诉你为什么不要那么做。比方说，你已经在 90 6/32 买进了 10 手，而现在的卖家报的卖价是 90 6/32，现在就是该卖的时候了。你挑出一些人，卖给他们 10 手。你在卖的时候嗓门要高，声音要大。你应当挑那些能够帮助你的人，不要把它卖给你身边的家伙。你在交易池里环视一周，比方说，这里有一个经纪人，来自瑞福科，有 50 手合约的买单。“90 5/32 卖给你 10 手！”你大声叫道。于是，你在 90 5/32 的价位卖出了 10 手合约，你将自己的名字写在交易卡片上。这时候你会想，那个家伙是谁呀？我只与我的朋友们做交易。你已经扩大了你的交易池规模，马上就有事情发生了，他有斟酌情况做出判断的能力。他是一名经纪人，他是一个白痴。他在 90 5/32 买进了 10 手合约。“我愿意在 90 6/32 卖出 40 手合约！”他大声叫道。现在，他表示要在 90 6/32 卖出 40 手。而你在 90 6/32 有 500 手合约。现在，你报出“90 5/32 买进 40 手，90 5/32 买进 40 手”。现在，你扩大了你在交易池里的规模。于是，90 5/32 的买单增加了，90 6/32 的卖单变小了。于是你在 90 5/32 卖出 40 手。现在到了平仓的时候了，在你有空的时候，你环视交易池四周，说着：“我能够从谁那里用 90 6/32 买进合约呢？谁能够给我一点赚头，使我不至于白白忙活了这么一大通工夫呢？佳斯汀！佳斯汀·诺兰，我要在 $90\frac{6}{32}$ 买进 40 手合约！”佳斯汀看了看你，“卖出！”那天晚些时候，在你于 $90\frac{6}{32}$ 买进 40 手合约之后，行情急转直下，变成了 $90\frac{5}{32}$ 卖出，$90\frac{4}{32}$ 卖出，$90\frac{3}{32}$ 卖出，$90\frac{2}{32}$ 卖出。佳斯汀认为你承担了损失，但是，你却足够好，你找到他，给了他 40 个价位的赚头。但是，那天晚些时候，行情变成了 $90\frac{2}{32}$ 买进，$90\frac{2}{32}$ 卖出。世界上的每一个人都希望以 $90\frac{2}{32}$ 买进，你也希望以 $90\frac{2}{32}$ 买进，因为日元正在破位下跌，“$90\frac{2}{32}$ 买进 10 手！$90\frac{2}{32}$ 买进 10 手！”这时，你听到有人在叫喊：“嗨，卖给你 50 手！”谢谢你，佳斯汀。他赶来帮了你一把，因为你扩大了你在交易池里的规模。我不必再强调这一点的重要性了，不要，千万不要做一个近视的、鼠目寸光的交易员，不要只拥有一小群朋友，不要在工作结束之后一起哀叹：“上帝呀，我们没有做任何交易。”无论何时，当你拿到一笔二手的交易时，千万不要说他应当得到一手，他应当得到另一手。不要那样做。对他来说，这样做不公平，对你来说也一样有失公允。

对于交易来说，这是期货生意中最重要的部分。当你做了一笔交易并且不得不尽快脱手的时候——每个人都有不得不脱手的时候——你应当利用这笔交易，将它交给能够回过头来帮助你的人。比方说，现在我是一名经纪人，这是一个公开叫价的交易池，我有 100 手合约要卖。有 50 个人想以 $90\frac{5}{32}$ 买进，又有 50 个人希望以 $90\frac{6}{32}$ 卖出。根据规则，我有 100 手合约可卖，但是，我没有必要说“$90\frac{5}{32}$ 卖出 100 手”而让第一个说“卖入”的人得到它们。记住，我是一位经纪人，我知道那样做对人们不公平。于是，我说：“卖给你 20 手合约。卖给你 20 手合约。卖给你 20 手合约。卖给你 20 手合约。卖给你 20 手合约。”每个客户都得到了自己应当得到的那一份，而经纪人也完成了他的任务。但是，经纪人在这里运用了自己的判断。这位经纪人决定与某个人分享这份委托指令。在某个时点上，当那位交易员拥有一个巨大的头寸而这位经纪人又充当卖家（经纪人的公司期望得到这笔交易）时，这位经纪人期望那位交易员回过来救他出局——那位交易员有机会在那种情况下救助任何人出局。这种事情是双向的。但是，除非你利用你的头寸扩大了你的交易池规模，否则，你将永远不会得到那样的机会。

阿尔法交易学派的小伙子们在债券交易池里做了无数救人出局的工作。如果阿尔法的小伙子买进的价位是 90 5/32，现在市场买家的报价是 90 5/32 的话，他们就会准备在 90 5/32 卖出持有的头寸。他们会让每一个人都知道，“90 5/32 卖出 10 手！ 90 5/32 卖出 10 手”！他们为扩大自己在交易池里的规模付出了巨大的努力。当他们做交易的时候，总是有 75 位其他交易员随时准备上场救驾。长期而言，扩大自己的交易池规模为他们提供了巨大的帮助。

一旦你接受了交易池里的另一个理念——过渡交易，你就会发现做交易变成了一种更加艺术化的形式。你通过做差价交易、赚取差价来做交易，但是，你也通过做一位过渡交易员来获得交易。当你没有头寸的时候，你通过拥有差价交易员的思维和扩大交易范围来获得交易。但是，让我们假定你现在已经拥有了一个头寸，并且正在努力利用这个头寸。记住，对于你在交易池里度过的全部时间而言，当你刚开始着手的时候，一天当中总有大约 6 个毫微秒（时间单位，相当于 10^{-9} 秒）是拥有头寸的。但是，优秀的交易员从开市的钟声敲响时开始拥有头寸，直到交易日结束，而我们之中有些人则是白痴，即使在闭市的钟声敲响后还是拥有头寸。

为什么在交易日全天里拥有一个头寸是明智之举呢？如果我拥有一个头寸，如果我在 90 5/32 多头了 100 份合约而你什么头寸都没有，那么，当一位经纪人叫道“90 6/32 买进 10 手合约”的时候，谁将第一个跑到他跟前开始做交易呢？谁会赢呢？是你还是我？我当然会战胜你这个小傻蛋，因为我拥有一个头寸，并且清楚地知道我想要做什么。我想要在 90 6/32 卖出。更加现实地说，如果我在 90 4/32 有空头仓位，而这位经纪人说“90 6/32 买进 10 手合约”时我将再次打击你，因为我不希望你在 90 6/32 卖出合约并且在 90 5/32 买进。拥有头寸的交易员做起交易来非常快，快得令你难以置信，并且他们也变得越来越聪明。

不幸的是，新入行的交易员和那些不大成功的交易员们却只在一天之中大约 6 毫微秒的时间里拥有头寸。你可以听到他们和其他交易员之间的对话往往是这样的：“90 6/32 买进 1 手！”“卖出！”“90 5/32 卖出 1 手！”“我的天呀，总算结束了！”在他们的内心深处，他们总是想着所有那些可能发生但却没有发生的事情。总统可能去世，日本人可能决定卖掉他们持有的全部美国债券组合，所有这些东西充塞着这位交易员的头脑。3 个半小时以后，正如我刚刚成为一名交易员的时候那样，你看到这些交易员们又在做同样的事情：“90 2/32 买进 1 手！”“卖出！”“90 2/32 卖出 1 手！”“我出局了！”“噢，上帝，我本来会再次失去一切的！”不要那样！全天候持有某个头寸，勇敢果断地报出买价和卖价，通过成为我所说的“过渡交易员”而扩大你的交易池规模。

“过渡交易员”是描述一位“偷窃”交易的交易员的好办法。这是在鼓吹“偷窃”为生吗？绝对不是。我这里说的“过渡交易员”是指“偷窃”交易的交易员，意思是说他比市场上的其他人士能够更有效率地提供流动性，他之所以能够做到这一点，是因为他绝对地涉及到交易池里发生的任何事情的方方面面。

让我们通过一个例子来谈这个问题吧。假设我们都在交易池里待上一会儿，如果现在交易池里的行情是 $90\frac{6}{32}$ 买进 $90\frac{7}{32}$ 卖出，而现在有人愿意在 $90\frac{6}{32}$ 卖出，我的精神立刻为之一振，赚钱的机会来了。$90\frac{6}{32}$ 买进并且 $90\frac{7}{32}$ 卖出，100 次里有 99 次你都不可能通过在“$90\frac{6}{32}$ 买进并且在 $90\frac{7}{32}$ 卖出”来赚取该死的一点蝇头小利。记住我的这句话吧，没有人会因为你长得漂亮英俊且是交易池里的生手就在 $90\frac{6}{32}$ 卖给你并且在 $90\frac{7}{32}$ 再买进，不可能发生那样的事情。如果你希望在交易池里“玩”的话，你就必须想尽一切办法进入市场。让我向你们解释一下如何才能成为一名过渡交易员吧。如果现在是 $90\frac{6}{32}$ 买进 $90\frac{7}{32}$ 卖出，而一个大家伙说着“$90\frac{6}{32}$ 卖出 500 份”的话，你也说“卖给你 10 份”！现在有 10 份的买单，你以 $90\frac{6}{32}$ 卖给他 10 份合约，因为他想要卖出 500 份。他能卖掉他的合约吗？绝对不能，卖掉的是你的那 10 份合约。现在，卖价变成了 $90\frac{6}{32}$。你在 $90\frac{6}{32}$ 空头了 10 手，但是你仍然在市场之中。恭喜你，你在市场中了，你终于在玩这场游戏了。只要你在市场之中，你就总是有赚钱的机会。如果你不在市场里的话，你就没法做任何事情。

过渡性交易[①]是一个非常、非常、非常需要技巧的话题，我不是教你走出去偷来一笔交易，但是请记住——世界就是这个样子的：$90\frac{6}{32}$ 买进 $90\frac{7}{32}$ 卖出！有一个大家伙说道：“$90\frac{6}{32}$ 卖出 200 份合约！”你喜欢这个价格，认为买下它们是个不错的主意，而另一个人正在报出 25 份合约的价格。“卖了！”他得到了这笔

① 过渡性交易：市场从一个叫买－叫卖价变动为另一个叫买－叫卖价，当它在交易池里进行“过渡”的时候，你促成了这种过渡的变化，使之变化到一个新的价格水平。

交易吗？当然如此。“嗨，我要买25份！”生意骤然兴隆，价格急转直上，真是一个诚实的人啊，像我一样的人很欣赏这种做法。相信我，他们会永远记住这件事的。“卖出25份！”“我要买进25份！”“那是我的市场！”“嘿，我完事了！”那天稍晚些时候，大家伙们报出$90\frac{6}{32}$的卖价，卖出200份合约。“卖给你25份！”“嘿，那是我的市场。”“是的，但是你上次就已经完事了，不记得了吗？”公平就是公平。这是一种非常非常艰苦的生活，那是一个艰难敏感的世界，你希望在买价变化和卖价变化的时候处在市场之中，就是在这种时候才有赚钱的机会，尤其是在你知道自己想要做什么的情况下更是如此。

另一种情况是：你看到现在正在交易的合约成交价是$90\frac{6}{32}$，而你是一位积极的卖家，准备在$90\frac{7}{32}$卖出合约，但是，你却鬼使神差地打算在$90\frac{6}{32}$卖出。任何事情都可能点燃你的导火线。有人说“$90\frac{6}{32}$卖出”！因为他想出清这个市场。好呀，你帮助他出清市场了①。你卖给他25份合约，因为他应该得到这些合约，因为他正在出清这个市场。猜猜会怎样？那天晚些时候，那周晚些时候，那个月的晚些时候，那笔钱又会回到你口袋里来，它会在增加十倍后回到你身边。更加重要的是，由于那个特定的概念是如此秘密，如此难以理解，所以除非你置身于交易池中并且目睹其发生，否则，你很难明了。并且，你要记住，如果他不想要它或者他已经吃饱了，那么，无论如何这笔交易都是属于你的了。

现在，有另一种过渡交易员的情况。“$90\frac{6}{32}$卖出5份！”“$90\frac{5}{32}$卖出10份！”“$90\frac{5}{32}$卖出500份！”大家伙希望把你甩在一边，但是他不能这样做。“唉，我从来没有卖出我的那10份！”这个家伙

---

① 出清市场：一位大交易员强有力的表演，他用语言扫除了市场上其他交易员的头寸，就像拉斯维加斯掷双骰子的赌桌上的木头手臂一般将所有的筹码清扫一空。交易所痛恨被人拿来与拉斯维加斯类比，但是，你在这里可以用这个比喻。

在 $90\frac{5}{32}$ 买进了 25 份——这是他的市场。“我要买 10 份。”你卖出了 25 份，他满意了吗？另一个家伙永远不会满足，他说：“这是我的市场！我在 $90\frac{5}{32}$ 卖出 500 份！”牛屎！他在前面，他在 $90\frac{5}{32}$ 报出了 10 份的卖单。它是你的市场，你现在在市场中。你在 $90\frac{5}{32}$ 空头了 15 份合约，而你希望做空，因为大家伙希望卖掉它们。你已经成为了一名过渡性交易员——那正是你获得交易的方式。你没有偷交易，你没有偷它们，但是，当市场变化时，你是促成这种变化的一部分。

让我们再看看另一种情境吧：我在 $90\frac{7}{32}$ 买进了 6 份合约，谁在报 $90\frac{6}{32}$ 的买价？他距离你有多远？理想中，你在交易池里与这个家伙的距离足够远，如果卖价变成 $90\frac{6}{32}$ 的话，你就可以卖出这些合约了。理想中，这就意味它也与你在交易池里的位置有关系，请记住这一点。记住，如果你是一位经纪人，我在这里，他正站在你旁边，我知道你正在报出 25 份合约的买价，突然有一个大家伙叫道：“$90\frac{6}{32}$ 买进 500 份！”“卖给你 25 份！”在我这么做的时候，我旁边的家伙已经抓住了我的胳膊并且大声叫着“卖了”！因此，在交易池里，“接近”的确意味非凡，并且正因为“接近”的原因，你在交易池里的位置才显得越发重要。你距离一位经纪人或者一位大交易员越近，你就更加容易做交易。

现在，你已经知道了你周围的场内交易人士的头寸情况。比方说，交易池里有一个叫作约翰·多尔的人，他在 $90\frac{7}{32}$ 卖空了 10 份合约。你是积极的卖家，他是个幸运儿，他在 $90\frac{7}{32}$ 卖空而你也积极地在 $90\frac{7}{32}$ 卖出。于是价格急剧下跌，市价跌到 $90\frac{6}{32}$ 卖出，你报出 $90\frac{5}{32}$ 的卖价是因为他将会有机会兑现他的利润，你在市场中了，你是一位过渡交易员。如果他卖空了 10 份合约而卖价变成了 $90\frac{6}{32}$，“$90\frac{6}{32}$ 卖出，$90\frac{6}{32}$ 卖出 500 份”而他没有反应，于是，我买下了10份。他的报价是“$90\frac{5}{32}$买进10份，$90\frac{5}{32}$买进10份”。然后，他的报价变成了“$90\frac{6}{32}$买进10份”。现在，轮到你的报价了。在特定时点上，市场属于任何一个人，你理解我所说的那一点的深刻含义吗？

现在，交易池里的问题都是十分棘手的，我想债券交易池里的小伙子们都知道我对于“偷窃”交易的人有着相当强烈的“好感”，有时我甚至因此而遭人议论。我不喜欢这样，我并不喜欢偷窃交易的人。我认为如果你制造了一个行市的话，你就应当履行义务，真实地按照自己的报价买进或者卖出。我认为债券交易池里的确有少数交易员不够诚实正直，当他们说“$90\frac{6}{32}$卖出”的时候，他的意思只不过是如果你要报买价或者你在考虑报买价或者你的妈妈想要买点合约的话，请从我这里买吧。在债券交易池里，有许多小伙子，当他们制造了一个行市之后，他们就履约“$90\frac{6}{32}$卖出”！行情暴涨。你正在努力地从他们那里买进500份合约而他们说“哦——哦”，然后低声道“卖出50份”。如果这些人成为过渡交易员或者如果你有机会成为一名过渡交易员的话，你就可以依靠他们谋取生计了。

作为一名过渡交易员，你希望进入市场并且希望自己在报出买价的时候做多或者在报出卖价的时候做空，你怎么做到这一点呢？你正站在交易池里。有人说：“$90\frac{6}{32}$卖出！$90\frac{6}{32}$卖出300份合约。”那边走来的是佳斯汀·诺兰，那个经纪人，带着一个125份的买单，太好了，你卖给佳斯汀25份合约。我向你保证，我担保它将会回到你手中，信不信？不仅如此，你还做成了一笔交易。在许许多多的交易池里有许许多多的人都在赔钱，也有许许多多的人努力变成卖家而他们事实上永远也不可能变成卖家，他们也努力想变成大交易员，可是却永远也不可能成为大腕。因此，当有人叫着“90 6/32 卖出 100 份合约”！而你知道其他每一个人都在 90 7/32 时卖出，不要陷入这种头寸。不为别的，就因为他们在做那样的事情，你就千万别说“卖给你 25 份合约”。不要那么做。当你是一位过渡交易员的时候，你之所以是一位过渡交易员，只是因为你在说“我想在 90 7/32 做卖家”。当机会自己表现出来的时候，我会做一位 90 6/32 的卖家，因为我在 90 6/32 仍然持有空头仓位。我没法告诉你那有多么重要，我也没法告诉你当你是一位新入行的交易员时它将对你的生活产生多么巨大的影响，将会怎样地改变你的生活。在那以前，你在交易池里站着，没有任何头寸，你在看天花板上的花砖。当我刚刚开始交易生涯的时候，也是像你一样。“上帝啊，”我常常想，“他们的天花板上有麦克风吗？”我傻站在那里，看着它们，说道：“真是荒唐滑稽呀！”我旁边的一个家伙在叫着“90 6/32 买进 100 份！ 90 7/32 卖出 100 份”，但是，我甚至根本不知道他所言为何物，也压根儿不在意他说了些什么。相反，我在交易池里傻乎乎地看着观光走廊上的游客们，想着：“我的上帝呀，他们是摩门教派的信徒！”我常常那么做。这些傻呆呆的凝视者或者摩门教派的信徒让我赔了不少钱，虽然我不能确定究竟是前者还是后者让我损失惨重。过渡性交易是一种好方法，它总是能够使你兴趣高昂，在交易池里每时每刻都保持巅峰状态。

第三课：承受损失

相信我，当我讲解这一课的时候，我要掀起自己的许多伤疤，知道在什么时候承担损失是极为重要的。我这样说很简单：如果你不在交易池里承担损失的话，你就不可能在交易池里和我们一起长久地玩这个游戏。我们会咀嚼一下你的味道，将你吐出来，并且把你扫地出门。

在我重点讨论承担损失的细节之前，让我们先回过头去看看我先前讲解过的概念——扩大你的交易池规模。当你承担损失的时候，你的市场规模都会受到损害。它理应受到损害，我曾经说过：没有人，没有人能做一个好的输家，千万不要去做好的输家。那不适合你，看上去也不好看。对于你热爱的人们来说，那也不是个好消息，对他们也没有好处。但是，当你不得不承受损失时，你应当像个男人那样勇敢地面对。一位真正的交易员知道你可以利用那笔损失——以后，在一个不同的情形下，它一定会回过头来帮助你的。

举例来说，有那么一刻，我在 90 6/32 多头了 10 份合约，而卖家却报出了 90 5/32。因为我不打算在 90 6/32 卖出，这或许本该是我出场的时候。现在，我在 90 6/32 多头了 10 份合约，而行市是 90 5/32 买进 90 5/32 卖出。我是一位积极的卖家，叫卖价是 90 6/32，而交易池里每一个认识我的人都知道我希望在 90 6/32 卖出。他们听到我的声音在叫，他们知道得一清二楚，我将在 90 6/32 卖出。

如果你不得不将某人带出市场的话，你应当分批分批地做，并且利用你的头寸，将造成损失的头寸卖给那些将来会回过头来帮助你的人，利用损失为将来的盈利奠定“人情”的基础。我们债券交易池里有场内交易人士，大豆交易池里也有场内交易人士，在几乎每一个交易池里都有场内交易人士。他们是场内交易人士，但在某种程度上又并不是真正的场内交易人士，他们只是像场内交易人士一样运作。我还记得自己第一次与戈德堡兄弟公司的人谈话时的情形，那时候，我在这一行里已经干了 4 年了。我针对差价交易做了几次演讲，这时，有人问道：“你为什么要谈论差价交易呢？”他们的确认为我是个经纪人。是的，他们认为我是个经纪人，并且有许许多多人都说我可以成为一名经纪人，因为我给出的赚头太多了。但是，那也就意味着如果你想出局的话，你可能会跑到一个像我这样的场内交易人士那里，因为我们将来会回过头来帮助你。当我说“我”的时候，我所说的并不是我自己。朋友们，去找一个有相当交易规模、在将来的某个时候会投桃报李地给你以帮助的场内交易人士吧，那些愿意为别人搔背的人。比方说，现在的行情是 $90\,^{5}/_{32}$ 买进，$90\,^{6}/_{32}$ 卖出，而你在 $90\,^{6}/_{32}$ 持有多头头寸，你必须在 $90\,^{5}/_{32}$ 卖出 10 份合约。你应当利用这些合约，把它们卖给那些将来会回过头来帮助你的人，因为对于 10 份合约来说 1 个价位的损失就是 31250 美元，这些钱就这么永远地消失了——除非你把它们变成一笔投资，或者说一粒种子，将来能够连本带利地收回来。因此，我种下了一粒种子。我扩大了自己的市场规模，将 10 份合约卖给了将来能够帮助我的人。当你站在交易池里拥有 $90\,^{6}/_{32}$ 价位的 10 份合约时，你的胃突然痛起来了，而现在的市价是 $90\,^{5}/_{32}$ 买进 $90\,^{6}/_{32}$ 卖出，不是说笑话，你应当马上出局！退出这场交易，做点别的事情，去做另一笔交易吧。

有时候，当你在 $90\,^{6}/_{32}$ 持有多头头寸而现在的成交价是 $90\,^{6}/_{32}$，然而你又想继续持有该头寸的时候，你可能希望将它卖给某个将来能够对你有利的人。有一位经纪人，他对一项委托指令拥有处理权。我给你举一个例子吧，每个人都见过那些坐在外面桌子旁边的人，他们时常扯经纪人的耳垂！那个动作意味着这位经纪人正在被赋予一个价位的处理权。因此，他接到的委托指令上虽然写着 $90\,^{6}/_{32}$ 买进 50 份，但是，他却可以在 $90\,^{7}/_{32}$ 做成这笔买卖，没有问题。比方说，我是一位经纪人，我接到委托指令，要买进 50 份合约。有人在 $90\,^{6}/_{32}$ 卖给我 10 分合约，我把买价提高到 $90\,^{7}/_{32}$。根据规定，我不必再去找他。但是，出于礼貌，我应当去找谁买这剩下的40份合约呢？当然是那位在90 6/32卖给我10份合约的人了。好的，现在，比方说你希望在90 5/32做多，而全世界的人都希望在90 7/32卖出，于是，你在90 6/32，卖出了10份合约，因为你在那个价位持有多头头寸。现在，你在90 7/32空头了40份合约，那是你做过的最了不起的交易。好呀，在心里牢牢记住这个例子吧——处理权是很有帮助的。当你正在承担损失时，去找那些能够对你的交易实施处理权的人。在交易池里，这种游戏的名字——不论我今天做得多么差劲——就是我以某种方式承担了自己的损失，那种方式足够有利，以便我可以在不久的将来把损失连本带利地赚回来。

作为一则傻瓜定律，我总是相信在你经见过交易池里各种各样的事件与场面之前你至少必须做4000至5000笔交易。现在，“见过每一种场面”的意思是你在90 6/32做了多头，在你知道行情以前，这是卖家报出的最高卖价；又或者你在90 12/32做了多头，而格林斯潘说了一些话，使得现在的叫买价变成了90 6/32。现在，你知道应该如何处理一笔6个价位的利润了，因为你已经经历过了一次这样的交易。它还意味着一位经纪人在90 6/32卖给你10份合约，然后又在90 5/32卖给你10份合约，接下来又在90 4/32卖给你10份合约，最后在90 5/32卖给你50份合约。在你回过味来，知道自己并不想要那么多合约以前，你已经从他那里吃进了太多太多，以至于你恨不得能把所有这些头寸吐到自己的鞋子上，只得“挥泪大甩卖”。那是一种新的经历，是的，它还意味着一位经纪人出乎意料之外突然从你这里买走200份合约，你不得不平仓出局，并且承担一笔损失，那又是一种新鲜的经历。

现在，一旦你已经经历了每一件事情，你就能够在交易池里处理这些事情了。但是，在某些暂时性的情况下，你必须用头寸来建立起你的时代，那就是交易的全部内涵。你在交易池里服务的时间越久，并且拥有头寸，你就越能够深入、全面地认识、了解自己，并且更加深入、全面地了解交易。如果我在 $90\,^5/_{32}$ 多头了 10 份合约，我在 1 秒钟之后以 $90\,^6/_{32}$ 卖出了它们，那天晚些时候或者第二天早些时候，我又得到了我的下一笔交易，但是我并没有学到什么东西。你在 $90\,^5/_{32}$ 做了多头，又在 $90\,^6/_{32}$ 平仓出局。你为什么在 $90\,^6/_{32}$ 平仓出局呢？因为现在的买价是 $90\,^6/_{32}$，而我又不想承担损失。当你达到这样一个程度——你持有一个头寸，并且可以真正地说："我在 $90\,^6/_{32}$ 多头了一个头寸，谁在报买价？谁在报卖价？现在正在进行的那笔交易是什么？我想在 $90\,^6/_{32}$ 做多头吗？外面的市场在做什么呢？"你了解你的思想。在你多头 $90\,^6/_{32}$ 的头寸时，你的头脑运转得非常迅速，并且当你可以理解与交易有关的 17 种变量或者 20 种变量时，你就算过关了。你可以持有头寸过日子了，这是达到那种境界的唯一方法。我没法告诉你当你身处交易池的时候你的个性会发生怎样的变化，你可以做一个菲·贝塔·卡帕式的人物，但是，除非你在那个时候报出了买价或者卖价，否则，你完全可以彻底地忘掉你曾经学习过的与交易有关的一切——除非你将自己在烈火中锻炼了足够多次并且从中学到了一些什么。

你在持有头寸中学到的最重要的事情之一就是如何从一笔交易中解脱出来。当市场上的价格在 10 分钟之内原地踏步的时候，这是一回事。当你在 $90\,^6/_{32}$ 多头了 10 份合约，而某人却说："你想吃进 300 份合约吗？你想要 525 份吗？你想看看 620 份合约吗？"这是另一回事，两者之间有着巨大的区别，你必须以不同的方式来处理这两种情况。你将会更加深入、全面地了解你自己，更加深入、全面地了解交易，并且你将学会如何以比我拍巴掌更快的速度采取行动。当你那样迅捷地运动时，你学会的最重要的事情之一就是如何退出一笔交易。

我是怎样退出交易的呢？有许多方法可供选择。这里就有一种脱身的方法，我可以惊恐万分地尖声叫道：“90 $^{4}/_{32}$ 卖出 10 份合约！90 $^{3}/_{32}$ 卖出 10 份合约！90 $^{2}/_{32}$ 卖出 10 份合约！90 $^{1}/_{32}$ 卖出 10 份合约！”那是从交易中脱身的一种办法——一种代价高昂的办法。但是，有另一种方法可以帮助你脱身，任何时候你都应当知道交易池里的经纪人是谁、交易池里的场内交易人士们叫什么名字以及他们的头寸情况，你没法知道某位经纪人的头寸或者接下来的委托指令将会是什么样子，但是，你可以知道自己该去哪里找谁求助。当你应当脱手出局时，当你出击未果希望出局时，当你的嗓音变得有点刺耳时，千万不要对着天花板上的麦克风或者观光走廊上的观光客们报出你的卖价，观光走廊上的摩门教信徒以及天花板上的麦克风都不会在乎你正在做些什么。

相信我，我曾经努力向观光走廊上的人兜售我的一个亏损的头寸，站在那里的观光客们都不想要我的合约，没有人想要它们。不要把它卖给交易大厅的天花板，千万不要这么做，你应当把它卖给交易池里拥有特定头寸的特定的人。比方说，我在 90 $^{6}/_{32}$ 多头了 10 份合约，而现在我应该平仓出局，于是，我大声叫道：“90 $^{4}/_{32}$ 卖出 10 份合约！”在说这句话的时候，你的目光一定要与可能的买家们相互接触，进行交流。“他正在和谁说话呢？”如果我在 90 $^{4}/_{32}$ 卖出或者在 90 $^{5}/_{32}$ 卖出的话，另一位交易员会想：“晚些时候，我会回过头来买下它。”但是，如果你说“90 $^{4}/_{32}$ 卖出 10 份合约”的话，他会闭上眼睛想：“男子汉，我知道我不能够在 90 $^{4}/_{32}$ 卖出，因为他在 90 $^{4}/_{32}$ 给我报了 10 份合约的卖价。”怎么样？这又是一种平仓出局的方法。如果你是一位大交易员，你可能正想在 $90^{4}/_{32}$ 买进 10 份合约，那样很好。又或者你是一位经纪人，你可能有一张买入 10 份合约的买入委托指令。又或者你可以找到一位交易员，他在交易池里指给你看这种事情正在哪里上演。但是，你必须去做目光的接触与交流。你尽可能多地与人们进行目光的接触与交流，越多越好，越快越好。当你应当平仓出局并且应当尽快出局时，你必须知道自己应当去哪里找什么人来帮助自己出局，知道相应的委托指令在谁手中，知道那些持有大量委托指令的经纪人在哪里——大的场内交易人士是可能的候选人。

你总是应当记住，在芝加哥期货交易所幸存下来的人都拥有较少的缺点。是否在座的每一个人都知道什么是较大的缺点呢？每个人都知道吗？那意味着："我在 $90^{4}/_{32}$ 买进，我在 $90^{2}/_{32}$ 买进，我在 90 买进，我在 $89^{30}/_{32}$ 买进，我在 $89^{28}/_{32}$ 买进。"我压根儿就没有想过要平仓，因为我有一个较大的缺点。"我可以永远持有这个头寸！"好吧，行情再也不会回头，你也不会再拥有另一个这么好的出场机会了。我早就提出过这一点，在交易池里，我有许多次都想做多，而市场也正面临突破，我会说："上帝啊，请您让市场回头吧！"我的确有过这种经历，我也说过那样的话。我想，有许多人都说过同样的话。你知道，我花了整整 9 年时间才弄明白上帝之所以从来不让债券价格回过头来的原因，有时候只是因为交易池里有些人像我一样优秀，他们在说："上帝呀，请让它突破吧！"我记得我们的办公室里有一个小伙子，当他放空了 10 份合约而市场看来不利于他时，他做了一笔最好的买卖，当时他说："上帝啊，请为我做这件事吧。上帝，如果你让价格回头的话，我会破产出局的！"谢天谢地，市场没有回头，而他至今仍然在这一行里待着。

不要忘记你的缺陷与弱点，因为上帝不做债券交易，我可以担保这一点绝对正确。他并不在乎你将会为你的下一个孩子起一个什么样的名字，他不做债券交易。他不在乎你正陷身于什么样的麻烦之中，他不做债券交易。你恨不得把这些期货合约全都扔到鞋上，你最好确认一下，在你的内心深处是否有什么东西总是在敲个不停——因为那就是你的自我保护机制。在交易池里，你的心里必须有某种感情存在，它不会让你太长时间地持有某一头寸。

承担损失的组成部分就是在你持有头寸的时候有能力做出判断——你是否像交易池里的所有其他傻瓜一样做了空头？或者你是否像交易池里的所有其他傻瓜一样做了多头？你怎么知道交易池里其他那些傻瓜做了多头？想想这些问题吧。比方说，我们坐在前排的这 7 位交易员都在交易池里，你是一位场内交易人士，在 90 6/32 多头了 10 份合约。你在这儿，你是另一位场内交易人士，在 90 7/32 多头了 10 份合约。你在 90 5/32 多头了 10 份合约，而你在 90 7/32 多头了 10 份合约。你在 90 3/32 多头了 10 份合约，你在 90 10/32 多头了 10 份合约。我们之间加在一起一共是 70 份合约，我们像经纪人一样持有一个委托指令登记簿。我们应当尽可能地将这 70 份合约卖个最好的价钱（best-can）[①]。比方说，突然之间你意识到所有这些家伙在他们之间多头了大约 700 份合约。当你做着多头时怎么知道交易池里的其他人也在做多呢？最简单的办法就是站在一个有利的位置上，你的视角足够好，可以看到正在发生的情况。

举例来说，我们今天吃了一惊。交易池的一个角落，就是东

① best-can，意味着以你当时所能找到的最有利的价格成交。查理的兄弟约翰说，worst-can 与之对应，意思是在交易池里大声报价，卖出某个头寸，或者你甚至有可能虚张声势地（甚至更加大声地）宣布你将吐出某个头寸以“淹没”其他交易者，以便将来做完全相反的交易。

北角上的一个人站了出来，“$90\frac{6}{32}$ 买进！$90\frac{6}{32}$ 买进！”你还记得吗？我们不知道发生了什么事情。在 $90\frac{6}{32}$ 有 500 份卖单。“$90\frac{6}{32}$ 买进！”他大声叫道，他是一个规模较大的交易员。于是，巴尔佛的所有其他经纪人都冒了出来，他们甚至报出了实价。巴尔佛开始交易 200 份合约，他们在 01 和 31 卖出，他们从交易池的那个角落里开始了交易。当这个大家伙跳出来报价的时候，我们知道其他所有的傻瓜都在做空头了，像我们一样。我们是怎么知道的呢？我们知道，最重要的理由就是没有人将这个高球抛出来。

是不是每个人都知道什么是低球、什么是高球①啊？比方说，我在家里通过屏幕做交易，我在我的屏幕上看到 $90\frac{2}{32}$ 买进 $90\frac{3}{32}$ 卖出的报价，一闪一闪地。好，现在有 300 份合约要在 $90\frac{3}{32}$ 卖出。好的，假定我在这个时候卖出了合约，他们从我的计算机里接收到了我的指令，从我的账户里用 $90\frac{3}{32}$ 拿走了一定数量的合约，并且打出了新的叫卖价 $90\frac{4}{32}$。砰！一个高球！这是真的吗？不。《芝加哥论坛》会否认这种观点，但是，我要告诉你这是事实。一个高球并不意味着结束，高球是为了给屏幕交易员描绘一幅图画。它的确描绘了一幅图画，你希望出现一个 $90\frac{4}{32}$ 的价位以便使那些做空的人焦虑不安，他们像通过屏幕进行交易的交易员一样感到胃部一阵痉挛。他们看到了摆

① 低球和高球：按照查理的兄弟约翰的说法，他把高球用一个房地产做类比，来进行解释。你拥有 100 套房产，每套价值 60000 美元。你在 70000 的价位发了一高球，发现有人以 70000 美元买下了你的 100 套中的一套。现在你剩下的全部房产还能每套价值 70000 美元吗？或许不能，除非那笔小小的交易吸引了其他买家的参与，推升了房地产的价格。“在交易大厅里，如果查理在 $90\frac{6}{32}$ 多头了 10 份合约，而市场的买价变成了 $90\frac{7}{32}$，他可能立即将买价推升到 $90\frac{8}{32}$。”约翰说道。对于交易大厅以外盯着计算机屏幕的交易员（又称屏幕交易员）来说，从他的电脑屏幕上看，就好像市价直接变成了 $90\frac{6}{32}$ 的买价。查理能够吸引买家吗？没准儿。像查理一样的交易员抛出高球的目的就是为了吸引别人将价格推得更高，可能是为了替他自己创造一个空间，以便在 $90\frac{7}{32}$ 平仓出局，而低球正是在相反情景下的反向操作罢了。

在那里的 $90\frac{4}{32}$，现在行情是 $90\frac{3}{32}$ 买入 $90\frac{4}{32}$ 卖出，$90\frac{3}{32}$ 买入 $90\frac{4}{32}$ 卖出，现在是 $90\frac{3}{32}$ 买进 10 份合约，$90\frac{4}{32}$ 卖出 500 份合约！如果你是一位交易池交易员的话，就可以及时了解这一信息了。但是，你仍然选择通过屏幕来获取信息。屏幕上的行情是 $90\frac{4}{32}$ 买进 1 份合约，$90\frac{4}{32}$ 买进 1 份合约。因为你希望在那幅屏幕上描绘出一个小“圈套”，小“陷井”。现在，交易池里价格在下跌，行情变成 $90\frac{2}{32}$ 买进 $90\frac{3}{32}$ 卖出，成交价是 $90\frac{3}{32}$，$90\frac{4}{32}$ 跑到哪里去了？$90\frac{4}{32}$ 跑到哪里去了？是的，我知道自己不会报出一个 $90\frac{4}{32}$，如果我是在做空头并且所有的人都在做空，因此，没有 $90\frac{4}{32}$ 的报价会在这个时候跳出来。要想知道你是不是和其他所有的傻瓜一样都在做空，方法之一就是问：“是不是有高球要抛出来呀？”如果你和其他傻瓜一样都在做多而市场正面临向下破位的话，你会看到低球被抛出来。高球和低球，可以告诉你，作为一名交易员，你是否选错了跑道。

不要人云亦云——当交易池里的每一个人都在做多的时候，你就不要再凑热闹去做多头了，那样做是不会有结果的。那样做之所以不会有结果，是因为当他们准备平仓出局时，他们都会一窝蜂地同时去挤同一张门，希望自己能够率先冲出门去，而门只有那么大，所以大家你踩我，我踩你，这就是所谓的“多杀多”。就拿上个星期五的事情为例吧。我猜想，在大市下跌的时候，在 $87\frac{25}{32}$ ~ $87\frac{20}{32}$ 之间，整个交易池里绝大部分人都在做多——他们不是投机者，而是当日平仓的交易员以及薄利多销者——整个交易池大约多头了 5000 份债券期货合约。每个人都望着交易池里的其他每一个人，一致认为应当平仓出局。我们全都出来了，但是，出场价却比原来低了整整一个点①，这使我们大家赔了不少钱。

① 低一个点：债券期货市场上一个点的跌幅意味着跌了 32 个价位。

正像我刚才说过的那样，你应当进行目光的交流与接触。你与越大的交易员进行目光的交流，他就越觉得自己有义务将你从这笔交易中解脱出去。我没法向你解释这是为什么，我所能告诉你的就是这的确是事实。如果你与交易池里的某位大交易员进行目光的接触与交流，你被人要了高价，而你又想将这个包袱卖给他，那么，与他进行目光的接触吧。怎么样？某些有利于你，使你顺利出局的事情将会因这目光的交流自然而然地发生。

第四课：获取利润（我喜欢谈论的话题）

当你站在交易池里，感觉自己是飓风的风眼时，你知道自己是一位优秀的交易员。那是每个人的目标，当然，我也不例外，那就是——成为飓风的风眼。

比方说，你正站在商品期货交易池里，现在正如飓风一般混乱，就像绝大多数日子里那样。飓风包围在你的周围，你就在飓风的中心，但是，你非常沉着镇静。你说："我想在 $90\frac{7}{32}$ 卖出这些合约，我想从那个家伙那儿用 $90\frac{6}{32}$ 买进那些合约，我愿意在 $90\frac{6}{32}$ 卖出 200 份合约。"那正是每个人的目标——成为平静的中心。你要想培养起那样的镇定与沉着，唯一的方法就是在交易池里总是持有头寸。除了成功，没有别的东西能够培养出成功来。除了拥有足够多的成功以外，没有别的任何东西能够在你知道自己身处困境时使你保持沉静与清醒，消除惊慌与恐惧。即使我做了一笔错误的交易或者错误地结束了一笔交易，我都不会惊恐万状，因为我知道自己的路还很长，那个错误远远不是我那一周的末日，我知道我还会有别的机会。

要想达到那样的境界，唯一的方法就是有能力分析交易池里每一笔交易的优缺利弊。"我在 $90\frac{6}{32}$ 做多，我在 $90\frac{6}{32}$ 买进 10

份合约。我在 90 6/32 买进 10 份合约。”你必须不断地、及时地全面分析那笔交易，就像一个断断续续拍着巴掌的人，一边拍一边在思索着对与不对。鼓掌，啪啪啪！“我想在 90 6/32 买进 10 份合约吗？”或者：“我不想在 90 5/32 买进 10 份合约吗？”从理论上说，如果我说我不想在 90 6/32 多头 10 份合约的话，我会出局。鼓掌，啪啪啪。现在，我不能在 90 6/32 平仓出局了。现在，我在 90 5/32 多头了 10 份合约，而现在的市价是 90 5/32 买进 90 5/32 卖出。我希望分析一下这笔交易，鼓掌，啪啪啪。现在的市价是 90 5/32 买进 90 6/32 卖出，忘掉我在 90 6/32 多头了 10 份合约这件事情吧。我想在 90 5/32 做多呢，还是想在 90 6/32 做空呢？鼓掌，啪啪啪。你对你自己说：“我在 90 5/32 多头了 10 份合约。”但是，上帝啊，如果我能够在 90 5/32 买进 10 份合约的话，我就能够在 90 6/32 得到一个绝好的出局机会，从这笔交易中赚上一笔。鼓掌，啪啪啪。于是，你在 90 5/32 买进了你的 10 份合约。现在，如果每个人都认为你做错了的话，你只要在 90 5/32 买到 10 份合约就可以了。或许有人认为你做错了吧？于是，在那个时候，你不得不开始对自己提出质疑。如果你在 90 6/32 多头了 10 份合约，又在 90 5/32 多头了 10 份合约，如果你那该死的臭理论体系一直以来都没有发挥作用，那么，它最好现在能够发挥发挥作用了。鼓掌，啪啪啪。你最好对自己说：“我将会在 90 4/32 卖出，除非格林斯潘的侄子走进交易池并且开始在 90 5/32 和 90 6/32 买进期货合约。”你那样做是错误的。作为一名交易员，那些日子在一定意义上变成了你的美好时光，因为你已经将自己的损失降低到了最小，但是，你之所以能够取得这样的成绩，还是因为你在不同时点上独立自主地分析了各种情况，做出了正确的选择。

那么，你又怎么知道自己什么时候是一名优秀的交易员呢——能够在飓风环绕的情况下清楚明确地知道何时出手赚取利润？现在，让我告诉你怎样才能知道自己是一名优秀的交易员吧。你在 $90\frac{5}{32}$ 买进 10 份合约。鼓掌，啪啪啪！你在 $90\frac{6}{32}$ 做了多头。鼓掌，啪啪啪！现在的价格是 $90\frac{6}{32}$ 卖出 $90\frac{5}{32}$ 买进，你准备在 $90\frac{6}{32}$ 卖出，但是价格上涨了，叫买价变成了 $90\frac{6}{32}$。太好了！鼓掌，啪啪啪！我在 $90\frac{6}{32}$ 多头了 10 份合约，我想在 $90\frac{6}{32}$ 做多吗？有 500 份合约的买单。场内交易人士在做空，而经纪人正在买入，外部市场上日元的价格或者其他另一个关键性的变量也支持我的头寸与决定。太棒了！我鼓掌，啪啪啪。我在 $90\frac{6}{32}$ 多头了 10 份合约，我在做什么？我是否站在那里，孤零零地仿佛一匹孤独的狼？我已经 4 天没有赚钱了，我是不是因此而应当卖掉 10 份合约呢？你是否叫着："$90\frac{7}{32}$ 卖出 10 份合约！$90\frac{7}{32}$ 卖出 10 份合约！$90\frac{7}{32}$ 卖出 10 份合约！"并且变成了唯一一个愿意在 $90\frac{7}{32}$ 卖出 10 份合约的傻瓜呢？鼓掌，啪啪啪！或者，我缩回脚步说："这里就有行情。你知道怎么回事吗？我愿意在 $90\frac{6}{32}$ 多头 10 份合约。我想做的一切就是买进合约。$90\frac{5}{32}$ 买进 20 份合约！$90\frac{6}{32}$ 买进 20 份合约！"于是，价格向上攀升——叫买价变成了 $90\frac{7}{32}$。你没有将手中的仓位抛出以获取短线差价，而是看了一眼市场。所有这一切必须做得非常麻利，你在交易池里持有头寸的时间越长，这一切就发生得越迅速。鼓掌，啪啪啪！现在，你做了多头，市场上的成交价格是 $90\frac{7}{32}$。鼓掌，啪啪啪。我愿意在 $90\frac{8}{32}$ 卖出 10 份合约从而平掉我的仓位吗？或者打算在 $90\frac{7}{32}$ 再买进 10 份合约吗？鼓掌，啪啪啪。现在，猜猜你做什么了——你在 $90\frac{7}{32}$ 报出买价，要求买入 10 份合约！现在，你在 $90\frac{6}{32}$ 买进了 10 份合约，在 $90\frac{7}{32}$ 买进了 20 份合约。你只是在一个赚钱的头寸上不断加仓，那种感觉真好啊！那是世界上最美妙的一种感觉。现在，你拥有30份合约的多头仓位！市场上的叫买价变成了$90\frac{8}{32}$！现在，因为有500份合约的叫卖价是$90\frac{9}{32}$，叫买价变成了$90\frac{8}{32}$！于是，你要做的第一件事就是：在$90\frac{8}{32}$将30份合约卖给一位经纪人，你在$90\frac{8}{32}$卖给他30份合约并且赚取了一笔利润。

当你第一次通过持有一个盈利的仓位并且不断加仓获得了利润，战胜了市场也战胜了自己的时候，你就知道自己已经成为了一位优秀的交易员。我不妨在这里告诉你们：有许许多多交易员已经交易了很长时间，但却从来没有在一个盈利的仓位上追加过筹码。

不幸的是，人类性格上的弱点却使得人们总是仓促地过早卖掉赚钱的仓位，艾维里特·克里普教我认识到人性的弱点。我在$90\frac{6}{32}$买进了若干份合约，并且有机会在$90\frac{7}{32}$卖出，于是我出局了！那就是人性。人性的弱点还使得人们不断持有亏损的仓位而不愿止损出局，我在$90\frac{6}{32}$，做了多头。我应当在$90\frac{5}{32}$卖出它们吗？如果我在$90\frac{5}{32}$卖出10份合约的话，我就损失了312.50美元。我能够用312.50美元做些什么呢？312.50美元可以支付我的租金，我不能够在$90\frac{5}{32}$卖出。“$90\frac{4}{32}$卖出！”交易池里有人叫道。现在，损失变成了625美元。我不能那么做，不能认赔出局，那可是两个月的房租啊！人性的弱点告诉我要继续持有这些亏损的仓位，我非常坚决，一定不要卖出，即使损失惨重且有愈来愈重之势。但是，如果你是一位优秀的期货交易员，你这样做的每一件事都会对自己造成伤害。站在观光走廊上的。摩门教信徒们在说：“$90\frac{1}{32}$卖出！$90\frac{1}{32}$卖出！”而你在90买入。现在，买价变成了$90\frac{1}{32}$。让它走走，看看形势如何演变。你希望在$90\frac{2}{32}$卖出多头的头寸，你已经花费了不少钱了。你已经配置了不少钱了！这是从圣诞节基金里挤出来的钱呀！“90 3/32 卖出！”有人高声叫道。不要那么做，除非你已经根据自己从市场上观察到的情况得出了落袋为安、兑现利润的理由，否则，你就必须继续战斗下去。如果你站在交易池里——我将会再次强调这一点，如果你像一根钉子一样木然地站在交易池里，你就找不到做任何事情的理由。你会说，我为什么要做多头呢？

现在，我们将会努力列举出你愿意做多的理由以及你愿意做空的理由。外部市场的变化；场内交易人士的头寸，委托指令发向何方？大交易员看好还是看坏这个市场？我是否在反大交易员的方向运作[①]？我周围的家伙想做什么？交易池里的嘈杂声，那也可以泄露出一些情况。交易池里的嘈杂声在哪儿？把所有那些东西都装在你的脑子里。你必须对你正在做的事情给出理由，你利用价格的相互比价关系及其之间的失衡赚取差价。

作为薄利多销者，你对于外部市场的变化保持着高度的警觉。正是依赖于这种警觉，你才能够看到不断发展变化着的交易池场内场外的情况。你必须有一种外部的支撑，那种外部支撑将会帮助你在纪律约束下报出买价和卖价。有时候，那种外部的支持因素不过是这样的一些东西——“嗖，日元下跌了 5 个价位，因此，我要在债券市场上积极买进”。世界上没有人准确地知道市场在向何处去，因此，当你走进交易池的时候，你必须有某种外部依据可以为你的决定提供支持。

① 任何一个交易员，如果他的交易方向与交易池里的某位大交易员的方向相反，他就是在输给那位大交易员。

第七章　超级杯赛最优秀的选手

永远不要低估手势的重要性。1988 年 1 月，在查理 · D. 获悉自己患上绝症 18 个月之后，他决定要为自己以前在高中时的橄榄球队教练们做一点特殊的事情。或许他将这视为回报的一种形式——毕竟，正是在他们的指导下，查克才第一次在大风疾吹的威斯康星州晴朗秋夜的星空下上阵开始作战，他当时还很年轻。刚开始的时候，他打的是四分位，人们为他的表现欢呼喝彩，很可能这是他一生之中第一次感觉到自己才是命运无可争议的主人。在那一刻，他更有可能感觉到生活是如此有趣，确切无疑的有趣。对于这些闪闪发光的回忆，他应当以善意做出回报。

大约在华盛顿红皮肤队和丹佛布伦柯队踢那场二十二届超级杯赛的前 10 天，肯 · 霍卢布在一个星期四的深夜接听了查理 · D. 的电话，那是他以前的队员之一，他很清楚地知道查理是谁。

“你好。”

“嗨，教练，你怎么样啊？”

“很好，查克。”

“太棒了，太棒了。听着，教练，您是否愿意和我、迈克 · 哈斯和格拉夫教练一道去观看超级杯赛呀？”

“超级杯？”

“听着，尽快结束高中的课程吧，因为我们10天后就要启程了，我正在做安排。”

“那听起来像做梦一样，查克。但是，我想我付不起去看比赛所需要的钱，并且，你能保证一定能弄到门票吗？”

“当然，我确信无疑。不要担心任何事情，您和格拉夫教练都是我的客人。快问问您的妻子是否同意您去吧。”

“你告诉哈利了吗？他肯定不会相信这是真的。”

“带上一件漂亮衣服和一两件漂亮的衬衫，剩下的事全都交给我来操办吧。我们将要在拉斯维加斯周围玩上两天，如果可能的话。”

一阵沉默。

“查克，你是当真的吗？”

“当然，这是为我们的球队安排的，您还记得我们的球队吗？我得赶在太晚之前通知格拉夫教练，您明天和他谈一谈吧。”

“查克，这是不是你和哈利开的一个玩笑呀？”

“不是，放心吧，教练，我们将在10天后登上飞机。再见，教练。”

在霍卢布教练还没来得及说话以前，查克就消失了。他的那声“再见”渐渐远去，在沃基肖和芝加哥的电话线构成的区间回荡，他耳朵里嗡嗡响着的或许是别的什么声音？

“肯，你怎么了？没出问题吧？有人去世了还是出了别的什么事？”他的妻子见他呆若木鸡的样子，忍不住问道。

“不，我很好，亲爱的。只不过是我以前的一位球员打过来的电话，他想……他想带我去观看超级杯赛。”

他的妻子看上去吓坏了，霍卢布教练也不相信这会是真的。他明天会给哈利打电话确认此事的，算了，还是今晚就打吧。当他从厨房的椅子上站起来的时候，他感到有一股兴奋之情如电流一般从头到脚穿透了他的身体。他不知道该怎么克制自己的情绪，他努力地打扫起居室的卫生。憋了 10 分钟，他实在忍不住了，冲出了房门，甚至绊到了餐厅椅子的一条腿。要知道，他在这座房子里已经住了 20 多年，还从来没有绊到过什么东西呢！

与他不同，在别的什么地方，格拉夫教练正心事重重，情绪欠佳。他在沃基肖教区的工作不太顺利，他负责这个地区的体育课程。那个星期，老师们把他撂单了。他要求有更多的聚会活动，他的日程表已经被安排得满满的了，他并不指望在明天的员工休息室里挑起一场战争。他揉了揉自己的眼睛，在他最喜欢的斜椅靠垫上挪了挪，陷得更深了。他正在看一点电视上的晚间体育新闻，这时候，电话铃响了起来。

“教练，我是查克，您现在还好吧？”

“很好，很好。查克，什么风把你吹过来了，怎么想起来给我打电话了？”

“有好消息要告诉你，听着，我们将去观看超级杯赛，赶快抓紧时间准备。霍卢布教练也去，迈克·哈斯也会同去。这个队伍还需要一名球员，你想去吗？……”

“超级杯赛？”

“……您最好现在就开始准备行李，教练，我的助手苏茜正在为我们安排呢。她会在一周后给您去电话的，好吗？您明天和霍卢布教练谈一谈吧。”

“查克，你是在开玩笑吧？”

“不，我是认真的，这样做是为了我们的球队。等着听苏茜的消息吧。”

然后，他挂掉了电话，几分钟之后，电话铃声再度响起来了。格拉夫抢在第一声铃声尚未响完之前就拿起了电话。

“哈利，你是否接到了查克的电话？”

“肯，你的四分位后卫是当真的吗？”

他们仍然不能相信这是真的，但是，不信归不信，他们还是为他们有生以来第一次进行的重要的陆上旅行做好了一些紧急安排。他们讨论了一下两人 10 天一共要准备多少钱。格拉夫教练那天晚上与妻子谈起了 1968 年的冠军队以及那个名叫查克·狄弗兰西斯卡的野性、疯狂的债券交易员。她还记得那个瘦得皮包骨头的 10 号队员，他是教练的儿子。查克在她看来从来也不野性，不疯狂，但是，她不能拒绝每一位橄榄球教练的梦想。

直到两位教练接下来又进行讨论时，他们才意识到平白无故接受一位前学生的好意是否有失公允，查克会付账吗？

“我们大约一周以后就能接到他的秘书打来的电话，我不知道是否由查克掏腰包，我猜我得带上大约 400 美元。”

“我可以带 500 美元。我们凑在一块就有 900 美元了。你认为怎么样，哈利？”

他们没有主意，这想法让他们的胃忍不住抽搐了一下。就凭高中教师那点工资，他们只怕要花光所有的钱还落一个坐灰狗公共汽车从内华达州赶回来的下场，哪怕他们是客人呢。

“拉斯维加斯，谁知道那会让我们花掉多少钱呢？他让我们只要带上一套漂亮的衣服就可以了，肯，他是认真的吗？”

星期一晚上，格拉夫教练给查克打了电话，他仍然想知道查克是不是在拿他开玩笑。他告诉查克他们已经安排好了时间，以此来试探查克的口风。

“太好了，我的秘书将在一周后将机票送到你们手中。”

查克仍然没有露出破绽——没有迹象表明他是在吹牛皮，但是，格拉夫教练仍然抱着怀疑的态度。怀疑归怀疑，他和霍卢布教练还是向沃基肖教育特区的总监请假了。教师们在学期中间一般很少请假，但是，哪位总监能够阻止两位高中橄榄球校队的教练去体验一次小小的奇迹，如果这小小的奇迹真的正在策划呢？格拉夫教练做了一番听起来较容易为人们所接受的解释。

“你们一定不会相信这是真的，但是，我们以前的一个学生——大家还记得查克·狄弗兰西斯卡吗，就是肯的那个四分卫！他想带我们去观看超级杯赛。”

总监大吃一惊，他确实记得那个名字——查克·狄弗兰西斯卡，因为查克的父亲温斯曾经担任过卡洛尔学院的教练。

“看，你们的小伙子们已经做了许多自愿的回报，”总监终于说道，“安排好时间，等你们回来以后再把课时补上吧。”

但是，两位教练那一周却并没有接到查克助手的电话。他们都快急疯了，坐卧不宁，做好了继续教书的准备。在原定出发日之前的第三天，霍卢布教练实在忍不住了，给查克家打了个电话——打电话时他紧张坏了，接电话的不是查克，而是他的妻子安。

“什么？”安说道，“你们还没有接到查理的电话？我已经关照过他的秘书，让她务必用隔夜速递邮件将机票送到你们手中了，明天一早你们就会看到机票了。”

1988 年 1 月 28 日，星期四，霍卢布教练的女儿凯莉驾车送这两位观看超级杯赛的不可知论者从沃基肖出发，赶到米尔沃奇，以便搭乘驶往芝加哥奥黑尔机场的灰狗大巴，大巴的票价是每人 18 美元，他们集资的 900 美元就只剩下 864 美元了，他们希望这笔钱能够坚持到整个旅行结束。他们自备干粮，以便节省开支。坐在大巴的前头，他们像小孩子一样亢奋不已，一直与大巴驾驶员小声地聊着天。

他们到达奥黑尔机场的时候，时间还早。查理告诉他们在下午 5:15 的时候在美国航空公司的检票口与他会合。下午 5:05 时，格拉夫教练坐在自己那个有点磨破了的行李箱上，守在美国航空公司 C 号终端边，焦急如热锅上的蚂蚁。霍卢布教练亦是如此，但是他的脸孔伪装得更加好一点罢了。霍卢布看上去十分平静，望着自己的朋友，感觉他的目光越来越频繁地盯着机场的时钟。两位教练都坐了下来，焦急地用手把弄着行李箱的把手，满眼浮现的都是他们的金钱烧得比喷气式飞机的燃料还要快的惨景。

按照时间表上的安排，美国航空公司飞往拉斯维加斯的第 637 次航班将在下午 6:34 起飞。

下午 5:12，他们俩都站起来，拎起行李，开始走路。在他们要转弯的时候，查克从旋转栅门里走了进来。他穿了一身蓝色的运动夹克，褐色的肥腿裤，小牛皮鞋。他向他们走来，提着一个巨大无比的军用粗呢背包，那还是他在科罗拉多州立大学福特·柯林斯的一个廉价百货商店买下的。他看上去很像是一个临时凑数的圣诞老人，但是他的眼角并没有画上去的皱纹。

“太好了，太好了，”他面无表情地说道，“看看那个，不要以为你们俩被我耍了。”

看到他的四分卫如此隆重地现身，格拉夫教练所能做的，只有一个劲地摇头，以示难以置信。

“我们将去大剧院！”查理说道，突然举双手击掌，气氛一下子就活跃起来。

于是，两位来自小镇的体育老师成为了查理·D. 超级杯赛豪华之旅的特别嘉宾，乘飞机呼啸着飞往拉斯维加斯，再飞往贝弗利山，然后前往圣地亚哥的杰克·墨菲体育馆。直到今天，威斯康星大学以及高中的教练们还是常常问肯和哈利是否真有其事：你们的四分卫，他真的为你们做了这一切吗？

从沃基肖南部高中赶来的这群人是这架飞机上最后登机的，嗓门也是最大的，作为一名前叫号队员以及一个大声叫喊以谋生计的人，查理·D.的嗓门盖过了头等舱里的一干人等。他们一登上飞机，笑话就开始源源不断地从4A、E、F的座位上传出来（这两位教练并不是怀旧之辈，他们却很认真地将他们的旅行指南、机票以及超级杯赛的门票收藏在剪贴簿上）。一位身着职业装的男士坐在3E，他把报纸放下来，放在鼻子底下，以便清楚这场“骚乱”是怎么回事，然后枉费心机地重新拾起报纸读了起来。在断断续续地偷听了他们的几句谈话之后，他放弃了继续读报纸的努力。在更多地听他们说笑之后，他也大笑起来，因为这三个家伙的热情实在太过高涨，太富有感染力了。

就在那个时候，一个穿着醒目的蓝色制服、金发碧眼的漂亮空姐走进了头等舱，她的出现使沃基肖来的“旅游团”暂时停止了喧哗，稍稍平静了下来。查理·D.对自己的“同伙”眨了眨眼睛，偷偷地窥探了空中小姐一眼，她正往另一位男士的座位上的储藏柜里塞枕头。

“对不起，打扰您一下，亲爱的夫人，您能不能告诉我，这趟航班上是否有电影呀？”走道里，就在他们身后，一位男士问道。这家伙萌萌的眼神，似乎是在调情，又像是的确很无辜，仿佛一位初次飞往拉斯维加斯的旅客，充满了好奇与热情，真诚地提出了这个幼稚的问题。

在漫长的一整天飞行过后，这位空中小姐太忙碌，也太疲倦了。她看也没看查理·D.一眼，就回答道：“哦，没有，我的确很抱歉，先生，这趟旅行实在是太短了。”

查理·D. 运用了戏剧演员在控制时间方面的一点灵巧的感觉，顿了一顿，然后一个字一个字地又将这个问题重复了一遍，但在问的时候表现出了更加夸张的孩童般的天真，就像戏剧家比尔·默里一样，一切尽在不言中。

“对不起，打扰您一下，这趟航班上是否有电影呀？”

她笑了，直视着这个淘气鬼。

“是的，先生，有倒是有，只是这的确是一部太短的片子，”她一边回答，一边递给他一个枕头，“那就是关于你的生活的故事。”

查理·D. 假装被空中小姐的话刺中了心脏，在这位空中小姐不甚礼貌的开火之下立马就被击毙。两位教练的心一下子沉了下去，他们意识到这位空中小姐并不知道他们的这位四分卫正在与癌症进行着没有硝烟的战斗，她无心说出的这句笑话可能严重伤害到了这位爱开玩笑的学生。但是，查理·D. 又眨了眨眼睛，他仍然将手交叉着放在“受伤”的胸口上。

空中小姐又一次为了服务而返回到这条走道上，交易大厅里的“蒙娜丽莎”再一次打扰了她。

“对不起，小姐，我想要一杯黑俄罗斯。”

“对不起，先生，我们的飞机上没有配置黑俄罗斯所需要的烈酒。”

“好吧，那么，给我来一杯玛格丽塔或者长岛冰茶如何？”

“我们一样也不会做，先生，真对不起。”

查理再次装出失败状，但是，很快又恢复了他那牧羊犬般的坏笑。没有多少人能够完成这套把戏——演员比尔·默里最擅长运用这种纠缠不休的男孩式的迷人劲儿来使敌人就犯，使对手喜欢上自己，但是，查理·D. 能够完成这一套，他是一个负有使命的男人。

“好吧，那么，就来一份可口可乐加一片柠檬吧。为飞机上我所有的朋友们都来上一杯吧，任何时候都行，只要您有空。哦，对了，别忘了给我一杯大点的，比其他人的杯子都大一号……你知道，我得为我们俩以及我的大鼻子多留点地方。你爱我，不是吗？你知道你爱我，谁是你的好朋友？谁是你的好伙伴？”

空中小姐忍不住大笑起来，在这个倒霉的日子里，这个捣蛋鬼飞机乘客终于敲开了这块坚硬的冰。“是的，我爱你。”这个爱说风凉话的流浪汉是谁呀？或许，她可以借此机会开个玩笑，乐上一下。

她与查理进行了直接的目光的接触。

“一会儿我就给您送这些饮料过来，一旦我们飞上天，我就给您送过来。对不起，我们该起飞了。”

整个头等舱——至少亲眼目睹了刚才那有趣的一幕的人们——都忍不住为正在酝酿中的轶事大笑不已。查理·D.也和他们一起大笑起来，取笑的对象正是他自己，甚至是那位空中小姐！她在不知就里的情况下如此直截了当地对他抛出了关于他生命的讽刺与挖苦。这位空中小姐的声音（在查理·D.的教练看来几乎有点热情），从飞机上靠近飞行员驾驶舱的分隔帘后传过来，为乘客们提供飞行前的指导。

“晚上好，女士们，先生们，我的名字叫艾蕾娜·卢斯，欢迎乘坐美国航空公司637次航班飞往拉斯维加斯。今天的飞行驾驶员是丹尼·威廉姆斯机长和第一飞行员乔治·布里南队长。如果您愿意的话，请您从您前面座位上抽取安全说明卡片，并且按照我的安全指导去做。机舱里有四道安全出口，都有指示标志，两道在机翼部分，另外两道分别在机舱的前部和后部，请您找到距离自己最近的安全出口。带小孩出行的乘客，请确保他座位上的安全带系紧了，以保证他的安全。”

“你爱我，不是吗？”“我的确爱你。”

乘客舱里笑爆了，人们的笑声淹没了继续从飞机语音系统里传出来的起飞前的指导。查理装模作样地端着一杯子虚乌有的香槟酒，为他那颇有价值的对手举杯致意，然后向他的教练们敬酒，教练们也装模作样地在空气里碰了碰“酒杯”。时光飞逝，现在剩下的只不过是常规的三个半小时的飞行旅途。

“查克坐在左边，我俩坐右边，”格拉夫教练说道，“因此，我们可以看到查克和帘子后面的空中小姐，简直是热闹非凡，如狂欢一般。一路上，他不停地开玩笑，甚至搞了更多的恶作剧，直到整个机舱都在空中陷入混乱为止。他就是有这种个人魅力，他也能够凭借这种魅力达到目的——那位空中小姐永远都不知道在他的生命中真正发生的事情是什么。那个旅途中，他就像是一个年轻的小伙子，少不更事，飘飘然恍如离地六英尺，他简直要把我们的旅行变成七重天了。”

霍卢布教练提起那场与空中小姐玩的胜人一筹的游戏仍然乐不可支。

“我们在飞机上喝到的最烈的饮料就是可口可乐加橘子汁，但是，查克看起来显然知道如何弄到奢侈的、超标准的饮料。”

美国航空公司 637 次班机于下午 8:30 左右降落在拉斯维加斯机场，跑道终点处的灯光使人们难以看到沙漠。在终点站，查理和教练们将与迈克·哈斯会合。作为一名外接手，他是查理高中时最喜欢的目标。哈斯现在已经是一名理财顾问了，应查理·D.之邀，他从达拉斯赶来加入他们的旅行，他在行李间出口处与他们碰头。一辆蓝色的轿车，由沙漠旅馆提供，正在路边等候着这四位最出乎意料的客人。来自沃基肖的“黑衫队”、1968 年威斯康星郊区大赛冠军，将在前往超级杯赛的路上好好地享受一下上等人的生活。

作为拉斯维加斯挥金如土者的惯例，查理·D. 的四人旅行团住进了据称是已故霍华德·休斯曾经住过的豪华顶层公寓套房，这套 17 层上的套间可以俯瞰沙漠旅馆的游泳池和高尔夫球场。在乘坐轿车绕着灯火辉煌的拉斯维加斯兜了一圈之后，黑衫队进驻了这套豪华套房，他们显然对如此宽敞气派的空间很不适应。

“他们检查了我们的行李，然后将我们带上了那套巨大的套房，”格拉夫教练回忆道，“这套房间有三间卧室，一个起居间，一个餐厅，桌上放着鲜花，我和肯睡的那间卧室的平方英尺数看起来比我家的还要大。任何时候，不论我们去任何地方，沙漠旅馆总是有人随侍我们左右。我的时钟仍然停留在沃基肖，因此，我非常清醒，毫无倦意，静候着发生一点事情。”

那天晚上大约 10 点的时候，这一群人在为他们对赌厅的第一次造访之前点了房内服务。他们从一种名叫巴卡拉特的纸牌游戏开始自我“训练”。这种游戏最初成名，是从摩纳哥的蒙特卡洛的赌客中开始的。玩巴卡拉特牌戏的赌客可以对自己的牌下注，也可以对那些与赌场庄家打对家的人的牌下注。玩家和庄家都被发给两张牌，按照严格的巴卡拉特纸牌游戏规则，可以发第三张牌。谁手中的牌点数加在一起达到 9 点，谁就赢了。若无人达到 9 点，则看谁的点数最接近 9 点，以决定胜负。10 以上的牌全都算 10 分，其他所有的牌都按牌面计分，A 算 1 分。按照查理对队员们所做的简短的解说，总数的最后一位数字决定一手牌的点数值。举例来说，8 加 8 等于 16，于是，这把牌的点数值就是 6。沙漠旅馆作为庄家对所有赢牌者赢得的赌金抽取 5% 的佣金，查理·D. 还与发牌者就只有他俩知道的发第三张牌的时候需要遵守的一些规则达成了共识。

您被弄糊涂了？两位教练也一样。那些常常将许多拉斯维加斯的游客兼赌客们搞得满头雾水的复杂程序，让两位教练苦不堪言。但是，查理·D. 将他的队员重新召回到巴卡拉特牌戏的赌桌前，让他们坐到一排椅子上，又召来一名沙漠旅店的雇员来分派 15000 美元的筹码。在赌桌上，他从他的抽屉里拿出了一副扑克牌，给他的队员们每人分派了一堆扑克筹码，然后一五一十地将游戏规则细致地介绍了一番。他最后的一点说明在赌桌旁的人们听来更加容易理解：我做什么，你们就做什么。

“他走过来，给了我们一堆堆的筹码。他总是叫我们教练，”霍卢布教练说道，“我很快就输掉了许多筹码，因为这场赌局的最小筹码是 100 美元。我只记得对三张牌下注，我不知道自己在赌什么，也不知道别的任何事情。我所记得的只是在玩完那场游戏之后，大约过了一个小时吧，他又招来了一名女侍者，收拾起了这些牌具。我输了，他赢了。在女侍者离开后，他对我们咧开嘴笑了笑，说道：‘现在，教练，我们将要用赌场的钱来玩游戏了。’”

按照格拉夫教练的说法，下一站是恺撒皇宫里的一个房间，“你可以在那里对大屏幕上播放的任何地方举行的体育赛事的结果打赌下注。”查理带他们去了体育赌场，然后又去了恺撒皇宫的其他赌厅，向他们指出了他们可能考虑下注的所有与超级杯赛有关的赌具。毕竟，那一部分的旅程数日后即将开始，他提醒着教练们，一边将一个假想中的橄榄球向光板上扔去。

接下来，这个来自沃基肖的黑衫队回到了沙漠旅馆，他们再一次造访了轮盘赌赌桌，玩起了另一种赌博游戏。在查理·D.为赌注担任“四分卫”的支持下，这个队伍的赌博规模颇为可观，吸引了一帮赌注较小的赌客凑到他们的赌桌边上围观。

“就在那儿，我为他掷了一把色子，而那些色子竟然连桌面都没挨着，”格拉夫教练咯咯笑着说道，“我只记得我敲上了别的什么东西，不是赌桌的桌面，于是所有的色子都四散而飞。查理抓起我的手，将它举了起来，对围观的人们说：‘看看这位老兄，我们的桌上出了个软手腕子。’人们都哄堂大笑。”

在巴卡拉特牌戏、掷色子以及几手黑杰克鸭游戏之后，那天晚上，那一队队员们聚集起了足够多的筹码，足够弥补两位教练的那点花销，甚至还富余好多倍呢。他们直到星期五凌晨才回到了他们的豪华套房，霍卢布教练第一个上床睡觉，其他三人仍然不愿休息，嘻嘻哈哈地坐在那里聊天。格拉夫教练提到沃基肖已经为霍卢布教练安排了一个退休派对，一两个月后即将举行，他希望查克和迈克届时能够参加。

“我们就坐在那儿，追忆着往事，我们都谈论着即将到来的盛筵狂欢，因为我们已经组成了这个团体。查理说：‘好吧，你们打算弄点什么来作为他的退休礼物呢？’我说，我们打算召集他所有的以前的运动员一起出谋划策，献计献利，看看能不能为他的退休买一辆野营车。我告诉他，我知道那正是霍卢布教练需要的，因为我已经陪同他和他的儿子转悠了好几趟寻找这么一辆车了。查理只说了一句：‘无论你们凑的钱少了多少，都由我一个人补上。’我当时并不确定，他这么说是不是认真的，抑或只是一句玩笑话。”

队员们那晚草草睡了一觉，星期五一大早又匆匆起床。查理是第一个起床的，他早已经设计好了这一天的活动安排。他的伙伴们一大早起来，在偌大的套房里，谁也不知道该做些什么，他建议教练们给他们的妻子和孩子们打打电话。他知道格拉夫教练喜欢打高尔夫，他提出为格拉夫买上一套新的高尔夫球具。在冲了热水澡，吃了一顿迟到的早餐之后，他给了他的每位队员两个粉红色的沙漠旅馆的筹码，总共价值 1000 美元。

“查理，”格拉夫教练开玩笑道，他的脸上一脸惊恐的表情，“我甚至还没有用完你昨晚给我的那些筹码呢！”

星期五夜里，查理的钱继续以各种方式在每个人的口袋里烧出一个又一个大窟窿。那天晚上，查理带领他的队伍去看世界闻名的魔术大师斯格弗里德和罗伊的表演，1988 年的时候，他们经常在边缘旅馆表演节目。自从将他们在大帐篷里的表演带进“海市蜃楼厅”以来，这对搭档凭借他们精彩的“白虎失踪”节目吸引了无数的掌声，观众们都怀疑这变戏法的咒语与现实之间是否存在什么界限。查理·D. 也使得他们对这同一个界限的存在提出了疑问，但是，这正是拉斯维加斯这一特殊地带的生活方式。那天晚上，克里斯托尔·盖尔在沙漠旅馆的水晶厅出现了，于是黑衫队跑去听她的演唱，这成了他们那天的中心活动。

这个队伍在观看完各种表演之后玩了一会儿基诺以做娱乐与放松之用，那是你在任何一个地方的赌博大厅里都能够玩的唯一一种游戏。在黑衫队的四分卫进行了前半段令人头晕目眩的旋风式的表演之后，队员们总算可以借这个机会重新组织、集中一下，他们还可以借这段时间来好好地在拉斯维加斯玩一玩那些能够提供最好的运气的游戏。要玩基诺，所有的队员们要做的——他们有可能赢得 50000 美元——就是从 1 到 80 的数字中挑出一些数字组成各种组合，并且有不同的价格金额。挑出 6 个匹配的数字，1 个美元的票券要付 18 美元；挑出 7 个匹配的数字，1 美元票券要支付 130 美元；挑出 8 个匹配的数字，1 个美元票券要支付 960 美元；挑出 9 个匹配的数字，1 个美元票券要支付 3800 美元。每隔几分钟，就会有一名基诺管理员跑过来帮这群队员们重新开局，这帮豪阔的赌客要的饮料仍然是可口可乐或者橘子汁。

这帮队员们要了一圈饮料，坐在一张靠边的桌子上。在那里，他们可以玩基诺游戏，还可以谈论高中橄榄球赛的往事，谈论退休，谈论孩子以及工作。只有在另一轮基诺赌局开始的时候，他们的谈论才偶尔被打断。在玩这些游戏的过程中，霍卢布教练注意到查理把一枚 100 美元的筹码当作小费塞给了一位女招待，一边给钱一边礼貌地说了一声谢谢。用霍卢布教练的话说，“在几乎吓了一大跳之后”，这位女招待惊讶得差点让筹码从盘子上滚了下去。

“我不能从你这儿拿走这个，先生。”她说道。

“不，没关系，它是你的，”查理说道，“带你男朋友出去玩上一玩，好好地度过一段美好的时光吧。好好享受它，真的。”

这一干人等又玩了好几盘掷骰子以及几把黑杰克，这或许是每一个黑衫队队员都有信心独立去玩的唯一的一种赌博游戏。在去掷色子的路上，这群家伙偷窥了一眼美女，他们还看到了站在远处的查理 · D. 的一些朋友，他们之中有些人也是芝加哥期货交易所的交易员或者是他在拉斯维加斯的熟人。在别人还没有反应过来以前，查理 · D. 已经倒在地板上了，看上去像是心脏病猝发送到医院时已经死去的样子，眼睛一直那么大大地睁着。赌场里围观了这出闹剧的人们哄堂大笑起来，除了一位年纪稍长的妇女，她放弃了自己的吃角子老虎机（这种机器在拉斯维加斯并不多见）跑过来帮助查理 · D.。

“年轻人，你还好吧？”她问道，显然，她非常关心他的健康状况。

“是的，我很好，夫人，” 查理·D. 说道，边说边睁开了自己的眼睛，从死亡的边缘活了过来，“我只是在这里躺一躺，放松一下而已，我想看看那位女士的裙子。”

老祖母看了一眼远处的那位身穿红裙的女士，她正在投色子的桌旁，她和查理·D. 都为能够在拉斯维加斯看到罕见的鸟儿而大声欢呼。

随着他的那堆筹码开始缩水，查理那晚的运气也开始变坏了。黑衫队和随侍的发牌员都变得非常紧张，在一场势均力敌的橄榄球比赛中常常出现这样的情况。在没有任何警告的情况下，查理·D. 突然自发地将他的赌注增加到 1000 美元，这可是一张 5 美元一注的赌桌呀。他的这个举动把教练们吓了一跳，没有人特别清楚在这一系列混乱之下应当如何理解这种显而易见可以听到的要求。

“对不起，先生，我没法接受这样巨大的赌注。” 发牌员一边说，一边招手请来了一位场内的主管。

“您为什么不能接受这样的赌注呢？” 查理很有礼貌地问道。

“这里出什么问题了吗？” 场内主管问。发牌员和场内主管在桌子后面小声地私下讨论了一会儿，在谈话的过程中，场内主管不停地拿眼睛打量着查理。

“查理先生想下 1000 美金的赌注。” 场内主管说道，他为查理取消了这一桌的赌注限制，“那么，他尽管下注好了。”

查理·D. 那一把牌拿了 16 点，大获全胜，就像他有时候也会输得很惨一样。不过，在他那适时可以听到的加码要求之后，并没有出现赌徒式的手舞足蹈和情绪上的变化。他给了发牌员一个 100 美元的筹码作为小费就离开了，他的那堆筹码又比原来高了一小截，每个人都玩得很愉快。查理打了一个电话，将他们原定第二天早上的飞行推迟到了中午，而不是上午 9:30。那一晚，为了准备星期六飞往洛杉矶，黑衫队把口袋里所有的钱都倒在了霍华德·休斯套房的大桌子上。这以前，他们最后一次痛快地豪赌了一晚，赢了不少钱。

“查理，这是你的钱，又赚回来了，”格拉夫教练代表着一队人马说道，“谢谢你为我们带来的所有这些乐趣。”

“不，这些钱是你们自己赢回来的，”查理说，“明天赌超级杯赛的时候还用得着呢，好好收起这些钱吧。”

沙漠旅馆里成功的两天为查理带来的战利品是大约 38000 美元，霍卢布教练赢了 2800 美元，格拉夫赢了 2300 美元，而迈克·哈斯离开拉斯维加斯的时候带着 1000 美元战利品，众人各有斩获。“我们一共有大约 45000 美元，”格拉夫教练估计道。

这帮家伙在接他们去机场的轿车前面合影留念之后，他们旅行的脚步加快了。查理跳到前排座位上，并且指导着驾驶员在前往机场之前先在巴巴里（Barbary）海滩停一下，并且预付了他 100 美元的小费。机器运转着，黑衫队向巴巴里的赌博区冲击。查理解释说，这个地方的超级杯赛赌博的种类比恺撒皇宫或者巴里（Bally）的要更加带劲。他代表着全体队员对所有的漏球总数和截击总数下注，还有另一个在所有的黑衫队员看来彩头甚好的赌注，那就是——道格·威廉姆斯这位第一次冲进超级杯赛的头号黑人四分卫是否会攻进一球呢？为什么不呢？查理想道。这是他最喜欢的一项运动。

“我们都觉得一旦他接近目标线，他就可能努力超越橄榄球禁区线，”霍卢布教练说道，“查克过去常常自己玩这种游戏。我们也觉得这将是一场艾尔维和威廉姆斯之间的飞行表演，因此我们认为这场比赛的截击一定至少有 4 次以上。查克也按照我们的结论代表大家在那个问题上下了赌注，又对华盛顿（队）将以大比分赢得这次比赛项目押了赌注。”

超级杯赛之旅的下半段以一次平稳穿越洛杉矶迷雾的飞行开始，此前，他们还穿越了一系列山脉，这些山将内华达州与加利福尼亚州分割开来。周末的时候，雾只略微加大了一点儿。在着陆的时候，查理·D. 提出来要帮助他后面的一位上了年纪的公民下飞机。他一边走一边抓住了她的女用小提包，一把将它扔到了自己的肩膀后面。在乘客过道之外，他捏了捏这位女士的手，说了声“再见”，然后，开始自己拿着女士的小包开溜了。

“年轻人，我的手袋！”

我？带着这个手袋逃之夭夭？他假装尴尬万分，回头看着那位女士，向她道歉，除了他的队友们别人谁也不知道他仍然在搞笑使坏，即使在飞机上，即使对方是一位年迈的老妇，不论何种场合，只要有机会，他就会找乐搞笑。这位女士后来发现查理·D. 在她的手袋里放进了一些钱，而不是拿走了一分一毫。

查理·D. 租用了一辆白色的凯迪拉克，将他的队伍驱车载到了下一个落脚地——比尔特莫旅馆。在车上，霍卢布教练对周围熟悉且更为宁静的环境十分喜爱。作为海军的一名服务人员，他曾经被派驻洛杉矶。霍卢布告诉他的朋友们在驱车前往比尔特莫旅馆的路上，他期盼着顺道拜访一下潘兴导弹公园，重温一下公园里美丽的棕榈树、瀑布以及喷泉。查理·D. 则企盼着尽快赶往比尔特莫旅馆，那是他以前从来没有去过的地方。“我的助手苏西告诉我，就连我也没有住过那么好的地方，”他一边开车一边说道，“她说那里的房间里甚至有管理酒类的男佣照料我们。”

“我们在这条道路的拐角处兜圈子，”霍卢布教练回忆道，“这里就是那个巨大的黄铜标志：潘兴导弹公园。我当时简直不敢相信自己的眼睛，这里压根儿没有一根绿草，挤满了无家可归的人们。他们在公园里四处游荡，到处睡卧。当我在军中服务的时候，这里曾经是一个位于洛杉矶商业区里的美丽的公园，那时的公园里有塑像，有鲜花苗圃。”霍卢布先生半晌无言，只是不自觉地冒出了一句：“上帝啊。”

如果潘兴导弹公园被证明是一个不好的征兆的话，比尔特莫的大厅对查理来说就同样地令人失望了。整个休息室里都铺满了塑料椅套，整个旅馆看上去好像正在做建筑维修。“可怜的侍者不停地说着：‘我们没法照料你们。’”格拉夫教练说道，“但是，大约就在那个时候，我听到查理说道：‘这真是可恨至极！我们走吧，把我们的行李拿回车上去。’”

查理显然对前往超级杯赛的旅途中发生这样的令人不快的小插曲感到尴尬不已，他很不高兴。他给贝弗利山的 20 世纪广场大厦打了个电话，那座大厦就在 20 世纪广场对面。他的客人们站在原地，丈二和尚摸不着头脑。虽然这座旅馆正在装修，但他们却并不像他那样对旅馆如此不悦。毕竟，这些与他们以往所熟悉的生活更加接近一点。查理拿起了大厅里的公用电话。

“你们有两个空房间可供周六和周日住吗？请帮我们登记一下吧。我们需要房间供两对父子使用。什么？就用 A、B、C 和 D 登记吧，我们马上就到。”

在那个时候，要住进 20 世纪广场大厦——那可是总统和好莱坞巨星们待的地方啊——这种命运在沃基肖的黑衫队看来却并不是那么诱人，但是，查理 · D. 仍然驾驶着那辆白色的凯迪拉克前往了这家旅馆。那家旅馆，用格拉夫教练的话来说，“是如此浮夸而傲慢，以至于我们觉得自己比在拉斯维加斯的时候更加落魄寒酸，更像是落汤鸡。”在登记柜台，旅馆服务员暗示他们只能得到一间房间，前提是如果一位客人没有很快赶到的话。没有人听到他们说了些什么，但是，几分钟之后，来自拉斯维加斯的挥金如土的豪客便已经安然下榻了。他们在一个设有保险柜的安全室里住了下来，并且把他们这几天“淘”到的黄金放入了这个专为珠宝及其他贵重物品而设置的保险柜里。

20 世纪广场大厦 15 层楼上的房间可以鸟瞰 20 世纪摄影棚。两位教练共住一个卧室，而查理·D. 宣称自己将要斜躺在躺椅的正上方，据他说那个位置让他感觉更加舒服，迈克·哈斯占用了另一个卧室。不过，正当他们打开行李准备休息的时候，大水从他们洗澡间的天花板上漏了下来。查理给旅馆接待处打了电话，要求他们派人上来维修。这件事情又一次惹他不快了，接下来，他给他的妻子打了一个电话。

“旅馆经理跑到我们的房间里来了解事故的情况，”格拉夫教练说道，“她是一位长得很好看的女士，但是，她也有一点过于丰满。尽管里面一团糟，查理仍然一个劲儿地与他的妻子安煲‘电话粥’，大谈特谈我们的比尔特莫之旅是如何以这个地方作为终点站的。他对她说：‘哦，安，他们刚才派来了一个妓女以补偿我们所受到的这一切水灾之苦。因此，我们要去冲澡了。’于是，洗澡间里的女经理听到了这一番话，她说出了整个旅途上最有趣的一句俏皮话。她从洗澡间里探出头来，说道：‘你的意思是说我将要和你们四个人一块儿干，是吗？’那句妙语之后，这个澡堂子立刻成了众人争夺之地，我们谈的事情纠缠在一起了，每一样东西都漂了起来。直到今天，我仍然敢打赌从来没有两位高中教练受到过如此之好的款待，就像我们在那次旅途中享受到的那样。”

那天晚上，查理命令一辆林肯欧陆豪华轿车载着他们一干人等绕着日落大道兜了一圈。他带着教练们去看好莱坞和葡萄园，后来又去看了贝弗利山上的拉·斯加拉饭店。用餐完毕后，查理又指示着轿车司机把原来安排的返程时间推迟一个小时，以便他可以和他的队伍多叙叙旧。

"当这辆轿车，返回来接我们时，"格拉夫教练开玩笑道，"所有围观的追星族们全都拥上来，想看看到底是谁将要跳上这样一辆豪华轿车。于是，他们等候的对象走出了大门：两位高中教练和两位前球员，A、B、C、D 先生。"

第二天，查理·D. 的白色凯迪拉克于上午 10:00 驶出了 20 世纪广场大厦去看下午 4:00 的一场比赛。查理将这辆车设置在 80 千米 / 小时的经济巡航速度上，以便教练们有机会进入超级杯赛的 VIP 座位区。查理在威尔梅特的邻居 J.B. 多弗提当时是巴克斯特国际的一名高级管理人员，承蒙他的帮助，查理从多弗提处搜罗到了 4 张巴克斯特医院的袖套。他把这些带有医院标志的袖套递给了教练们。"给你戴上你自己的袖套，查理，" J.B. 多弗提说道，"我知道你会把其中之一戴在你自己身上的。"

格拉夫教练怀疑超级杯赛 VIP 贵宾们的帐篷是否会像拉斯维加斯和贝弗利山的豪华旅馆那样气派。

"于是，我们和肯最喜欢的一位来自达拉斯牛仔队的教练汤姆·兰德里一道走进了 VIP 贵宾区。我们走过他身边，接着是汉克·斯特拉姆，堪萨斯城领袖队的传奇教练。我们走进了米勒·莱特的帐篷，因为霍卢布教练认识另一位前学生运动员兰迪·马丁，他就在这届比赛的队伍里，他在为米勒·布鲁因工作。我们与前奥克兰大的主攻手本·戴维逊谈了半个小时的橄榄球，那是一个硬汉子式的线上球员，他正在做莱特所有的第一流的商业广告，我们畅谈着橄榄球的天堂。”

在几杯莱特啤酒下肚之后，这队人马在VIP贵宾区拍了一通快照，就连查理·D. 也忍不住从米勒手里接过了一杯莱特啤酒以拍照留念，拍照的地点就在一张22届超级杯赛的旗帜前面。接下来，他们在体育馆里较低的区位上找到了自己的座位。体育馆里坐了73302名球迷，绕着30码的边线。在座的还有堪萨斯皇家垒球队的主人卡夫曼一家，NBC的温布尔登网球公开赛评论员巴德·科林斯。在他们还没有反应过来的时候，每一件食物都感觉很好吃，看起来却不那么饱肚了。比赛开始以前，鲍勃·侯普和戴着白顶高帽的、有着修长美脚的城市音乐殿堂摇滚广播节目的啦啦队员们一道表演了场上娱乐节目。当国歌奏响的时候，F-16战斗机在体育馆上空飞翔，红皮肤队和布伦柯队冲上了场地开始开球，而黑衫队就在布伦柯队的边线后边。

对于任何一个橄榄球迷来说，这都是一场梦寐以求的比赛。尽管超级杯赛历史上从来不是势均力敌的比赛，但是，丹佛队迅速领先风格浓郁、颇有特色的华盛顿红皮肤队达10分之多，着实使得这场比赛变得非常精彩有趣。艾尔维突然把球给了里奇·纳提尔，这一出乎意料之举引起了华盛顿红皮肤队的防守反击。在丹佛队的第二次击球之下，艾尔维指引着他的队伍杀向球门区，丹佛队得了10分，而华盛顿队的防守队员好像还在场上睡大觉呢。

在第二个四分之一赛段之中，华盛顿红皮肤队恢复了生机与活力，仅仅18次进攻之中就有5次破门得分，包括两个50余码的传球，由道格·威廉姆斯传给里奇·桑德斯，破门得分，要知道，道格和里奇可是号称“蓝精灵”的防守组合呀。每次破门得分之后，高兴得了不得的黑衫队员们都跳了起来，活像是四个火枪手一般，在后半区里做着一劳永逸的击掌致意。整个比赛过程中，黑衫队员们一道说呀说呀，走呀走呀，投入得了不得。

在红皮肤队以 42：10 获胜时，超级杯赛的许多项纪录都被打破了。威廉姆斯，球队的第一位黑人四分卫及最优秀的选手，将球扔出了 340 码，打破了乔·蒙大拿在第 19 届超级杯赛上创造的 331 码的纪录。一位名叫梯米·史密斯的红皮肤队的新队员，入伍尚不到一年，名不见经传，竟然带队冲锋达 204 码的距离，打破了前入侵者队的马科斯·艾伦在第 18 届超级杯赛上创造的 191 码的纪录。史密斯以令人眩目的 58 码迅疾冲刺杀向敌人的后防线，进球得分，他还在 4 码以外为红皮肤队攻进了最后一个球。华盛顿队的 5 次底线得分以及 602 码的总距离又成为了超级杯赛上的新纪录。在那一点上，黑衫队下的所有的赌注全都泡了汤，尽管查理·D. 和教练们在总拦截的次数上以及比赛的最后结果上猜想成真。

“有那么多东西可供下注，”霍卢布教练说道，这时距离华盛顿红皮肤队在不到 10 年的时间里，第三次赢得超级杯赛的冠军已经过去 7 年了，“我没法说我们到底做得怎样，我只知道我们押对了拦截球的数量，也赌对了华盛顿队会赢。我们也赌了道格·威廉姆斯是第一个得分的黑人四分卫，那样的话，我们将赢得 20000 美元的奖金。我们认为他只要有机会就会越过禁区四分卫的防守，破门得分，因此，我们也在他身上下了注。”

这场比赛以超级杯赛的纪念品和查理·D. 与另一位超级杯赛纪念品投机商进行的传奇式交易作为结束。格拉夫教练花 5100 美元买下了 6 顶超级杯赛的帽子、3 件超级杯赛的汗衫、50 个超级杯赛的钥匙链，以及其他众多标有红皮肤队和布伦柯队标志性语句的纪念品，他甚至记不住自己还买了些什么。在整个选购的过程中，查理一直怂恿他买更多、更好，品种风格更多样的纪念品。

“我在沃基肖管理着50多名教师，还有我的妻子和孩子们，”格拉夫说道，“真是很麻烦呀！我把5张100美元的钞票放在柜台上，开始采购，查理笑得如此卖力，以至于他对VIP贵宾区大声叫道：‘看看这家伙，这家伙要创造一项购买超级杯赛纪念品的纪录了。’他就爱这样。”

查理还拿这些纪念品找乐儿。一位超级杯赛东道主，戴着一顶天蓝色的传统的超级杯赛的帽子以及一支作为纪念品的钢笔。他正在与他的妻子告别，这时候，黑衫队差点把他洗劫一空。查理出价100美元要买走这位惊恐万状的男士头顶上的帽子。他打算把这顶帽子作为送给霍卢布教练的礼物。当这个男士拒绝了他的要求时，查理报出了更高的买价，120美元、140美元、160美元、180美元。随着他的报价越抬越高，这个男士的妻子捅了捅他的胳膊肘，暗示他不要犯傻气，拒绝这么诱人的买卖。最后，这位男士的帽子和钢笔以200美元的价格出让给了查理，并且按照查理的意愿，将那顶帽子戴到了霍卢布的脑袋上。

接下来，查理开始标价争购那位夫人的帽子，“查理，我不需要帽子，”格拉夫教练开玩笑道，“我已经买下了差不多半个帐篷的纪念品。”

黑衫队离开了，一边走一谈论着比赛的策略，还事后诸葛亮地批评着艾尔维和丹·里佛斯教练。格拉夫教练说道：“我们总是花大量时间对每个人进行事后的研判。”

这一晚以一顿丰盛的晚餐作为结束，地点在洛杉矶的玛丽娜·德尔·雷伊，那里可以看到海洋的全景，风景非常优美。四位高中橄榄球“瘾君子”们享受着彼此的陪伴，他们的谈话很有节奏与韵律地展开，就像海上的波浪一样，而不像霍卢布教练现在与我的交谈一样节奏舒缓。他，格拉夫教练和我已经谈论了好几个小时关于他的四分卫的往事。

“我们总是让这位四分卫球员自我发挥，主动出击，组织比赛，”霍卢布教练说道，“如果我看到空隙的话，我会不时地传递些信息，但是，在绝大多数情况下，查理都会自己张罗着找机会进球的。当我还是个四分卫球员的时候，我的教练也让我组织比赛，因此，我对我带过的所有的队伍都如法炮制。那时的橄榄球运动员并不是机器人，不像现在这样。或许，查克最伟大的比赛是与西艾利斯中央（斗牛犬）队踢的那场比赛，正是那场球赛为我们确立了冠军的位置。他们出现了一个失误，于是我们打成了平局。不论是哪个队，只要赢得了那场比赛，就可能成为郊区联赛的冠军。”

“那一年，西艾利斯队的防守线比绝大多数大学校队的防线都更强大，他们有一两个家伙体重大约 240 ~ 280 磅。但是，如果你打算构造一个团队核心的话，那个人就是查克。他很自信，他在边线上的时候，比我对他自己更加有信心。在那里，他就像是一名教练，总是有一两个动作领先于其他任何人。他是一位名副其实的起着领头羊作用的四分卫，他总是知道自己应该把球作何处理。”

查理的高尔夫竞争意识不输泰格·伍兹

查理与约翰尼·穆索

超级杯赛的惊喜

第八章　地球战栗

1968 年 10 月 25 日，星期五，一个凉爽的秋夜，在一片葱绿色的、刚刚用白垩处理过的家庭绿地上，沃基肖来的黑衫队的整个赛季快要结束了。他们首先要回到自己在 17 层的住处，4:32 离开去打第四个四分之一时段，因为此前他们与西艾利斯中央斗牛犬队的分数咬成了 14 比 14。接下来的比赛将要决定威斯康星州第 16 届郊区联合冠军赛的最后结果，这还会决定查克 · 狄弗兰西斯卡对他的高中橄榄球教练肯 · 霍卢布（查理的恩师，如父亲一般的人）做出的承诺是否能够兑现。当他从父亲温斯那里听说霍卢布教练正在考虑是否接受一所大学首席教练的职位时，查克恳求霍卢布教练留下来继续指导他和他的队伍踢完高中的最后一年。查克向他许诺说如果他留下来的话，他们这个队伍将会使这一年成为不同寻常的一年。霍卢布告诉查克，这是一个艰难的决定，他需要时间来好好考虑一下。几天后，霍卢布告诉查理，他决定留下。查克永远也不会忘记霍卢布教练做出的牺牲，因此，那天下午他为那场与西艾利斯中央队的较量做好了充分的准备，留在校队当教练恰恰提高了霍卢布教练的名望与声誉。

在沃基肖的生活对霍卢布和查克来说都是十分美好而精彩的，但是当时却并不是如此。自从出征以来，身着银色“盔甲”

的黑衫队还没有在一次主动进攻中冲破底线得分的。身着暗红色和黄色球衣的西艾利斯斗牛犬队的队员们人高马大，在比赛的过程中似乎是在磨时间以消耗对手的体力。最后的两个半四分之一赛段进行得并不顺利，但是81000多名沃基肖队的球迷们却急得如热锅上的蚂蚁一般，他们犹如火炉上烤着的爆玉米花一般激动得蹦来跳去。高中校园，尤其是橄榄球场地，是住房开发区的核心。最近的10年之中，这个地区的房屋如多姿多彩的蒲公英一般破土而出，鳞次栉比，支持着新一代的中西部人口，为他们提供着容身之所，而位于它们中央的灯光笼罩下的这片场地本身就是孩子们及其家长们关注的焦点，向南望去可以看见农场的田野，南边500米处一家铜铝铸造车间的烟囱里冒着缕缕轻烟。

围绕在查克·狄弗兰西斯卡周围的黑衫队，是自1963年开始就在他身边鼓捣橄榄球的一群小伙子，他们很松散，但却执着于踢球，反复锤炼，动作简练明快。那一年，他的父亲温斯成为了沃基肖卡洛尔学院的运动指导和主教练，而查克也开始了在这群队员中担任四分卫的生涯。在查克所在的位于东罗伯特大街的高中大门的街对面，父亲温斯盖了一座舒适但却并不张扬的四套卧室的房子。他的3个孩子——查克、珍妮特和约翰——正在进入生命中的发育末期。

如果不走弯路而是抄捷径的话，查理只要一分钟就可以从家里走到球场。包括查克在内的一群伙伴们非常亲密，正如他们的诨名所暗示的那样，他们都有绰号——像“子弹”“铲犁”“青蛙”“小鞋”“罗纳德·麦克唐纳德”“索德·巴斯特”“熊”和“裸奔者”。坐在边线外边，带着伤病的人，是查克最喜欢的边锋目标——迈克·哈斯，他穿着85号球衣。哈斯在自己的手上喷了固定剂，以便使手指具有黏性，在场上加强控制球的能力，查克称他为“蘑菇”。在这场比赛的头一个四分之一时段中，他就踝关节骨折，被迫下场了。查克先前曾经向他投掷了一个41码的球，以建立起自己在左半场的防卫，后来沃基肖队的第一次底线得分还要归功于他在后半场的一些出色表现，弄伤哈斯的是42号球员加里·科奇——他是队里的跑动接球后卫，每个人都称他为“子弹”。

查克的绰号是“狄”、“狄弗兰”或者被直呼“查克”，除了在他成功地率领队员夺取胜利的情况下。他们有时候会用一种情绪矛盾的诨名来称呼他——“温斯之子”——这个绰号有一种橄榄球皇室的风范，如果在沃基肖有“橄榄球皇帝”这种事物的话。查克不知道应当如何去想这个绰号，但是，谁又能够用别的什么方法去称呼一位教练的儿子呢？况且他深深地为自己的父亲感到骄傲，正如父亲为有他这样的儿子感到无比自豪一样。

当他在大学里打球的时候，他偶尔会希望拥有更多的私人事务以及更加多姿多彩的生活。在校车上，他只是耸耸肩，微笑着，他友好地和坐在最近的座位上的队友们击了击掌。他旁边的队友们包括好哥们科克·德尔泽——一个紧急情况下的后备队员。查克总是喜欢在四分卫成功突破底线进球得分或者在四分卫主动出击得分，在与海滩森林队的比赛中，他就是靠这两招克敌制胜的——在争分夺秒的一个9码跑中，他顺利得分。在整场比赛中，他凭借着干净利落的四分卫主动出击和140码的传球，领导着队员们取得了胜利。在他成功地在底线破门得分之后，查克将球笔直地抛向空中，就像一个瓶式火箭一样，他借这个动作来庆祝自己的队伍战胜了大个子对手所取得的成功。霍卢布教练和他的父亲除了说队伍胜利了以外，都说不出更多的话来。

但是，现在的这场比赛稍稍不同于在这个赛季初期全队与海滩森林队这样的对手的比赛。在这场球赛里，查克早就已经被对方的两位前锋盯上了，那两个人名叫马维·沃特斯和大卫·斯坦利。斯坦利体重约240磅，在两边都很积极，颇有杀伤力；沃特斯体重高达260磅，体壮如牛。这两个庞然大物跑动起来却并不迟钝，不论什么时候，只要斗牛犬队需要得分或者组织第一次进攻，沃特斯总是能够在近距离的位置封住对方，他也以此闻名。这"两艘巡逻艇"在后场与查克有过几次身体的接触，并且在查克突破重围冲向前场或者杀向边线的时候，他俩只要有机会就会用身体阻挠他或者夹击他。在这一点上，查克被他俩给封锁了。但是，从人群中望过去，他的队友们却从来不知道他所处的困境，尽管查克是带着手伤参加这场比赛的——这周早些时候，他的手在练习时被另一位球员的头盔砸伤了——他仍然紧盯着每一位队友的眼睛，用眼中燃烧的火花鼓舞他们的士气，告诉他们现在是最好的得分机会。比赛以前，这些队员们背着黑衫队教练们召开了一次秘密会议，正是为了提醒他们自己赢得这场比赛对霍卢布教练以及他们意味着什么。他的母亲注意到，查克在那天的早餐桌上摆出一副比赛中才见的坚定面孔，比平时提前数个小时就进入了状态。

斗牛犬队的粗壮有力也让查克的队友吃了不少苦头，但是，查克那坚毅的面孔从来没有丝毫改变，就连他的男中音也没有改变固有的习惯。当有机会大举进攻时，他那标志性的男中音就会在人群中响起，嗓门也比往常更加响亮，黑衫队全身心地投入到这场比赛之中。黑衫队的乐队正在表演他们自创的击掌版的新奥尔良经典爵士乐曲《当圣徒们踏步走进时》，只不过他们用"衫衬"代替了"圣徒"。黑衫队的乐队和啦啦队员们情绪激昂，有节奏的摇来晃去。但是，查克的声音使队员们集中了注意力。除了查克呼唤队友进攻和突击的声音以外，他们充耳不闻，全神贯注。

在17码的边线上，查克有足够多的时间做好准备，利用竞争给他带来的任何一个机会，即使每次的码数都只有很小的增加。他在人群中组织着进攻，2 分，人们一片掌声。42 号球员加里·科奇从夹缝中进行还击，争取到了一个艰难的 2 码。他开了另一个球，1 分，人们一片掌声。10 号球员查克·狄弗兰西斯卡从场地中央的左翼削出一球，又奔出 7 码，在他机警地将球抢回之前，在一堆人落到他身上之前，他曾在某个瞬间失去了这个球。时钟在飞快地转动，这场比赛只剩下 4 分钟了。查克单膝着地，召集了另一次进攻。开球，又是一片掌声。22 号球员凯利·希尔默在“学生集体”左边的角落里转身，又向 31 号奔出了 5 码。第一次进攻，斗牛犬队的前 4 次进攻都功亏一篑，他们准备把球从任何一位发球的运动员手中硬抢过来。查克负责开球，他一直努力在跑动中发球。蒂姆·戈拉尔斯基在边线上，作为场上从规定地点踢反弹球或定位球的高手，蒂姆在这个赛季中只出现过一次失误。黑衫队的教练看上去对攻击斗牛犬队的行动颇为满意，从开始的情况判断，霍卢布教练和查克都很清楚他们应当怎么做以便使队伍进入点球区。

在黑衫队 31 号第一次进攻得手之后，黑衫队高兴得鼓起掌来，他们散开了一下，稍事休息。科奇替下了受伤的哈斯，这个决策甚是英明，每个人都希望在下一次出击中扫去头顶上一切的乌云晦气。但是，查克的直觉告诉他戈拉尔斯基将会被迫转向一条相当长的路线，如果黑衫队能够在剩下的时间里一直控制这个球的话。他的队伍体力消耗太大，已经没油了，而戈拉尔斯基的好运气在强大的压力之下也可能发生变化。霍卢布也很担心，他焦急地转动着手里的铅笔和写字板。查克发的那一球让斗牛犬队的队员们大吃一惊：他搓了搓一双手掌，推开了人群，2 分，又是掌声一片。

查克陷入了重重包围之中，他向右边微微滚动了一下，他的前进路线被体壮如牛的斗牛犬队队员堵住了，他等待着接应他的队友助他突围。在他再次拍球之后，他的胳膊和身体猛然释放出巨大的能量，他奋力一掷，就在他的身体重量转移到前脚之后，眨眼之间，对方的两位防守队员直撞向地，把他撞倒在地，摔了个嘴啃泥。球扔出去之后，受到的惩罚并没有影响到他这一掷的力度，看台上的狄弗兰西斯卡教练和中场的霍卢布教练只能干站着，眼看着一个传球飞过——查克甚至没有看到这个球是怎么飞走的。这个球飞进了“子弹”的面包篮，“子弹”抢在对方队员前面在场上迅速移动，做了一连串漂亮动作。这一记传球传出了38码之遥，科奇被斗牛犬队的36号队员伸出来的手臂封锁得严严实实。这个传球是如此完美，看上去好像球自己一头栽在科奇的运动衣上，以至于对方的防守队员根本就没有机会进行补救。观众席上的球迷们突然倒向了查克他们一边，球迷们激动着，尖叫着，鼓着掌。查克小跑着进入前场，沃基肖的飓风尽收眼底。当他一颠一颠地走向后场时，他倾听着观众们的欢呼声，这热情的呼唤使他忘掉了伤痛。黑衫队继续踏步向前。

时钟停了下来。还有3分钟多一点儿比赛就要结束了。在这个传球结束的时候，黑衫队收到了一个小“面罩”作为惩罚。黑衫队把球打到了斗牛犬队31号队员的身上。在接下来的一系列动作中，查克使出浑身解数侥幸绕过了守在他左边的四分卫，几乎回到了并列争球线上。幸运的是，作为斗牛犬队队员犯规的惩罚，查克选则了5码，另一位防守查克的队员赢得了另外2码，留下了$3^1/_3$码。凯利·希尔默精力旺盛地又发起了3次进攻，消磨时间，让球始终在斗牛犬队的20号到21号之间立着。裁判员判定，第一次进攻。场地中央的另外一两次跑动使戈拉尔斯基成为了潜在的尝试点球的最佳人选，但是，斗牛犬队仍然有很多时间，他们也有足够多的时间得分。

查克又一次开球。这次，在他右边又有一个防守队员在阻止对方阵线的进攻。那是一个受了伤的二年级捕手，右踝部大面积扭伤，他名叫鲍勃·凯斯，24 号。一旦球被抓住，鲍勃就会以一种向下斜冲的姿势冲向右边的目标线上的旗帜。凯斯招引着对方的防守队员，从而使他有 3 步清爽的空间——无人阻挡。查克如幽灵一般轻巧地漂过来，大步奔跑中碰了凯斯一下。凯斯跌跌撞撞地走完了最后 5 码，进入了后防区。他忍着疼痛蹦跳着，在一个记分牌的木质柱子后面，他不动声色地扔下了这个球。底线得分，比赛还剩下 1 分 33 秒。凯斯的踝骨差不多像哈斯的一样脆弱，伤痕累累，他的队友把他架到边线上。黑衫队听到观众台上响亮而清晰的雷鸣般的叫嚷声，额外的一分迫使斗牛犬队继续拼搏，追赶黑衫队。戈拉尔斯基粉碎了他们的企图。当查克在比赛结束后走下球场的时候，他浑身上下洋溢着一种自信，这种感觉他从来没有忘记过，直到多年以后，他早已不打橄榄球之时，这一幕仍历历在目。他兑现了自己对霍卢布教练的承诺，他深深地感激霍卢布教练。教练对他组织进攻的能力颇有的信心，就连狄弗兰西斯卡教练也不知道如何评论儿子在这场比赛最后的紧急关头表现出的惊人勇气，这一切不言自明。

在那场比赛结束之后，查克作为一名橄榄球运动员的生涯又继续了若干年。他在那个赛季比赛中的出色表现，为他赢得了该队最佳球员的荣誉，还赢得了全州范围内的优秀橄榄球球员的选举，以及由一家橄榄球杂志（读者群体为教练员、球迷）颁发的全美高中优秀橄榄球运动员的奖项。威斯康星州首席教练约翰·科塔为查克提供了一份全额奖学金，以便他能够参加威斯康星的十大联赛，与他一道的还有从全州选拔出来的另外 9 名征募来的高手。第二年 9 月，查克到威斯康星大学游历了一番，并且开始了在那里的学生生涯。在前一年的冬季，查克曾经考虑过参加空军以及去卡洛尔学院为他的父亲踢球的可能性，但是，这两条道路都没有提供十大联赛这样高度的竞争性。如果查克希望向职业选手的方向发展的话，威斯康星大学当然是上上之选了。

正当查克在麦迪逊的威斯康星大学新生橄榄球队踢球的时候，他得到了一份助理进攻教练的工作，查克的父亲曾经申请得到这份工作，但是主教练科塔一直没有给他任何答复。查克对科塔没有礼貌地与他父亲会谈而颇感不快，他当面将这种不满告诉了这位威斯康星大学的主教练，科塔教练不知道该怎么想才好。要知道，来参加并且通过了威斯康星训练程序的小伙子多如牛毛，毕竟，这里不是密歇根州，也不是俄亥俄州。作为一个不到 6 英尺高、只有 185 磅重的一年级新生，查克显然把他的脖子伸得太长了。对于威斯康星的任何一个教练员来说，他的那番话或许听起来都不算是威胁，科塔教练也是这样想的。这位威斯康星大学的主教练还有其他许多事情要操心呢，比如他自己的工作，以及对密歇根州队和俄亥俄州队的比赛。但是，查克却是十分认真的，他卷起了自己的行囊。是呀，难道他的父亲竟然会不值得见上一面、谈上一谈吗？

第二年，查克转学到卡洛尔学院为父亲温斯踢球，这个忠诚的举动使他置身于橄榄球运动员的“虚无缥缈的理想之地”。他是在没有奖学金的情况下踢球的，他是一个在越战时期出生的孩子，他的双亲都是虔诚的基督教徒。他住在离家仅仅几个街区的 TKE 大学生联谊大楼里。他希望让自己的头发长出来，希望像其他每一个人那样充分地体验生活。但是，看上去，时间和空间对他而言都太过拥挤了。查克在沃基肖的生活就是这么尴尬。在卡洛尔，他几乎生活在父亲的阴影之下，人们永远视他为温斯的儿子。他感觉自己好像是一名橄榄球运动员，但他并不能确定无疑地说自己就是一名橄榄球运动员——即使他是球队里负责发球的四分卫。不过，晚上在 TKE 的房间里，他还是经常找乐儿，非常高兴的。在 TKE 的房子里，查克发现在他那一小群不务正业的同伴以及学院里的伙计们之中，他是最好的扑克高手。当他没法从父母那里弄到更多的零花钱时，他常常和他高中时候的恋人乔伊·芭莎一道利用周末的牌局捞外快。

温斯和查克的橄榄球关系是颇为复杂的，尤其是现在，更是难以言说。在某种意义上说，查克终其一生都是温斯捕手位置上的一位球手，他和温斯一起在艾姆斯的运动场上训练，和他们作伴的还有爱荷华州的旋风。温斯的球队直到那个时候为止仍然总是被诸如巴德·威尔金森的俄克拉荷马州“快人”队和鲍勃·德瓦尼的内布拉斯加州的“剥玉米皮的乡巴佬”队之类的强手所击败，但是，在八大高手联合会中，他仍然被视为一位招募学生运动员的教练，而不是不去上课甚至有时“抢劫”汽油站的橄榄球运动员。只有特定类型的小伙子才能够为温斯踢球，教育者的正直品质自然而然地使他致力于将一个学习机构转变为一个橄榄球“工厂”。温斯自己曾经做过运动员，曾经在 1946 年的西北大学橄榄球队中担任过联合队长。那一年，这个队 3 胜 6 负，但是，这个队伍里的确有一些能够与国内绝大多数队伍相抗衡的球员。

在新教练的调教下，他们几乎扭转了乾坤。温斯参加了为杰出的大学高年级生举行的《芝加哥论坛》大学全明星赛，西北大学的球员们在那一整个赛季中一直饱受折磨，那场比赛成为西北大学校队在 1947 年里唯一的经典表现。他们还出现在玫瑰杯赛上。在西北大学里，温斯遇上了玛格丽特，后来，二人喜结连理，这以后，温斯成为了“思想者”的教练。他以他所谓的“锁定规则”的概念为基础在西北大学写作了他的硕士论文，这个关于橄榄球的概念背后的理念是这样的，边线防守队员们不应当在赛前就被指定分派好防守对象，而是在混战中随机应变，全面防守，锁定对方的进攻。并列争球之中，防守队员的动作及其站位明确地表达了他正在拦截的对象。温斯的创新消除了防守中的出色动作给边线并列争球造成麻烦的可能性。作为一名边线防守队员，温斯在这个赛季的第一场比赛之后总结出了这个概念。这场比赛以范德比尔特校队 3 比 0 侥胜西北大学校队告终。范德比尔特的队员们在边线上的出色表现使他们从全军覆没的边沿走了出来，并且逐渐把比分追平，甚至赢得了最后的胜利。不论何时，只要温斯的队员抱怨说锁定规则太难学了，温斯就会让他的小儿子们——查克或者约翰详细讲述锁定规则的基本要义。这些小孩子们解释这个概念的声音，无疑表明了这个概念是多么简单，并且往往能够平息队员们的抱怨。温斯把他的这一创新理念传授给了霍卢布教练在沃基肖的黑衫队。后来，当沃基肖的黑衫队面临米尔沃奇队的竞争时，霍卢布同意队员们采用这样的策略安排，让他的高中防守队员们超越铃声界线的限制。“当我们在夏季的教练讲座中告诉其他高中的教练这个独特新颖的理念时，他们非常惊奇，”霍卢布教练说道，“小伙子们很容易学会这种概念。但是，其他许多教练却压根儿就不理解我们当时到底在谈论什么。”

温斯在资质平平、橄榄球经费紧张的学校里担任教职，但是，在他的整个教练生涯中，他却率队打赢了 100 多场比赛，并且在退休之后被评选为卡洛尔大学名人堂的一员。终其一生，温斯一直致力于探索橄榄球运动的基本原理以及战略部署的策略。他的两个儿子经常在餐桌上或训练场上将他的许多授课片段信手拈来，这的确要得益于平时的耳濡目染。两位小狄弗兰西斯卡先生在烦躁起来的时候，常常在边线上快速地画出几笔草图，而那正是温斯的拿手好戏。1968年，一位当地的体育记者对狄弗兰西斯卡教练在卡洛尔率先提出的改革动议是如此欣赏，以至于他详细地在文章中记录下了卡洛尔校队在这个赛季中战胜米利金队的情况——他亲眼目睹了所有的新风貌、新战略。

“一个不同寻常之处在于，”体育记者李·芬辛在为《沃基肖县自由人》撰写的文章中写道：“我看到由6个人组成的一道防线，却只有一名中后卫。另一个不同往常的地方在于，我看到边锋比尔·威克竟然在打一个侧翼的位置。这并不是每天都能看到的、球迷们为之欢呼激动不已的表演，正是温斯·狄弗兰西斯卡教练的所谓‘障眼术’。这个‘障眼术’是就中场开球而言的，一旦某位卡洛尔校队的球员抢到了球，立刻就会有另外5名先锋紧跟上前，紧紧围绕在带球运动员的周围。从人群中出来的所有球员都做出一副带着球的样子，而狄弗兰西斯卡希望，真正带着球的那个运动员能够在无人注意的情况下悄悄突围，直接杀向敌人的下半场。”

说到垂直传球比赛，温斯·狄弗兰西斯卡或许不能够和佛罗里达加特队的史蒂夫·斯皮里尔相提并论，但是，显而易见，他的确了解橄榄球运动，他不怕去大胆地梦想，设想出新的计划与战略，以便凭借天才的智慧底线得分或者将对手拦截在球门区以外。作为一名知识如此渊博的橄榄球教练以及一位光荣的橄榄球运动员，温斯是他的儿子们不易逾越的标杆，尤其是在沃基肖那样的一个小镇上更是如此。查克在最后那个赛季的比赛中，面对媒体采访，都会提到他父亲的生平，这种句子通常出现在文章的结尾——由于儿子在四分卫这个位置上的出色技巧，其父温斯差不多每周都会出现在报纸的标题栏里。介绍温斯的语句有时是这样的：“查克·狄弗兰西斯卡是卡洛尔学院橄榄球队教练、运动指导温斯·狄弗兰西斯卡的儿子，温斯曾担任1946年西北大学橄榄球队的队长。”这些话老是在查克耳边响起。

当然了，父子共事橄榄球也并不全是弊端，自有其优点，查克和他父亲有时也能从中找到一些乐趣。从某种意义上说，他们都有共同的根基，1968 年 10 月 2 日的《米尔沃齐日报》就描写了他们的这种关系。在那篇文章里，温斯告诉体育记者比尔·德瓦尔："拥有一位当大学教练的父亲对查理来说是一种难以处理的情况。当我们在开玩笑的时候，他常常问我是否会发疯——如果他不为我踢球的话。我很难做出结论，真实的想法或许会让他受到打击。”另一方面，查克只能告诉德瓦尔为父亲踢球的一个小伙子的事情，那就是路易斯安那州的“手枪”·皮特·马拉维奇（“Pistol” Pete Maravich）。查克非常喜欢在电视上观看皮特的篮球比赛，对于“父子开店”的情形，查克补充了两点自己的高见："我猜是有问题的。如果我为爸爸踢球的话，他就不能在其他队员面前捧我的场，而在我犯错误的时候，他也不能够在别人面前太过严厉地批评我。”在那次采访中，查克表达了自己希望去上大学的愿望。他的母亲支持他的想法，至少这位体育记者在报道中引用关于温斯的小道消息称大致是这样的。但是，如果查克真的选择了卡洛尔先锋的话呢？“那对我们父子俩来说都是一种更加艰难的情况，”温斯解释道，“我曾经和那些儿子在自己队里的教练们交流过，他们的处境很尴尬、矛盾。他们做也不是，不做也不是，里外不是人。每当孩子掷球不到位或者防守出现失误的时候，别人就会借题发挥了。”

查克的橄榄球生涯之中发生的那些事件或许宣泄了生活中的些许艰辛。有谁知道为查克收藏着的那个橄榄球水晶球是什么样的？他看起来很称心地做着沃基肖的“乔·威利·纳马斯”，不论是在球场上还是在球场下都是如此。在 20 世纪 60 年代越战带起的变革与抗争之风吹到卡洛尔学院以及全国各地的其他大学校园的时候，查克把头发留得长了一些。那个时代，还有谁家的孩子服从父母的教训呢？学生们开始谈论自己对越战以及美国政府的看法。自然而然地，查克会时常地与他大学生联谊会的兄弟们一块儿喝上几罐啤酒，有时候也会与他那位金发碧眼的漂亮女友乔伊·芭莎待得晚一点。乔伊是如此富有吸引力，每当她在查克身边的时候，总是能够吸引大学生联谊会学生以及橄榄球队员们的注意力。当她还是个小孩子的时候，她就住在离狄弗兰西斯卡家一屋之遥的地方，她还是高中里最拔尖的游泳运动员之一。

每当查克掷出一个有失水准的发球或者多次在自选进攻中连球都没有碰着的时候，温斯也会从看台上听到骂街的声音。那个赛季，他们的球队只输了一场比赛，但是，不论对父亲还是对儿子来说，卡洛尔学院都变得太过狭小，不足以施展身手，必须有所变化了。

温斯回首那一年的事情不无遗憾，当教练是一件非常令人头疼的苦差事。观众看台上的每一个人都是"星期一上午的四分卫"（指橄榄球赛后批评球队失误的人，即"事后诸葛亮"），尤其是那些做老爸的，他们现在都变得非常能侃橄榄球，就像他们的孩子们非常能聊战争一样。"在查克为我踢球的那一年里，正是我使他成为了一位防守型的边线球员，"他说道，"我有两三个四分卫球员。查理是一个花样繁多的自由发挥式四分卫球员，并且是一名威力巨大的带球进攻球员，因为他当时体重高达 200 磅。但是，如果他传球失误或者犯了错误的话，你会听到观众席上发出低低的议论声。于是我会说：'查理，我来做这个动作。'我让那个队里最好的投手上场。但是，直到今天，我仍然认为查理是更好的四分卫球员。那一年，我们在赛季中表现极为出色，取得了 9 胜 1 负的战绩。"

到那个赛季快要结束的时候，教练和儿子之间彼此非常不满，都有一肚子怨气，一是对场上的选择不满，二是对场下的选择不悦。“他很骄傲。我们之间爆发了父子危机，”温斯说道，“我为他找了一份在体育馆里递毛巾的活儿，而他却告诉我他才不会去给随便什么人递毛巾呢。我在这个州里到处做激动人心的演讲，谈论怎样去做一个善良的人，可我的儿子却在给我出难题。于是，我说，真的不去吗？我不再为他的人生旅程提供路线图，而是让他自己选择愿意前往的学校。我说，好啊，现在该是你为自己做决定的时候了，让我们上车吧。”

查克抬起头来看着温斯，十分迷惑，那天是他们出问题的日子，真是糟糕。“我们去哪儿呢？”

温斯的声音里有查克从来没有从父亲那里听到过的一种异样的调子——就像他一样傲慢而叛逆，“儿子，我们要驾车漫游一下。”

在这趟旅行中，与他们同在狄弗兰西斯卡家的汽车上做调解人的，是查克的弟弟约翰。这趟汽车旅行从 I-80 公路出发，经过爱荷华州的达文波特、内布拉斯加的林肯、内布拉斯加的北普拉特，进入科罗拉多。不过，并没有什么可调解的，温斯让查克挑选了一所愿意登记入学的学院并且驾车把他送到了那里。因为他不为温斯踢球了，所以他可以做任何他想干的事情——如果他真的想做乔·威利的话，他尽可以自由地去做下一个乔·威利。约翰在回忆那次旅行的时候，带着一种“想当年”式的怀旧及思亲的情怀。他轻声微笑，说道：“那是……那是……我们可以这样说，在汽车上，查理和父亲之间并没有太多争论。”那趟陆上旅行的最后一站就是查克选择的学院所在地，科罗拉多州的柯林斯堡（Fort Collins）。温斯的儿子来到了科罗拉多州立大学，那是黄金羊（ Golden Rem ）的土地。“这里和任何地方一样好，老爸。让我们在这里停下来吧。”“好吧，儿子，很好。祝你好运，别忘了隔一段时间就给我们打电话。”“好的，一言为定。”“希望听到你的电话。”事实上，整个插曲并没有那么鲁莽草率。温斯花费了一些时间将自己的儿子介绍给科罗拉多州立大学的新教练杰里・瓦姆夫勒（ Jerry Wampfler ），他俩以前就认识。瓦姆夫勒教练一年以前作为进攻性协调人离开了学院中的蓝筹球队诺特里・丹姆（ Notre Dame ），来到这里担任教练之职。

拥有两年的足球生涯作为资历，查克第一天上场练习就担任了一名防守后卫。他害得一两名捕手倒在草地上，即使他比教练喜欢的速度慢了半拍，在球场上仍旧表现出了他非凡的天分。也许因为他要证明一些东西，即便他没有钱付学费，但要将这个小伙子踢出队伍可不容易。并且，他看上去好像还有另一个十分强烈的愿望：要向他的父亲证明，他依靠自己的力量就能够干出名堂来。当黄金羊们在那个赛季里最后一次争球的时候，查克已经获得了一份足球奖学金，以替代他在威斯康星大学牺牲掉的那份足球奖学金。不过，为瓦姆夫勒教练踢球比为他的父亲踢球更加辛苦，更像做噩梦。与霍卢布教练和温斯不同，科罗拉多州立大学的教练们在训练中创造出了一种高度进攻性的、咄咄逼人的氛围。在比赛以前就受伤已经是司空见惯的事情，有时候，他们本来是没有必要受伤的。但是如果你不愿意在比赛中拿身体当墙使的话，你就会被人们轻视。这大大不同于霍卢布或者他父亲对他的教育。又或许只是因为查克别无选择地被安排在边防线上，他是在拼命地抢球而不是跑动和传球，所以他对这一运动的严酷性才有了格外深刻的认识。至于查克，这种类型的野蛮残酷的训练倒并没有对他起什么作用。只有没有思想的白痴才会去踢这种类型的橄榄球吧——如果这就是你所谓的橄榄球的话。查克在这个赛季里有5场比赛没有参加，永远地离开了橄榄球。并不只有他一个人这样做，有许多其他球员逃离了黄金羊队，大量出走。这个队伍在那个赛季中遭遇惨败，0胜5负，一时成为笑柄。学生们在比赛之前很难集合起来，能够上场的队员很少，并且少数队员们还做着哑语“啦——啦——啦”的手势来表达他们的开心之情。到赛季末期，前来观看他们比赛的人数很少，留下了很多空座位，就连50码线附近都有不少空座。唯一的例外是劳伦斯·麦克卡彻恩，他是教练钟爱的一位明星型的跑动后卫。正是在他的努力下，黄金羊队那条十分脆弱的前线才不至于100%地彻底崩溃，在队伍人心涣散、一盘散沙的情况下使人气稍有汇聚。后来，他成为了全职业选手的洛杉矶公羊队的跑动后卫。

瓦姆夫勒的橄榄球项目在这个赛季的主场比赛中触礁，以惨败收场。那个赛季的8场比赛中，不那么金光灿烂的公羊队“战胜”了常青藤盟校布朗大学，获得了“最差学院球队”的称号，因为它在那个赛季的比赛中一场未胜以及其他一些纪录。不过，黄金羊们在后来的几场比赛中赢得了迟到的3场胜利，将自己从一败涂地的边缘挽救了回来，但是，现在看来并没有人注意到他们赢得的小小的胜利。

在整个大学期间，即使没有奖学金，查克仍然充满自信，他相信自己将在某个队里重新踢他的四分卫。他只是不知道那将会是一个什么类型的球队，尽管他的级别摆在那儿。他常常逃课，对一些事情颇为不满。看起来，不满的情绪仿佛弥漫在空气之中。他身边的其他小伙子聚会的频率几乎和上课的频率差不多，他们看起来也好像步履匆匆。不论是否矫揉造作，这一代科罗拉多州立大学的学生们的淡漠消极在1973年的年鉴中反映得最为彻底。编辑希尔弗·斯普鲁斯写道："当你降生到这个世界上来的时候，你是赤条条的，但是，你然后去了科罗拉多州立大学。五分之四的科罗拉多州立大学的学生在被问及他们在这天结束时学到了什么的时候，都回答说：'嗯？'" 1972 年的年鉴前面引人深思的话语同样令人醒悟，那些话是这样写的："4 年之后你将会用科罗拉多州立大学的教条将自己武装起来前去征服世界，并且在你的领域里突然找到一份富有挑战性的工作。你知道机会渺茫意味着什么吗？"

一个名叫查克的机会渺茫的家伙于 1971 年秋季进入了科罗拉多州立大学，1973 年春季离开。他老早就开始和一位来自伊利诺伊州斯特林的名叫萨莉·艾略特的姑娘约会，那姑娘住在科伯特礼堂，正是他住的宿舍所在地，萨莉那时候还是一个新入学的一年级学生。当她在宿舍的公共食堂第一眼看见刚刚参加完橄榄球训练，只穿着一件短袖 T 恤衫，露出发达的海军般的肌肉与腹肌的查克时，就被他迷住了。查克继续与他在沃基肖的高中时代的女友乔伊保持着联络，他私下里很担心乔伊在卡洛尔学院会有大批如痴如狂的追求者。虽然他对乔伊不放心并且有时很嫉妒，但是，她看上去却是最不用他操心的。到 1971 年 11 月份的时候，查克在学校和橄榄球队里的状况都糟糕透了，每一样事情对他来说都充满着不确定性，包括萨莉和乔伊。只有萨莉，她的父母亲为他们的女儿支付了一切费用开支，包括一辆车，看上去为她提供了某种情感与财务上的保障。萨莉和查克开始在爱情中变得迷惘，那种爱情有点过头了，困扰着他们的心绪。他俩常常单独躲在某个阴暗的角落，互相拥抱着。萨莉听查克谈论着自己的梦想。在萨莉看来，查克的梦想总是那么宏大，那么了不起，即使它们是那么遥不可及，宛如天上的繁星。没有人能够说服萨莉，使她相信查克不可能有朝一日真的将那些星星摘下来，她从来不怀疑他的自信。

查克的问题超出了球场的范围，进入了一个新的领域：乔伊11月份来到了科罗拉多探望他，加速了他们分手的进程。那个学期，查克的3门功课分数分别是1.67、2.02和2.33。或许因为那一年是1971年，学生们的反叛气氛很浓，或许因为他在橄榄球运动上的失败，又或许是因为一个名叫萨莉的漂亮女孩，查克变成了一条高速公路，两个素不相识的女子将在这条路上撞车。一年以后，乔伊在写给查克的一封信中倾诉了自己的心情。那封信写于1972年10月19日。她写道：

亲爱的查理，我坐在这里，努力整理我那千头万绪的思绪，但是，却连一点头绪都理不出来。当你昨晚上给我打电话的时候，我感觉到了你显然没有提起的挫折感。你说，我了解你，这一点无人能及。因此，我想冒昧地解释一下我的想法。

我认为，你停止橄榄球生涯的决定也许只是一个开始，我知道它对你来说意味着什么。现在，你不得不再次面对经济上的问题，但是，更加困难的是你必须开始扮演一个完全不同的角色。

查理，你是一个非常优秀、非常聪明的人，我希望你能够明白你可以在其他方面取得成功——尤其是在学术上，而不仅是成为一名运动员。在高中，当运动明星固然是一件美事，并且美到足以为你赢得上大学的金钱。但是，你已经意识到了，那对你来说不会是一种职业。现在，你应当为自己着手规划一番事业，你已经把这件事情耽搁得太久了。查理，你应当感到自己必须向任何人证明自己的活力、体魄或者运动才能，你了解你自己。

现在离我们上次的分别已经过去一年了。现在，我已经努力去看清自己的目标，我在卡洛尔学院还剩下3个学期，然后，我就要独立生活了。现在，我感到自己足够强大，足以告诉你一些有关爱情的事情，我非常爱你。我们一起成长，共同经历了许多风雨，但是，我们以自己的方式，用自己的年幼无知摧残了这朵爱情之花。但是，我在这里想说的不是关于你和我的事情，而是关于你和萨莉。

有一次，我的一位朋友给我讲了这么一个比喻，内容大致是这样的：爱一个女孩子就像是种一盆美丽的花儿，这种爱情只有不含妒意的人才能让其生长壮大。他会用交流和信任来为花儿浇水、施肥，而交流和信任正是这种关系之中至关重要的基本要素，甚至超越于性爱之上。他将会注视着花儿的成长，关注着它的盛放和越来越动人的美丽，并且由于别人对它的欣赏而由衷地感到骄傲与自豪。这是他自己的花朵。而自私的男人则不然，他将花儿种在阴暗的角落，当花儿发芽的时候，他扼杀它，因为他害怕它的美丽，害怕别人欣赏它的美丽。最后，这个男人也得到了这朵花儿，只是花儿已经凋残，不再完整。

想想你和我吧，查理。想想你和萨莉吧，不要把萨莉藏在暗处或者以任何方式伤害到她。我已经受到了伤害，而那正是我不愿意看到任何人遭受到的。我知道，她很爱你，就像我当年爱你那样。因为你很招人喜欢，而我也知道，你一定也很爱她。在我一生之中，我还从来没有听你如此高度评价过一个女孩子，甚至如此加以强调——但你那天说漏了嘴，称我为萨莉的时候。我永远不会成为萨莉，查理。我永远都是乔伊，乔伊·芭莎，而不是其他任何人。

在乔伊在沃基肖四通八达的人事网络触及不到的地方，萨莉和查克在他毕业后结婚了。他于 1973 年 6 月 1 日获得了科罗拉多州立大学心理学学士学位。他和萨莉的婚礼上有一个顶着许多菊花的结婚蛋糕，还有一个名叫威皮特的赛跑模样的透明桌头摆设。那只小狗在一个周五晚上跑来陪伴萨莉和查克，让他去买了一个结婚戒指。这是萨莉的妈妈喜欢用眨着眼睛的方式告诉人们的一个浪漫故事，唯一一个看上去比萨莉更加喜爱查克的人就是萨莉的母亲。萨莉的父亲，一位富有的商人，在婚礼上充当了一位宽宏大量的主人的角色，但在私下里与萨莉的母亲探讨时却对女儿的决定充满质疑。但是，他的反对并不能影响这两个女人，而他也深知这一点，因此，他提出偶尔帮助查克一下。查克有他的骄傲，也有一副好头脑，即使他的大学成绩并不总是能够反映这一点。他发现萨莉父亲的这些建议像他父亲温斯当年提出的要求（让他去体育馆替人接送洗涤毛巾）一样令人不悦，他希望自己做决定，并且能够在财务上自理，他和萨莉能够自力更生。

用查克自己的话来说，他开始了他的生涯，作为一位为美国医疗用品供应公司推销“灌肠药包”的销售人员——看上去，他这份工作做得不赖。但是，工作和查克与萨莉至死不渝的爱情关系之间缺少了一些什么。对两个年轻人来说，只有一个人当时已经从大学毕业，这种问题就更加糟糕了。在婚礼举行 4 个月后，22 岁的查克和 20 岁的萨莉失去了萨莉妈妈这位同盟，她不幸由于脑部疾病意外去世了。她的突然辞世给查克和萨莉的关系带来了压力，而他们二人都没有做好足够的准备去处理这个问题。萨莉需要爱与支持，需要一副可以依偎的臂膀，但是，查克并不总是能够在她需要的时候充当她情感上的拐杖，他承担起了巨大的责任，这对他自己造成了伤害。他需要更多的钱来支持萨莉过她过惯了的那种生活。但是，查克也肯定不希望由萨莉的父亲——那位长者有时会指责他骄傲自大，并且常常用错误的方式来惹他发毛——给予他更多的金钱。

不久，这对小夫妇就开始彼此厌倦了，厌倦了对方脆弱的自我，厌倦了对方的需求，这些东西有的要花费余钱，而有的则要花费他们当时并不拥有的成熟。不久以前刚刚在巴哈马度过的蜜月，现在看来已经十分遥远了。在查克和萨莉位于斯普林菲尔德的简朴的公寓里，医疗设施开始在每一个房间里蒙上灰尘。缺少家具，也没有耐心，查克试图从西北大学弄到一个 MBA 的学位并且在芝加哥的哈里斯银行找份工作从而扭转困境。萨莉后来从洛雅拉大学获得了学位，但是，萨莉仍然没有找到自己的位置，一直沉浸在丧母的悲痛之中难以自拔，整个形势导致了意料之中但却痛苦不堪的离婚之路。查克被工作、萨莉母亲的去世以及扭转困境的愿望搞得痛苦不已，精疲力竭；而萨莉既为失去母亲感到困扰，更被那位丈夫（他已经失去耐心，常满怀怨愤，发怒生气）搞得心力交瘁。

萨莉从来没有完全脱离与狄弗兰西斯卡一家的联系，她与查克的母亲玛格丽特至今仍然保持着很密切的联系。我在玛格丽特的帮助下用电话约见了她，我们在伊甸高速公路旁边的一个咖啡店里约了个时间见面。萨莉追叙了一些故事，也就是我写在这里的那些。但是，她看上去与她自己描述的刚嫁给查克时的那个 20 岁的女子一点儿也没有共通之处。现在，她是萨莉·温特，而不是萨莉·狄弗兰西斯卡，是四个孩子的迷人母亲。她穿着牛仔裤，驾驶着一辆克莱斯勒的小型汽车。每天她都驾着这辆车去接孩子们放学——那正是我们在山顶咖啡屋喝上一杯咖啡之后她下一个要去的地方。我很容易理解查克为什么会爱上萨莉，也很容易理解她的丈夫鲍勃爱她的原因。当她走进那间餐厅的时候，她是如此引人注目，一如 25 年前查克初见她时的样子。在交谈之中，她同样表现出了与生俱来的高雅与美丽。在她与查克的结婚照里，我几乎认不出她来。看着她披着婚纱，查克穿着小礼服，我不难眨眨眼睛想象他们在婚礼仪式上的模样。他们太缺少生活的阅历来打磨、雕琢，仅凭着他们的天真与稚气，还没法磨砺出永恒的东西来。但是，他们在照片里的确很像一对小两口，婚礼也很有气派。参加婚礼的有查理·D. 最亲的人，他那看上去像个讨厌鬼的弟弟约翰，在麦克风后面向两位新人敬酒，并且在“经典的”狄弗兰西斯卡家族的大鼻子下面小心地啜着杯中之物。还有查理最好的朋友，约翰尼·伯伦，他常常和查克一道与萨莉约会，充当“灯泡”，也是一名橄榄球运动员。当查克在大学里没有钱支付房租的时候，是约翰尼慷慨解囊，并且在后来目睹查克在扑克牌游戏中不止一次地将它们两倍三倍地赢回来。只要查克还有一把牌，约翰尼就永远不必担心他的钱会有去无回。

在啜饮咖啡的间隙，萨莉解释道，她与查克的关系为她带来了她生命中最美好也最糟糕的一些日子。在读罢我所写的一章关于“查理·D. 的永无止境的能量”的草稿中的某些段落之后，她点头称是。

“那就是查理，他永远不会停下来。有时候，狄弗兰西斯卡一家人和我在家里围着一张小餐桌，静候着他的到来。我们听到他的汽车沿着驾驶道开过来，我们就一起开始计数，5、4、3、2、1，门开了，只见一个职业杀手冲进屋子，如一阵风卷了进来。他会拍拍温斯的肩膀。‘中间粗了一圈，不是吗，温斯？’然后，他会绕过桌子与玛格丽特、珍尼特、约翰和我打招呼。在大约 4 分钟里他带进来的幽默满屋子乱飞，令人惊叹。我通常靠在椅背上观察这一切，他们都很开心，真的。如果查理不是那样精力充沛，如果他不是拥有那样本质的、内在的善良品质的话，我不知道自己是不是还会来这里和你谈论与他有关的话题。不过，他也可能会像一个大砍刀一样走遍屋子的各个角落，他可能把人劈成两半，我真的永远不可能再认识另外一个像他这样的人了。”

“在他成为一个成功人士之前，他是什么样的呢，萨莉？”“当我认识他的时候，我们靠小本经营为生。我不认识你为我描述的那个如此成功的查理·D.，我认识的是另外一个查理——这个查理为获得成功而苦恼、困惑。在科罗拉多州立大学的时候，每到星期五晚上，我们都会一起做梦。我躺在他的怀里，而他则为我讲述他的生活计划，告诉我他的整个安排。有一天，他告诉我，他将成为一个了不起的人。有朝一日，他将会取得人们前所未见的巨大成功。对他来说，那是力量的源泉。在某些方面，他是我所见过的人中最出色的，是一个天才。你看过大卫·莱特曼，是吗？查理就是那个样子的，那正是他的个性。他可以走进一间房间，以比其他任何人更快的速度做出更出色、更加有趣的回答。他也可能直接扑向你，那个样子的他看上去就像一个谜。但是，那正是我欣赏他的那一部分，是我热爱的那部分。”

在朗蒙特的繁星之下，他的主要计划是什么呢？“他的主要计划的一部分是成为一个大人物，并且能够给予、付出，给予那些从未期望回报的人，给予那些需要的人，成就自己的事业，立身扬名，向每一个人证明白己的价值。我认为他没有必要向任何人证明任何事，因此，我不理解那种动力是从哪里来的。或许，如果在他成长的过程中他娶的是一个与他不同、远远不如他那么物质的女孩的话，这或许不是个问题。但他娶的是我，过惯了优越生活的我，因此，问题就来了。我与查理的关系是我经历过的事情之中最跌宕起伏、最激烈的了，我爱他又恨他。你告诉我的有关我们分手之后发生在他身上的那些事情，我一点也不吃惊。查理一直跑得很快，永远都不会放慢脚步。我不知道他是从哪里跑来的，促使他到达顶峰的动力完全来自于他的飞奔。终其一生，他一直在飞奔，我不知道他在害怕什么东西追赶他。我所知道的只是我们在一起时，平静的时刻是那样的少，那样罕见。但是，当我回顾这段生活时，我发现，他教给了我更多关于生活和我的优势方面的知识，超过我的想象所能及。”

下一件事情，萨莉坐在狄尔菲尔德的一家大狗熊餐厅，向温斯和玛格丽特解释她与他们的儿子分手的原因。他们向她祝福，祝她在未来的生活中万事如意。在他身后，是与萨莉破裂了的关系，在他面前，则是与安以及她的两个孩子建立一种新关系的可能性，这一切都十分平静地隐藏在芝加哥期货交易所会员走廊的玻璃后面，那一年是 1980 年。有时候，他就是在这里俯视交易池，研究市场的查克在那里相当安静地坐着，思索着自己的未来。

唯一能够使事情有所转机的就只剩下他为拥有一个光明的未来所做的努力了，他被窗子下面身穿颜色鲜艳的交易夹克的人们发出的杂乱无章的叫声弄得迷住了心窍，他希望在芝加哥期货交易所南厅西北角的新债券期货交易池里尖叫着、大嚷着，试图迅速拥有属于自己的培克（buk，赢得累积赌注者同时得到一个筹码形的庄家标志）。他向下看着，观察着。这是一种有趣的游戏，时快时慢，激动人心，有时令人乏味心烦，就像橄榄球一样。他认为，如果你有钱参加这种游戏的话，它最大的好处就在于交易大厅里的每一个人都要身兼两种角色，既是场上的四分卫球员，又是自己的教练员。他甚至更加专心致志地观看着下面的债券期货交易池，就像一位教练正在研究对手的录相带一样。到查理·D. 永远地离开玻璃的幕墙，站出来参与到这种游戏中来时，他已经能够分辨交易池内外的活动，并且能够像在球场上辨认出对方防守球员一样地认出交易池里其他参与者的面孔。一旦他开始根据市场的形势为自己的一系列操作开球，他就全力以赴，并且得心应手。如果你是一位交易员，在完成了 5000 笔左右的交易之后，你就已经经历过了差不多全部可能需要你做出反应的情况，剩下的就只需要四分卫的直觉了。有的选手的确直觉很好，而有的人却不行。在那一点上，剩下的就只有站在交易池里表演了。

查克·狄弗兰西斯卡，温斯·狄弗兰西斯卡之子，肯·霍卢布的四分卫球员，是一个绝对的四分卫球员。当橄榄球变成了债券期货合约的时候——一份这样的合约代表着现货价值 100000 美元的美国政府债券，他仍然是一位绝佳的四分卫球员。一旦他建立起自己的资本后盾，他就常常一口气交易 300 ~ 500 份合约，代表着 30000000 ~ 50000000 美元的名义价值。在这项运动中，他的本钱太少，他的资历太浅，他的起步太慢，这一切他都毫不在意。唯一对他有影响的，是他了解战场形势，把握市场为他提供的机遇、适时做出反应的能力。经过一段时间以后，查理发现用球场上辨认中区线上对方防守队员的办法来辨认交易池里其他交易员的面孔真是太容易了。只要他遵守纪律，这种游戏就并不困难。当我要求其他交易员描述一下查理·D. 的交易成就时，许多同事和竞争对手们都喜欢将他比成迈克尔·乔丹，这是以直觉和实践为基础的一种游戏。就连比赛时间结束之后，他仍然不愿放慢速度。绝大多数时候，他都有能力在胜算最大的时候做交易，但是，即使对他来说，在喧嚣声之间，在信息不完整的情况下，要描述他的工作能力都不是容易的事情。

也许，他的邻居兼朋友 J.B. 多弗提通过类比，最为贴切地解释了查理·D. 的交易风格。不过，他不愿意用幽默的调子来描述它。查理·D. 不是一个穿着交易员夹克的普普通通的大学生运动员。有时候，看起来他对市场上的事情有非常独到的眼光，那是其他任何人都看不出来的。“在交易池里，”J.B. 多弗提说道，“当事情发生时，他依靠镇定自若，表现自然。就好像一只捕鸟的猎犬在杂草丛中吸着鼻子，追逐着猎物，并且指出它们的藏身之处。”

在约翰的婚礼上，这对“癌症兄弟”
相互取笑着彼此的麻烦，1986年

查理与克雷格·斯坦德勒
（1982年大师赛冠军）
及J.B.多弗提在一起

查理、安、南希和
德马克在拉斯维加
斯，1990年

第九章　拉斯维加斯的另一面

作为为华盛顿特区 WAVA 电台工作的全国知名的基督教广播员，珍妮特·狄弗兰西斯卡·帕莎尔不论在广播节目里还是在节目之外，在表达自己对信仰、家庭和相关的社会问题的时候从来不会吞吞吐吐，麦克风已经教会了她如何用短短几句话就为她的听众们概括介绍整个情况。因此，她能够比我更好地解说一下在 1986 年 7 月的一段日子里发生在狄弗兰西斯卡家的事情。我看不出有什么理由不把我为她录下的采访录音带原封不动地照搬过来，供你一阅。她的叙述将会迅速消除在查理·D. 献血救兄弟这件事情上可能存在的不实之处，最初提及这件事的是美林的那位经纪人。在芝加哥期货交易所里，也几乎人尽皆知。

在某些持不同观点的听众看来，福音会教徒式的播音员往往显得高高在上。珍妮特警告我说，就连她的哥哥查理有时候也喜欢对他们那些有关信仰与上帝的哲学辩论用语言来火上浇油。不过，珍妮特在我们的广播节目中说的话在我听来完全没有疯狂（kooky）的味道（查理·D. 非常喜欢用 kooky 这个词来描述他不赞同的那些他妹妹的看法，当然，不是我的看法）。当她谈论起她的家庭时，她是一个自己染色体就有残缺的热爱家庭的姐妹——只不过是在一个医学谜团的另一侧，这个谜团是如此罕见，只能给它冠以这么一个代号——拉斯维加斯的另一面。你自己来听听这盘录音带吧——当然，这个故事也提出了有关上帝、信仰和家庭的问题。

这就是我的兄弟约翰，这个英俊潇洒的30岁男子。我们都在想，这个小伙子为什么没结婚呢？他正在与他的女朋友林娜约会，而我们都想到了美满的结局，想到了婚姻。但是，我们接下来听到的事情却是：约翰尼，你的血液有问题。而再接下来医生告诉我们知道的事情则是他患上了一种罕见的癌症，他们称之为发状细胞白血病，那是什么？

发状细胞白血病的确极其罕见，统计数据表明，100000个人之中患这种病的人数只有4个，这种病的临床特征表现在一种被称为淋巴的不正常的白血球过多。这种不正常的细胞表面周围生长着许多发丝状的突出部分，并且由此命名。所有类型的血细胞数量均有相应的减少——白血球、红血球、血小板。血小板的减少增加了血流不止的倾向，并且通常还会引发肝脏和脾脏肿大。

更为特别的是，发状细胞白血病还会影响到由骨髓以及其他器官制造的淋巴。骨髓是身体内部大型骨骼里的海绵状组织，骨髓制造出红血球（它们运送着氧气以及其他物质到身体的所有组织）、白血球（它们负责抵抗外来感染）以及血小板（它们使血液凝结），淋巴也由脾脏（位于上腹部的一个器官，它制造淋巴并且将血液中老化的血液细胞过滤掉）、淋巴结（小的豆状器官，遍布全身各处）以及其他器官制造。

当发状细胞白血病进一步扩散之后，不正常的淋巴体可能集中于脾脏，引起脾脏肿大。由于白血病的细胞入侵骨髓组织，骨髓不能够制造足够多的正常白血球，所以，血液当中的正常白血球数量将会过低，这将会导致感染。如果你总是感到浑身乏力的话，你就应当去看医生了。类似的症状还包括脾脏比正常水平肿大，或者你被感染之后一直不能痊愈，又或者你叫约翰·狄弗兰尼斯卡。

珍妮特继续说道。

在约翰的血液检查结果出来之后，查理去了我父母的公寓，发现了这个诊断结果。我母亲告诉我，听到这个消息之后，他冲向我父母的卧床，趴在上面痛哭失声。我们是一家人，他内心深处的痛苦如火山般喷涌而出。“哦，上帝。不要让这种事情发生在约翰尼身上吧！要冲就冲我来吧！”查理泣不成声，呜咽不已。

接下来，大约两周之后，查理去医生那里，他们发现查理身上的肿瘤更加巨大。医生说，这些肿瘤一定是良性的，没有人能够长这么一大片恶性肿瘤却还能够活着，活了这么长时间。医生说他要做一个活体组织检查，“我确信没有什么事情是我们对付不了的。”

查理去医院复诊那天，我回到了威斯康星州沃基肖的家。约翰尼打电话给我说：“它就在你生命中吗？”我说是。他说，你最好坐下来听我说话。当有人告诉我这样的话的时候，我知道，我最好站直了，坚强地挺住。约翰尼说：“查理得了癌症，是恶性的。”

查理·D. 被诊断为扩散了的巨细胞淋巴癌，那是大约 12 种非霍奇金淋巴癌中的一种，是这个国家增长最迅速的致命癌症之一。1996 年，美国癌症组织估计那年被诊断为患有非霍奇金淋巴癌的人数高达45000人，其中大约有21200人可能因此去世。与每年死于肺癌的153000位美国人相比，淋巴癌已经成为了美利坚最致命的一种癌症。按照《科学美国人》的介绍，1996年，患有多种类型非霍奇金淋巴癌的病人之中，能够生存5年的概率只有51%。但是，这里给出的平均生存概率包括了癌症初期、中期和晚期的患者，不难从中再推算出特定类型的淋巴癌的生存概率，能够生存下来的机会并不是总是超过一半。

让我们回到珍妮特的叙述中来吧。

当他告诉我这一切的时候，我从窗子望出去，我的儿子萨缪尔正从秋千上摔下来，掉到地上，他摔伤了胳膊。正在那个时候，我那个正在和姊妹玩耍的女儿萨拉也被一根掏耳棒刺破了耳鼓。嘭嘭嘭，到处一塌糊涂。我丈夫克雷格正在威斯康星州中部的什么地方出庭，我对着电话说，约翰尼，我想我得先收拾收拾我的孩子们，他们搞得乱七八糟，我会尽快去紧急病房的。我打电话给克雷格，把他从法庭上拉了出来。我们一条胳膊打着石膏，一只耳朵贴着胶布，然后上了汽车，我们一路哭着叫着沿着E-94公路开车去看查理。

我们都有机会作为一家人抱头痛哭一场，振奋起自己的精神，然后走进房间。那还是典型的查理，他还在那里开玩笑。“我猜，他们准是诊断错误了，这不过是个小毛病罢了。”我看着我的一位兄弟躺在床上面对着自己的死亡，紧跟在我另一位兄弟的诊断出来不到两周之后。我注视着我的父母，想着他们现在正在想些什么。难以置信，难道不是吗？在那个时刻，他们证明了自己性格的力量，约翰更是撇开了自己的病，将全部关心倾注到对查理的支持之上，真是令人难以置信。

大约9个月之后，我母亲的血压开始直线下降。我们总是开玩笑，说唯一能够使一位母亲生病的，只有她对儿子们的同情与关爱，她总是希望自己能够陪着他们。当他们在医院里的时候，医生们在阳光下照料着他们的一切，我和父亲只是坐在那儿。我们是一个奇怪的家庭，比尔。我们告诉这位医生，我们家将会是他所见过的最独特的一组实验室老鼠，我相信他一定认为这是无稽之谈，不可能如此。然后，他带着这么一副拉长了的脸走进房间，说我们的妈妈得了发状细胞白血病。在短短9个月里，那是我们一家五口之中第三个被诊断患有癌症的人。因此，芝加哥大学医学院一下子忙活了起来。这是环境造成的吗？抑或，这是遗传造成的？如何治疗呢？

作为一家人，那绝对不是我们首先关心的问题。我妈妈在支持着约翰尼，约翰尼在支持着查理，而查理在支持着我们的母亲，我们都感觉到自己正在经历我们生命中最最黑暗的一段时光，对上帝的信仰以及家庭的团结与保障使我们共同走过了接下来的5年时光。那5年唯有用你所想象到的最嘈杂混乱的环形车道驾驶赛才能够形容其一斑。

在倾听珍妮特诉说他们家族的癌症故事大约一小时之后，我关掉了录音机。每一次当我听她诉说的时候，我都会失去感觉。我曾经许多次地听人说起过这个故事，用各种各样的版本，但是，它总是被人们添油加醋或者加以扭曲，一如那位美林的经纪人。珍妮特的叙述使我从这场医疗飓风的风眼之中超脱出来，将我放在了一个与这个癌症家庭相同的地位上。神圣的随机漫步，神圣的彗星，到底发生了什么事情？

我不能确定——或者说，就连任何一位医学专家也不能解释发生在狄弗兰西斯卡一家人身上的怪事。说到癌症研究，进展是非常缓慢的。癌症治疗耗费的资金数以十亿计，而成百上千万的人们都受着癌症的煎熬，这是一个在短短几分钟里就能够回答的问题。它可能要花上几十年，如果要想完全解答这个问题的话。不过，在拉斯维加斯的另一面，这些医生却可以告诉你一两个有关狄弗兰西斯卡家族的故事，尤其是那位爱交朋友的查理·D. 先生。一旦你在医院里与他在路上有过一面之缘，下次你就很难在他清醒的情况下从他鼻子底下溜走而不听他大谈特谈他驾驶游艇的经历，你非得听他倾吐完一两杯口水，他才会让你走人。如果他将要成为一位病人的话，那也得由他本人愿意，以他自己的方式，按他自己的规矩和安排。

在芝加哥大学普里泽克医学院哈维·哥洛布博士的办公室里，我向芝加哥大学医学中心血液学／肿瘤学部的导师兼教授戈洛布医生以及来自尼日利亚的高高的、很有威信的遗传学专家方米·I. 奥洛佩德博士请教——方米先生是医学院的助教——有关狄弗兰西斯卡一家的疾病之谜。虽然他们不能给出明确的结论，但是，查理·D. 在与癌症病魔作斗争的 5 年之中无疑给两位医生留下了深刻的印象。

“当我们第一次看见约翰的时候，”戈洛布医生说道，“他到我们这里来进行第二次诊断（之前，他在高地公园医院进行过血液检验），我们认为他最好进行脾脏摘除手术。查理在家里是那种主事儿的人，而约翰则更加安静，更有节制，更谨慎。一次检查之中，在查理离开房间之后，我向约翰问起查理的事情，这时，约翰告诉我查理是债券期货交易池里的一个小角色。在我们后来的交谈中，他将查理描述成一个大团体里的明星。在那个时候，那对我来说并没有什么意义。我们在我们的机构里对约翰进行治疗，他表现得很好，很配合。但是不久，他的母亲就打来电话，说家里又出了问题，问我们能不能帮忙。我说，当然可以，出什么事了？”

“她告诉我，查理咳嗽了，去看了伊文斯顿的急诊大夫，他们在胸部 X 射线透视中发现了一个肿瘤，并且做了活组织检查，发现那是个恶性的肿瘤，他患上了淋巴癌。几天以后，查理来到了我们的诊所，他依然是那样积极，充满向上的热情，活力充沛，一如我第一次遇见他时的样子。他说，我来了，我需要你来照料它一下。”

“我说，约翰告诉我你在债券交易池是十分活跃的。他说是的。在检查的过程中，我们谈到了他做的工作，因为他的肋部有一个切口，他们就是从这里做的活组织检查，这个部分非常柔软脆弱。他担心，为了继续在交易池里工作，他或许不得不装上一截金属假肢。我还记得他说过，每天工作对他来说是非常重要的，他说他是一位大债券交易员。”

“我说，如果你是一位大交易员的话，你就应该有很多钱才对。他说，我是有很多钱。我说，我们当然喜欢从有钱人那里得到帮助啦。他问我，你说的帮助是什么意思。我走过去，拿来了一本我们称之为《为一个人提供资金》的小册子，册子里面有我们的每一个研究人员的照片。我把小册子递给他，他匆匆地扫了一遍所有的照片。好啊，他说，我就挑这个人啦，这是我以前见过的一位博士，名叫巴里·雷姆伯斯基。当时资助一位研究者的费用大约是 30000 美元，他掏出他的支票簿，当场签了一张支票。那就是他的风格——首先向你提出挑战，然后用这种善意的逗弄来让你就范。在那以后，我们和他又有过许多次接触，从他那里得到了许多帮助。我不知道你是否知道这件事情，但是，他为我们购买了一台非常昂贵的电子显微镜，而当时我们只是想借治疗他来帮助我们进行基础研究。”

与查理·D. 在诊所中的初次见面是这些医学专家们经历某种不寻常的体验的开始，他们开始与一个家庭所能遭遇的最独特的医学问题纠缠在一起。到那个时候为止，医学文献中报道过的患上发状细胞白血病的家庭只有 6 例。根据 1991 年吉尔·摩尔梅尔博士以及其他诸如戈洛布博士这样的参与者在《白血病和淋巴癌》杂志上发表的那篇题为《家族淋巴增生性疾病及其染色体脆弱部位的分析》的文章，狄弗兰西斯卡一家是第七个遭遇这种罕见的疑难杂症的不幸家庭。其他的 6 家之中，有两家患病的都是父亲以及一个孩子，而其他的 4 家则是兄弟姊妹患病。在这 6 家人中，家庭成员被诊断为癌症的间隔时间在 6 个月到 14 年之间。的确，正如狄弗兰西斯卡一家人所言，他们正是实验室里的小白鼠。“有趣的是，所有 3 个淋巴增生的病人都在 9 个月里显出了症状从而得以确诊，”写作这篇文章的芝加哥大学的医生们以及病理学家们强调道，“B 细胞癌变如此密集的在一个短时间里出现在一个家庭之中，非常引人注目。这使得我们提出疑问，在一个家庭里是否有一个共同的脆弱的环境暴露，加之基因的敏感性，从而导致了这样的新疾病，这或许是一种可行的解释，能够解释我们的发现。”

这篇发表于 1991 年的文章所涉及的研究，一直不能成型，直到狄弗兰西斯卡一家遭受了 3 次闪电般的冲击仍然过得很好，继续生活着之后，才有了一个大致的轮廓。他们迅速抓住了这些破碎的片段，向他们的医生和上帝倾注了大量的热情。在不同的时间里，他们都在自己的脑海中将癌症发生发展的过程放电影般地过了一遍又一遍。

约翰·狄弗兰西斯卡第一次去医院，是因为他的左上腹部感觉疼痛，那种经历是 1986 年 6 月的最后一周开始的。当他在芝加哥大学第二次做检查时，他的医生注意到了一种被称为“脾肿大”的情况，现在，他的脾已经扩大到左侧肋骨下 9 厘米了。芝加哥大学医学中心的骨髓活体组织检查也表明他的骨髓中有大约 40% ~ 50% 的细胞以及 60% 的有核组成部分都是发状细胞，这与正常血液的统计指标形成了鲜明的对比。他的血小板很少，而血小板是使血液凝固的关键性物质。比方说，当我们的手指被小刀割破时，是血小板帮助血液凝固从而促进伤口愈合。为了对约翰进行治疗，芝加哥大学的医生们成功地进行了脾脏摘除手术，约翰的血液也呈现出积极的反应，他的血小板数量由原来的 98000/mm^3 增加到了 227000/mm^3。

脾脏摘除术改善了早先由他的医生监督进行的、对约翰的血液进行化验检查得出的其他各项关键指标。到 1988 年 2 月时，约翰身上对健康的血液至关重要的所有关键性指标都得到了改善——他的血红蛋白（14.2gm/dl）和血小板（224000/mm^3）均在正常范围之内。不过，他的白细胞数量为 16400/mm^3，其中有 50% 是发状细胞，只有 5% 的中性白细胞（正常白细胞），这一点，值得关注。在接下来的 18 个月里，他接受了阿尔法 -2b 疗法，这种药物疗法旨在将他的血液指标控制在一个可以接受的范围之内，并且阻止发状细胞的复发。他的血液又一次显示出了良好的血液反应，他的白细胞数量减少到了 5500/mm^3，而他的整个中性白细胞数量则提升到了 1870/mm^3。在医生们看来，所有这些迹象都表明他正处于积极的恢复之中。尽管狄弗兰西斯卡一家人并不理解血球计数的含义，但是，医生们却为之精神振奋——这是一个好兆头。

与之形成对比的是约翰与查理的母亲玛格丽特，从 1987 年 3 月开始，她的情况一直起起落落，很不稳定。那个时候，她开始感到极度疲劳，呼吸困难，每一次呼吸似乎都要竭尽全力，毫不夸张地说，发状细胞的起伏运动正在将她的呼吸一点一点地夺走。在检查中，她表面上看上去没有什么东西不正常，但是，一次完整的血液检查却再次令人大吃一惊。她的血液指标引人关注，血红蛋白为 7.0gm/dl，网织红细胞为 6.2%；白细胞数量为 4300/mm^3，中性白细胞为 87%，淋巴细胞占 11%，嗜曙红粒细胞占 1%，嗜碱粒细胞占 1%；血小板数量为 215000/mm^3。一项被人们称为“科布检验”的标准程序呈阳性，这表明 IgG 以及红细胞的补充。这对玛格丽特的家人们来说如天书一般的指标又一次让他们困惑不已，但是，检查的结果却促使她的医生安排了一次骨髓活组织检查，检查结果表明玛格丽特骨髓组织不能过滤掉典型的发状细胞。像约翰一样，玛格丽特去医院进行了脾脏摘除手术，溶血现象（红细胞壁溶化或者破裂，并且释放出里面的血细胞）消失了。到 1989 年 7 月，玛格丽特的病情出现了转机。像约翰一样，玛格丽特也接受了阿尔法 –2b 的治疗，以医治她日益加重的中性贫血（一种血液疾病，特征是白血球数量锐减）。她的情况得到了改善，病情稳定，看起来，另一朵乌云从这家人头顶上飘走了。

约翰和玛格丽特仍然没有走出发状细胞白血病的森林，因为他们不能说自己永远脱离了癌症的包围。但是，比起查理与癌症进行的更加旷日持久的战斗，他们看上去对治疗的反应更加积极，并且他们病情的整体严重性都得到了减轻。这个时候，查理·D.，家庭里的捣乱分子，自然要开玩笑，取笑他们不与他同甘共苦，在他们一家人与“小儿科癌症”症状的斗争中提前退场。这是只有一家人才能够欣赏的黑色幽默。他们知道查理·D.不是一个懦夫，不会半途而废。他那自发的愿望或许的确要在周围亲人的啜泣声中成为现实了。

相对于他自己的情形，他炮制出来描述约翰和玛格丽特的病情的短语也许并不算太过离谱。在35岁的时候，他跟在约翰后面进了医院，只比约翰迟一周左右（他更愿意秘密地去医院，以便不会引起家里人的注意）。他晚上出夜汗，体重减轻了不少。他曾经叫他的妈妈——她是一位训练有素的护士——为他摸过一两次臂下的部位。但是，他们都没有怀疑查理出了什么问题，直到约翰被诊断为癌症，才为查理敲响了警钟。查理以前一直将他的不适看成一场小感冒而已，直到约翰的健康问题出现，才使他停下来关心起自己的健康状况了。就连他的妻子安也建议他去检查一下，但是，他一直拖延，直到连胳膊都举不起来了才不得不去了医院。他在无人知晓的情况下去医院进行了检查，然后决定周末与家人一起放松一下。

就在1986年7月4日（这个国庆节，他与家人和朋友们一块儿在拉斯维加斯度过）之后的某一天，查理驾车把自己送到伊文斯顿医院进行一次秘密安排的胸廓切开术。这次后来被证明为“没有必要的外科手术”非常富有戏剧性，没有人真的知道他为什么选择这样的行动过程，这个手术使他永远无法再挥舞高尔夫球杆了。医生在他的左臂下切了一个切口，这个切口穿过了肋骨和肌肉，永远都没能完全愈合。后来，伤口再次被切开，然后又被立刻缝上——因为医生发现了一个葡萄状的肿瘤。在伊文斯顿继续接受了一段时间的治疗后，最终，查理·D.于1986年12月来到了芝加哥大学医院。他的体检结果中值得注意的只有腋窝里赘生的双侧2cm的淋巴瘤，胸腔透视照片显示他的胸腔中部胸膈处有一大片阴影。对于这些组织的活组织检查证实这是一种中间类型的非霍奇金淋巴癌，即我们所说的 B 细胞亚纲的扩散性巨细胞淋巴癌。他的医生们得出的结果是令人伤心的，于是查理 · D. 接受了氨甲叶酸、阿霉素、癌得星、长春新碱、强的松和博来霉素等药物的治疗（这个疗法被称为 MACOP –B）。

现在供职于匹兹堡大学癌症研究所的巴里 · 雷姆伯斯基博士是在芝加哥大学治疗查理 · D. 的第一位医生。那时候，查理 · D. 的健康状况还很不错，只有一个值得注意的例外，就是肋下的疼痛。如果不是他去了一趟伊文斯顿医院的话，他或许会在数周之内默默死去，至少芝加哥期货交易所里的人们普遍这样认为，事情就是这么严重。

“在那个时候，我们的讨论集中在化疗方面，”雷姆伯斯基说道，“我们讨论了化疗的侵略性，查理 · D. 处理医疗方法的态度就像是在做一笔生意。他觉得正直诚实与竞争性为他在事业上赢得先机，于是，他令我吃惊地在对待治疗这件事情上采取了与交易池里做交易一模一样的方法，他想以积极的、进攻性的态度来战胜病魔。”

雷姆伯斯基博士对查理 · D. 采取了那个时候既存的、最激进的化学疗法，即前面提过的 MACOP–B。用来构成这一疗法的 6 种药物在 12 周的时间里分配给查理 · D. 服用，查理 · D. 每个星期五的晚上都到医院来接受治疗。在去医院之前，他总是要吞下大量的意大利通心粉和乳酪，它们将帮助他应付化学药品通过导管进入血管后迅速造成的极度恶心的反应。这不会使他停止交易，他定做了一件写有标语的夹克，类似休斯敦油人队四分卫丹 · 帕斯托里尼穿的那种，以便保护他的肋骨不受交易池里其他交易员的碰撞。他仍然站在交易池的顶级台阶上，一如既往。当雷姆伯斯基 1987 年 6 月离开芝加哥大学时，查理 · D. 显示出了所有完全缓和的迹象。“我想，他感觉自己已经痊愈了。”雷姆伯斯基博士说道。

在这段时期里，的确有一些时候查理 · D. 感觉不错，觉得自己已经远离了死亡。他的弟弟约翰记得自己有一两次像间谍一样尾随查理，打探他的行踪，结果却只发现他在科学与工业博物馆后面的停车场里呕吐不止。怨天尤人不是查理 · D. 的风格，他也不想让全世界的人都知道他的痛苦。这个世界，交易池里的其他交易员，仍然看着这同一个人，虽然他已经没有了头发。当他从自己头顶上轻松地拽下一绺头发时，就好像它不过是一束干草一样，他可以看见他们脸上惊奇的表情，他或许觉得想哭，但是，不知道为什么，他又决定还是笑一笑更好。

查理 · D. 对化学疗法的反应不错，然后，他又接受了 4000 拉德的胸部放射治疗，以便消灭药物没有杀死的任何残余的恶性肿瘤。直到 1987 年 11 月以前，他的反应一直良好。11 月的时候，他感到右上部四分之一处痛楚难当，这处新添的痛处甚至感觉与胆囊炎十分相似，这种痛苦滋味是经受化学疗法和放射疗法的淋巴癌病人的一种生活方式。腹壁部分切除术显示出他的胆囊正常，没有胆结石，卷土重来的巨细胞淋巴癌的一个简单的小瘤堵塞了查理 · D. 的胆管。在化学疗法和放射疗法治疗之后不到 1 年，癌症再度降临到查理 · D. 身上。这个肿瘤被摘除了，查理 · D. 又接受了 4400 拉德的放射治疗，对准的部位是肝脏以下的腹部，在这里，正常的胆管将连接到小肠上。

根据记录，查理 · D. 身上肿瘤的第二次卷土重来是在 1988 年 8 月，那时，医生在他的胸部透视照片中发现肺叶的后上部分有一个正在不断增大的小瘤，他再度接受了局部放射疗法的治疗。随着时间的推移，情况变得越来越复杂，淋巴癌患者通常都是如此，查理·D. 并不例外。但是，他从来没有丧失掉幽默感。有时候，当他走到紧闭的房门后面去接受更多的检查时，他会故意发出一声令人毛骨悚然的尖叫，为这个时刻增添几分戏剧性，等候在候诊室外面的其他病人在看到他面带笑容地走出诊室之后常常丈二和尚摸不着头脑。他仿佛在说，你难道不能开个玩笑乐一乐吗？而这时候，医生的严肃性以及癌魔的可怕都变得索然乏味了。是的，查理·D. 的医生以及他的一些做债券的朋友们不得不笑，但是，他们也不得不让他停止他的恶作剧，因为他的玩笑使得不少实习医生和住院病人心惊肉跳。在医院里，生命慢慢逝去，有时候，查理·D. 丧失了等待的耐心，就连穿着庄严的白衫衣的医生也不能够告诉这位身穿花哨得多的夹克衫的债券交易员应当如何去做。事实上，他的这种恶作剧从未完全停止过。

那么，查理·D. 的精神状况如何呢？按照在查理·D. 患病最艰难的时候照料他的奥洛佩德医生的说法，他显然不像 47% 的统计结果显示的那样。根据统计结果，有 47% 的癌症患者都有一定程度的精神上的痛苦，表现为一种真正的心理上的混乱。他看上去几乎没有丝毫焦虑或者沮丧的迹象，也没有这两者合二为一的症状，而相当大比例的癌症病人都有上述精神失常的症状。他只是不愿意让疾病改变自己的生活，他不像许多癌症牺牲品那样往往求助于专家的帮助来克服药物治疗带来的情绪上的波动与困扰。事实上，医生们也并不介意在血液 / 肿瘤诊所里听到一些笑语。查理·D. 挺身而出，为他们的日常所见增添了许多必要的平衡因素。

“查理是一位模范病人，”奥洛佩德博士说道，“他从未被病魔击倒，从未灰心丧气。当他处理与自己的病情有关的一切问题时，他总是那么乐观开朗，那么勇敢顽强。在他的内心深处，我认为查理知道他的病情非常严重。但是，当他处理疾病时，他想到的总是什么样的治疗能够帮助他保证生活的质量，而不是什么样的治疗能够使他免于一死。在对他进行了一段时期的治疗之后，我记得我星期一去医院看他做得怎么样。有许多次，我都发现他已经离开了医院，跑去做开市的交易去了。有时候，他是在我们不允许的情况下偷偷溜走的。他的一些治疗是很伤元气的，在这种情况下，他的所作所为着实令人惊叹不已。我不能说我们总是赞同这种做法，但是，我们的确学着去适应它。"

医生们都知道，从统计学上来说，查理·D. 远远没有逃出癌症的森林，即使他在1987年曾经有过一段貌似康复的时期。"我们那时候与他进行了讨论，"雷姆伯斯基博士说道，"他正在接受的化学疗法在那个时候的治愈率大约在30% ~ 40%左右。尽管他正在恢复之中，但是，我们当时仍然建议他直接采用骨髓移植术外加甚至更大剂量的化学疗法。"

就像在债券交易池中一样，做这个决定所需要的信息是很不完整的。这种实验性的疗法是如此新颖而大胆，以至于医生们自己都并不真正确切地知道这种疗法的效果如何、后果怎样。简而言之，骨髓移植手术利用非常大剂量的化学药品来杀死残留在身体中的淋巴癌细胞。然而，这种超大剂量的药物本身，也会破坏体内的绝大部分骨髓组织。

所谓移植骨髓，就是在治疗之前将病人的骨髓从骨头之中抽取出来，并且用药物或者其他物质杀死骨髓中的癌细胞。然后，骨髓被冷冻起来，而病人则被施以大剂量的化学疗法，辅之或者不辅之以放射疗法，以便杀死所有残存的癌细胞。接下来，被转移出来的骨髓又被解冻，并且重新通过静脉注射回到病人体内，以代替被破坏的骨髓，这种类型的移植术被称为身体移植术。如果输给病人的骨髓来自其他人，则这种移植术称为异体移植术。这种移植术的效果也不错，但是病人容易受到感染以及自身排异系统的影响，使他的身体不接受捐献人的骨髓这种情况。

对查理·D.的治疗决定是极其困难的一个，它使债券交易池里的声音听上去像是一群智者在咖啡馆里的戏谑，他们好像是在轻松地闲聊着生命的意义。按照1997年在欧洲发表的医学研究成果，雷姆伯斯基博士估计这种新的、更加实验性的治疗方法有可能使癌症患者的治愈机会增加20%。但是，那时候是80年代，那种治疗方法仍然处于尝试阶段，还没有人敢于做出那种论断。只不过在淋巴癌卷土重来从而使患者的生存可能变为零之前进行这样的治疗至少更加可取。这种新型的、与骨髓移植手术配合进行的大剂量化学疗法的不利方面在于与化学药品相伴而行的毒副作用，人们知道，这种毒性之大可能在病人病情好转之前就夺去他们的生命。医生们不可能做出任何有关这种治疗方法的治愈率的承诺，“这是非常大剂量的化学疗法，”雷姆伯斯基博士说道，“这个剂量比他刚刚接受过的化学疗法的剂量还大上8倍。”

按照查理·D.的医生的说法，他在做出决定的过程之中显然是非常乐观的——带着有限的谨慎——这正是他在债券交易池里的策略。但是，这不是一个买进或者卖出的问题，这关系到他能够活多长时间以及他的生活质量。

雷姆伯斯基博士在1987年从匹兹堡过来与查理谈了几次，看他做得怎么样，并且，他也听到了查理·D.话语间流露出的乐观向上的精神。当然，其他的医生们也试图根据他的病情以及病情复发的可能性，来调整他最初对治疗的积极反应。医生们要认识到他的病情的实际情况，以及癌症可能复发的可能性。

“我想，他那时一定认为自己已经痊愈了，”雷姆伯斯基博士说道，“他想，他或许是得以痊愈的那部分幸运儿之一，他为什么不是呢？他像一位不屈不挠的勇士一般打动了我——这是一个从未在任何事情上失败过的小伙子。另一方面，当要做出最后的决定时，我认为他感觉到自己不可能承受那样大剂量的化学疗法。我认为他已经从自己的第一次化学疗法的治疗过程之中体会到了现实的严酷性，这是他一生之中最困难的一件事情。我们与他谈了话，我们告诉他，如果沿着这条路一直走下去的话，他将有可能在某个时候复原。不过，我们坦白地对查理说，我们之中没有一个人知道这种新的疗法会不会增加他痊愈的概率。他早期接受了化学疗法带来的副作用——恶心、呕吐、感染、脱发，这是任何病人都难以忍受的。我想，他感觉比原来大 8 倍的剂量可能会影响到自己现在仍然拥有的生活质量。要医生努力与任何一位病人进行讨论，都是非常困难的事情。不过，我要说，在查理 · D. 做出决定的时候，他的信息是极其充分的，尽管骨髓移植手术在 1987 年的时候本质上仍然处于调研阶段。”

“对他来说，与这种治疗方法相伴而来的高度致命性与毒性实在是太高了，”奥洛佩德博士说道，“当他做出决定的时候，我们有许多病人都中毒很深。这是一个异常艰难的过程，要挺过来很不容易。”

摩尔梅尔博士和奥洛佩德博士关注着查理 · D.，眼看着他病中最关键的阶段逐渐展开。查理 · D. 决定拒绝接受骨髓移植手术，奥洛佩德博士于 1990 年 5 月与查理 · D. 见面，讨论用某种 X 射线来监控他的病情。“打从我见到他的第一天起，”奥洛佩德博士说道，“他就拥有这种精彩的幽默感。他在正常的就诊时间之后前来就诊，在结束了当天的交易之后，因此，摩尔梅尔博士要我替她为查理先生就诊，因为她不可能一天到晚总是守在那儿。我们好像老早以前就彼此熟识了一样，他说：‘千万不要告诉我任何不好的消息。’”

奥洛佩德博士不知道如何掩饰或者如何找些变通的说法，她直截了当地与他讨论X射线，确切地告诉查理她现在看到的一切，就像是球场上的裁判员。“这的确不是我的专长，”奥洛佩德博士说道，“我不会制造X射线下显示出来的东西。”

“因为我在那个时候对他来说还是一个新医生，我想，他觉得我能够从一堆说法之中挑出一种类似谈判的方法来告诉他X射线的结果会是什么样的。我告诉他，我对X射线无能为力。即使我知道他身上正在发生什么样的事情，我想他仍然希望我说：或许你没什么问题；或许，这只是一个疤。但是，根据我所见到的，我还是告诉他他的癌症正在卷土重来。在那些见面之中，他的活力非常充沛，充满了生命力。他看上去绝不害怕死亡，而是极其勇敢，但是，他也很清楚正在发生的事情。正是因为那个原因，从那天开始，我对待他的态度发生了质的变化，在我以前的生命中，我从未那样对待过其他任何一位病人。”

奥洛佩德博士在他身上没有看到她从其他病人身上看到的那种延伸意义上的否认与反对，或者悲痛之情，“有那么多的病人在听到那种消息的时候都会感觉每一件事物都在离他而去，这常常是他们的第一反应。但是，查理完全不同。他请我尽可能最好地照顾他的问题，并且在他的安排框架中做这些工作。他不在乎你们做什么，只要它符合他的安排就行。他希望每天工作，做交易，因此，他可以给我们一天或者两天来进行治疗工作——那就是他的周末。不过，那只是个大概的安排。那个时候，我们知道，如果有人多次复发的话，我们就很可能无法治愈他了。因此，那时我们的问题就是怎么做才能帮助他过上他可能过上的最好的生活，前提是满足所有这些条件以及他将生命过到最完美的愿望。”

查理·D.并没有寻找奇迹，“他清楚地表示他不会不惜一切代价来进行治疗，他不会为了治病而以牺牲自己的生活质量为代价，”奥洛佩德博士说道，“‘我希望活着，但是，我希望以自己希望的方式去生活，’他告诉我说，‘如果那样做意味着我会比你们这些医生们期望的活得更短的话，没关系，对我来说我并不介意。’事实上，他就是这样处理这件事的。”

查理·D.并没有因为自怨自怜而离群索居，如果可能的话，他生病后的生活与生病以前几乎完全相同。一个周末，他会去多拉尔与他的儿子杰克和他的邻居们一起打高尔夫球。他将他的化学疗法推迟到星期一。奥洛佩德博士学会了如何欣赏查理·D.所理解的生活的意义之所在，并且做出了让步。当查理星期一上午不告而至出现在诊所准备就诊的时候，她忍不住笑了，她学会了如何跟上查理·D.的步伐。

摩尔梅尔博士的研究仍然在继续，几年之后，芝加哥大学医学研究论文将狄弗兰西斯卡一家的材料汇集到一起。他们试图对各个家庭成员的基因进行预分解，聚焦于他们与普通大众相同或者不同的染色体中的脆弱部分。正是对这个家庭的遗传研究使得医生们写道：“对这个家庭的成员身上表现出来的共同脆弱部分的分布进行的检查揭示出与有限的人口相似的分布模式，这说明脆弱的基因部位表现出的高度共同性可能并不能将所有三位患病的家庭成员预先处理为某种特别的基因重新排列的结果，相反，这可能只是暗示出他们有可能对一系列的致突变因素具有敏感性。最后，他们家族在短期内出现了这么多恶性肿瘤的病人，学界提出了一个值得注意的问题：在这些病人身上观察到的淋巴恶性肿瘤疾病的发展是否与他们共同所处的环境有关，换言之，就是这个家庭共同暴露在某种容易诱发癌变的环境之中，加之这个家庭对致突变因素的敏感性这一背景，在这家人的患病事件上扮演了一个重要的角色。”也就是说，他们所有这三个人的癌症都在这么短的时间里发生，这一事实很难单纯解释为家族基因方面的缺陷与脆弱性。

这是一个无人能够回答的问题，狄弗兰西斯卡家族作为一个整体，各个家庭成员作为个人，都仅仅在努力地克服他们的疾病，并且继续着他们的生命，作为对这篇论文研究的继续。查理 · D. 在他结束了住院治疗以及经历了第一轮化学疗法之后，第一次表现出了不屈不挠的、富于竞争性的意志与精神。那年 7 月的一个星期五，约翰和他的女朋友琳娜决定在星期六结婚，因此，查理 · D. 可以在婚礼之中充当伴郎，他们事实上并不在乎婚礼是在医院病房举行还是在教堂里举行。查理 · D. 病得比狗还惨，在持续的化学疗法的折磨下形销骨立宛如脱水一般。查理 · D. 弄清楚了婚礼仪式在教堂举行。他在婚礼仪式上站在约翰的身边，穿着一件白色的胸衣。他太虚弱了，以至于只能站在那里，别的什么也干不了。他们两兄弟拍了不少照片，互相指着对方衣服下面的“问题”之所在。

不久，查理 · D. 就没有任何头发，用垒球帽罩着脑袋来到了债券交易池。最终，在债券交易池的欢呼声中，他摘下了这顶帽子，而交易铃声也响开了。查理 · D. 再次回到了债券交易池，仍然用他招牌式的热情和领袖气质进行着交易，不论他是健康还是患病，是有头发还是没有头发。如果你在债券交易池里与他做对手交易的话，你在与他的交易之中绝对不必出同情牌。如果你这么做的话，他会很高兴地收下你给他的差价，掏空你的钱包，当市场抛弃你的时候，他会把你搁在一边，让你站在那里气得胃疼，谁让你小瞧他了。他不需要任何眼泪，他只想要另一个进行竞争的机会，日复一日，他也总是有这种机会。如果他曾经想当然地接受过任何东西的话，现在，他肯定不会了。

在这段时间，查理·D.四处旅游——有时候去佛罗里达州的多拉尔胜地，有时候去拉斯维加斯的沙漠旅馆，有时候与汤姆·加拉弗和科克·德尔泽这样的朋友们一块儿去威斯康星划船或者做野营旅游，有时候与他的妻子和孩子们一道去密歇根的夏日小屋。但是，说到在他的疾病与治疗的压力之下他最喜欢的避难之所，还是要数沙漠旅馆，那个旅馆的门把上都标着 DI 的专有标志。他会在那里与一些愿意与他共度周末的志同道合的家庭成员或朋友们进行交际联络。在他与癌症做斗争的过程中，查理·D.在他的许多次拉斯维加斯之行中与市场分析师汤姆·德马克结成了莫逆之交。

在 1988 年的一次这样的旅行中，德马克正在沙漠旅馆的赌博大厅里的出纳员柜台边办理飞回家去的时间安排。德马克习惯于一掷千金，他掷一把色子或者玩一把黑杰克的赌注往往高达 1500 美元。但是，在黑杰克牌桌上那一大堆筹码后面的那位赌客引起了他的注意，这些颜色的筹码在绿底的牌桌上并不常见。那个在食指与拇指之间夹着一枚筹码的家伙显然不是一个普通的风险承担者，他将另一枚筹码塞进了黄色的赌注圈。

“我不知道这个人是谁，”德马克说道，“我看到这个大家伙穿着短裤汗衫，顶着一个大光脑袋，脸部浮肿。他看上去好像在桌上放了 10000 美元、20000 美元，也可能是 30000 美元。我都不知道其中一些筹码的价值是多少，因此，我请教了一下色子桌上的侍者，他告诉我那种筹码代表 1000 美元。有次在游戏之中，这个家伙一个劲儿地增加赌注，因此，我不得不停下来观看。”

当查理·D. 的妻子安吻了吻查理，然后掉头去了消遣区的其他地方的时候，德马克站在那里恍如被催眠了一样。但是，查理·D. 的眼睛却从来没有从手中的牌戏上转开。一个局外人要想理解查理·D. 在债券交易池里做交易的方式或者他在赌厅里玩赌戏的方式，总是很不容易的，他在每个地方的单位规模都只不过是他的竞争性、他的自信以及他对命运的理解的一种作用罢了。德马克被自己在查理身上看到的独特气质所吸引——这是胆量与计算的结合，查理随时调整着自己的赌注规模，这告诉德马克，查理可能是在按照某种系统来下注。这个人在任何情况下都绝不会盲目地去冒险。对他的观察激起了德马克一生对市场统计、数字以及趋势的眷恋与痴迷，他问这个男子以何谋生立业。

“我做交易。”查理·D. 对那个赌桌边上面孔浮肿的男人说道。

“你在哪里做交易呢？是芝加哥期货交易所吗？”德马克问道。

“正是如此，你怎么知道的？”查理·D. 一边说，一边将两枚价值 1000 美元的粉红色筹码扔到他面前的下注圈子里，“你是谁？你又靠什么谋生呢？”

“我叫德马克，汤姆·德马克，”他回答道，一边说一边伸出一只手准备握手，“我……”

“你是德马克先生吗？我还以为那是德国马克的缩写呢，你是一个真正的人，不是一种货币吗？”

“是的，我的名字是德马克，D–E–M–A–R– K。”

“我叫查理·狄弗兰西斯卡，很高兴见到你。”

这次交谈没有持续太长时间，德马克要赶去坐飞机，而发牌员则给了查理·D.一次切牌的机会。

汤姆·德马克又看查理·D.玩了几把牌，他的筹码时高时低，取决于牌打得如何。他记得发牌员称那个男人为“D.先生”，后来被赌桌上的那个男人纠正了一下，“你没有必要那样称呼我，叫我查理好了。”到德马克离开的时候，这个光头男子已经又进账了数千美元。

“我记得他说他订阅了我的新闻报道服务，”德马克说道，“我以为他只是在与我开玩笑，但他发誓说他的确是我的服务的订阅者。我不知道他到底是谁，于是，我向周围的人打听他们是否认识他，一个我认识的美林公司的家伙告诉我，他是交易大厅里最大的债券交易员。但是，查理那天不太爱说话，我想他可能感觉不太舒服。”

大约两年之后，查理·D.和汤姆·德马克再一次偶然相遇了。不过，德马克看到的是一个更加消瘦的男人，长着满头黑发，看上去非常健康。当德马克在记分员的帐篷外面跌跌撞撞地碰上查理·D.时，他一开始怔住了，半天才恍然大悟。当他俩晃悠着走进专卖店时，他的鞋钉在水泥地上划出了印子。两个男子都是来沙漠旅馆参加高级旅游职业业余赛的，这是沙漠旅馆的一种恭维方式。德马克在par-5a之一的驾驶术引起了查理·D.的注意，查理·D.驾驶着自己的高尔夫小车在他的球前面50码的地方开着，并且与一位职业高尔夫球员议论着一些什么，他们甚至不是在同一个四人组里。当他在长途驾驶的标桩上看到德马克的名字时，他没有把这个名字与那张面孔联系在一起。

“这个家伙比我们都领先50码，”查理·D.说道。查理的左脚在他的高尔夫小车的边上晃来晃去，“但是他也至少领先我们的职业人士20码，那是个很大的差距——可以称之为Andrew Large。”他将标杆插回到地上，驾驶着他的高尔夫小车向前追赶他的伙伴的第二次击球。

这个名字写在长途驾驶标杆上的人在比赛结束之后狭路相逢，长途驾驶的赢家德马克与查理·D. 都不太记得他们原来在黑杰克牌桌前的那次邂逅了。但是，他们都拥有对市场以及高尔夫球的热情，看上去都对赌博如痴如醉。查理·D. 邀请德马克及其妻子南希参加他与妻子安在波多菲诺（Portofino）餐厅的晚餐，那是沙漠旅馆二楼上的一家意大利餐馆，从那里可以俯瞰旅馆的赌博大厅。查理·D. 之所以特别喜欢这个餐馆，是因为从这里望下去看到赌博大厅的情景与从芝加哥期货交易所的会员走廊望向交易池的情景别无二致。吃饭的时候，男人们探讨着赌博的艺术与科学，更加重要的是，他们作为交易员和市场技术人士对期货市场的熟知。说到债券市场，他们发现他们拥有相似的看法，尽管一个是从场外的技术分析师的角度分析市场而另一个则是靠在交易池里尖叫、大嚷来谋取生存。

不过，说到赌博，他们则水火不相容。德马克喜欢玩本垒打。他通常更喜欢玩那些难度较高的赌戏，并且喜欢极不均等地下赌注。色子每掷一次，他要么“将球踢出重围”，要么就是桌上的赌资被侍者一扫而空。与他相反，查理·D. 努力在第一次掷骰子的时候就尽可能地将统计概率引向对他有利的方向，随着游戏的进行、情况的变化，从几乎无限种模式中选出最有可能的一种。他总是在自得其乐，但是，他并不是个傻瓜。他总是领先站在禁行线前面，比在“通过”战上下注的赌徒拥有0.01的概率优势。机会总是在庄家这边，但是，有时候“机会之母”也会转向对他有利的方向，加在一起就是一个相当可观的数量了。两位赌客公开下注，两人之间的机会相差 0.01，他们都要向赌场交 1.4% 的预付金，使他们有最好的胜出机会。如果色子游戏对他有利的话，那么，他可能会乘胜追击，置对手于死地。

“汤姆，看上去，你好像是用右脑玩游戏嘛。”查理 · D. 说道，“而我则用左脑玩游戏。让我们瞧瞧你玩掷色子是不是像你今天打高尔夫球一样棒吧。”

两个男人都热爱赌博大厅，两个人都喜欢在侍者里奇（Ridue）的桌上玩色子。里奇和沙漠旅馆里的其他负责色子桌管理事务的男孩子们开始称这两人为大 D. 和小 D.，当他俩在桌上玩色子的时候。这两个人都常常令沙漠旅馆里的其他客人们目不转睛地凝视半晌，因为他俩的赌注通常都下得很大——尤其是查理 · D.，他有时候还带过来一些芝加哥期货交易所做债券交易的朋友们，这场游戏就变得非常迅速且非常有趣了。

查理 · D. 在这些游戏中是赢是输，看起来都没有什么关系。在玩黑杰克、巴卡拉特牌戏或者掷色子，甚至有时候打扑克的时候，他都可能在短短半个小时里输出去或者赚回来 3 万到 5 万美元。但是，看来他最最钟情、最最关注的还是掷色子，或者说，对于观看他玩赌戏或者与他一道玩赌戏的人来说，查理 · D. 的色子戏是最富娱乐性的。按照那亲身经历过与查理 · D. 玩赌戏的人的描述，他玩的色子戏所具有的戏剧性与“坚强勇敢”是超棒的。

在沙漠旅馆里，在那些在赌桌前工作的开轿车的、清洁高尔夫球具或者为他擦鞋子的侍者之中，查理都被视为孔 · 乔治王——这是拉斯维加斯的行话，意思是不论他的色子或者牌戏手气如何，他打赏侍者的小费都同样慷慨大方。查理 · D. 做债券交易的朋友们将他描述为一个世界级的扑克选手，他常常一路上大把大把地赢他们的钱，而以“故意设计的小费”的形式将它们返还给他们，从来不在自己的口袋里留下一个子儿。

早在他还在哈里斯银行工作的时候，他就素以在小额赌注的扑克戏中席卷全部赌资来补充收入闻名。1978年，他第一次与哈里斯银行的朋友汤姆·杨一道来到拉斯维加斯。每次玩游戏的时候，他们都在阳光下播种着他们那野生的燕麦，他们坚信自己拥有一种不可能输的“黑杰克体系”，这个系统能够使他们因破产而卷铺盖回家的可能性变成最小。在赌桌上度过了一夜之后，两个年轻男人都上了痛苦的一课。查理输掉了最后的30美元，他用一张信用卡又取出了100美元。幸运的是，那张100美元的钞票使他们的运气发生了转机，赢来的钱足够他们买机票回家，并且能够奢侈地在后来拿这趟旅行开玩笑。对查理·D.来说，这越旅行并不仅仅是一个笑料，他会告诉朋友们，输掉他最后的30美元使他那天晚上在赌场里没有小甜饼吃，后来他才重振精神将他的信用卡掏出来付了账，这是他拿到交易池里讲的故事。这个故事提醒着他：站在金钱烈焰旁边要严守纪律，切勿被烈火吞没。

查理·D.现在正在拉斯维加斯的另一面，他不再与他的汤姆·杨一样的朋友们一道玩什么“体系”，他也不相信自己能够像一位职业赌徒一样凭借技巧去轻松赚钱。他到这里来只是为了享受乐趣，为了与朋友们一道放松放松，这种心态或许凸显出了他对概率以及他自己作为一名交易员在交易过程中的天性所具有的理解。长期来看，他总是觉得这会使他在真正的市场——债券市场上变得更加富有竞争性。没有人比他更像理想的扑克玩家罗伯特·J.哈金森在他的《赌博入门者之绝对指南》中描绘的那样有技巧“观察和理解人类的天性，有能力探测到正在对手心中开始形成的贪婪或者恐惧”。

另一位成功的债券交易员马克·德鲁吉穆勒有时候也会与查

理·D.一道去拉斯维加斯。他还记得至少有一次与查理一道去黄金块（Goldlen Nugget）旅游，当时其他人都出去看表演了。“他在玩这种游戏的时候，感觉好像他已经三年没有晒太阳一样。”德鲁吉穆勒解释道：“这是一种不对赌注做限制的游戏，所有坐在桌边的人面前都摆着大约30000美元，那是用500美元和100美元的筹码堆成的小山。查理只是看着我，说道：‘这正是我的游戏类型。’他坐了下来，在头一两手游戏之中输掉了大约8000美元，而你可以看出他正在努力摸清这种游戏的规则。又玩了几把之后，他的技术有了突破。他领先一个家伙4000美元，使那个家伙陷入了困境，从而赢得了这场赌局。他看着我们，微笑着说道：‘我想我不会作秀的。’到这晚快结束时，在我们从表演场地回来之后，他已经从这些阿马里罗木条式的游戏之中赢回了大笔赌金。”

不过，拉斯维加斯的旅行大概比癌症更加令他分心。尽管债券交易池里到处流传着他在赌桌上“英勇善战、所向披靡”的传奇故事，但是，与他一同旅行的亲密朋友们却说他在赌博大厅以外花费了同样多的时间，拉斯维加斯并不仅仅是一个赌博的胜地。

“那个时候，查理正在做一项研究，”约翰尼·穆索说道。穆索是查理的一位密友，也是债券交易池里的交易员，“他正在做一种精神上的探索。不那么了解查理·D.的人听我这么说一定会非常吃惊，但是，在那个时候，那却正是我与他一同去拉斯维加斯的原因之一。不可避免地，在去拉斯维加斯的旅途中，我俩会进行一些最为精彩的有关精神的谈话。他自称为一名不可知论者，我不知道他那么做是否是为了激怒我并且看看我会有什么反应。”

那么，他为什么有时候会提起与他的病情有关的话题，以及那些有关生命中更高目的的需求的话题呢？

“查理和我在一起的时候感觉很舒服自在，”穆索说道，“他告诉我说我的袖子没有宗教信仰。我告诉他，那或许是一种错误。或许，我不像我应该的那样将信仰表露出来。他知道我有坚定的信念，而他会挑战你对上帝的信仰。仁慈的上帝怎么能够在一次地震之中夺去5000人的生命呢？或者说，在世界上的某个饥荒遍地的地区，人们信仰着另一个不同的神，那儿的人们又怎么能够知道一个基督教的上帝呢？他还向你发出挑战，让你解释一下仁慈的上帝如何会被牵扯进一个每天都有丑恶事物发生的宇宙。相信也好，不相信也罢，我们在拉斯维加斯的确进行了许多类似的精彩至极的辩论，因为他就是喜欢对你提出挑战。我认为我们拥有一种如此之好的关系——因为他知道他可以在我面前实话实说——以至于我没有必要去判断他的好坏与居心。我告诉他，他不可能与任何要求服从的人保持一种爱的关系——包括上帝在内。要拥有一种真实的关系，你就必须拥有能够做出的选择，否则，就不可能拥有平等的自由意志。在这些旅途中，我们常常在人与上帝的关系之中辩论人的情况。”

“我要说，查理·D.有一种精神上的饥渴，并且有一种精神上的追求，几乎没有人知道或者真正了解这种需要。对他来说，这种需求极其重要。这是他的基本愿望之一——是他努力追求并且回答的一个问题。我的确知道，这存在于他的性格之中，并且是促使他行动、处事的动力。不相信这一点的人不得不提出质疑，是什么力量促使他如此慷慨大方，如此富于同情心，如果事实不是如此的话。”

穆索讲述的亲身经历的有关查理·D.在拉斯维加斯的故事是我没有想到能够听到的，但是，只有他一个人在债券交易池以外，在拉斯维加斯的另一面，看到了查理·D.的另一个侧面。正是在那里，我偶然碰到了赌场管理员里奇、斯密提（这个看上去很像康拉德·特威提的人经营着沙漠旅馆的赌博大厅）、比尔·巴里（沙漠旅馆赌场的营销副总），当我们谈论着60年代早期的拉斯维加斯的时候，他施展出了杰姆·霍法之子令人眼花缭乱的生意王牌。他们都对查理超凡脱俗的正直和得体念念不忘，为其做了证明。

我的拉斯维加斯之旅与查理·D.的旅行毫无相似之处，但是，很容易理解他为什么会对沙漠旅馆情有独钟。像债券交易池一样，沙漠旅馆的大厅里也满是各色人等，并且很有格调。我在1996年10月的头3个早晨醒来时，置身于边缘旅馆或赌厅的721号房间（每晚房费35美元），就在沙漠旅馆一步之遥的地方。我在拉斯维加斯的最后一晚——前两晚都被我用来拜访、参观别人告诉过我的有关查理·D.家人及其朋友曾经去过的每一个地方，终于有机会领略这些特质与格调了。美好的事情也如金钱一般，看上去好像正在从我口袋里那个看不见的窟窿里往外流淌。

我在早上6:00不到、太阳尚未升起以前醒了过来，这时候，边缘旅馆的新标志在灰蓝色的天空下闪烁着红色与白色的光芒。从我的窗口望去，我可以看到黑色的电梯，被旅馆里的白色闪光灯勾勒出轮廓，缓缓地向旅馆旧楼的顶层爬去，在那里，查理·D.有时候会在霍华德·休斯的临时“寝宫”里醒来。当旅馆里的管理人员试图将休斯踢出“寝宫”，以便让纽约周围长年不断的豪客取而代之时，巴里告诉我，他并没有老老实实地坐以待毙，他买下了旅馆和更多的拉斯维加斯的土地以示报复，查理·D.无疑也发觉这个故事很可笑。从我那位于边缘旅馆的观察哨岗望过去，不难想象查理·D.的视线穿过拉斯维加斯大道，眺望着远方那一轮从群山背后冉冉升起的红日。红日将天空由奇幻的异彩最终变为几乎无限的红色与橙色的光影。夜晚的沙漠阴影颜色逐渐黯淡下去，山的轮廓渐渐清晰，连同绿色的高尔夫球场，洒水车在沙漠旅馆的高尔夫球道上洒着水，以便使它们保持湿润与茂盛。

1991 年的元旦之夜，就在他去世之前数日，查理·D. 再次来到了沙漠旅馆，他感觉非常平静安详，沙漠以及它的颜色看上去自古不变并且永恒存在。查理是一个现实主义者——他知道自己正在死去，虽然他并不知道自己究竟什么时候会从地球上消失。我可以理解这个地方为什么被拿来作为一种精神上的良药。

在沙漠旅馆，比尔·巴里和科提斯·史密斯向我展示了这片土地，并且就这块胜地成为查理·D. 的最爱之所的原因提供了自己的见解与思路。他们用与债券交易员一样的方式来赞美他——他们也忘不了查理·D.。

里奇·洛普里斯托想让我听听他那些有关查理·D. 的特殊而亲密的消息，赌厅侍者里奇在沙漠旅馆遇到了我。那天他休息，穿了一件天蓝色的衬衣，袖子和袖口都是白色的，一身休闲装是银色的。他脖子上挂着的一圈黄金珠宝以及腕上的那块名表都是人们不可能视而不见的，正如他黑白分明的翼波状盖饰鞋一样。这个人在拉斯维加斯看到查理·D. 的次数是最多的，超过了他的朋友或者沙漠旅馆里的其他任何一名雇员。我想我们或许要在桌上谈谈查理·D. 的“勇敢无畏之类的事情”，我没有想到与我交谈的这个人竟然相信查理·D. 已经永远地改变了他的生活。

里奇·洛普里斯托从小就生长在赌博气氛甚浓的环境中。他的父亲是一位医生，照顾着布鲁克林的一个非常有名的意大利俱乐部里的会员们。里奇夏天就在俱乐部里做小工，当然，这得归功于他父亲帮他联系。后来，他在赌博游戏中找到了自己的事业。正是在色子桌旁边，他认识了真正的查理 · D.。

里奇沿着小道驾车带我到处晃悠了一圈。首先，他带我去了离机场很近的一个地方，从那里可以看到飞机从机场起飞的情形。然后，又回到离赌场几步之遥的地方。在这次为期近一小时的汽车旅行中，他向我讲述了有关查理的带有神话色彩的冒险故事，以及查理的慷慨大方与高贵精神——这些是里奇感到更加有意义的细节。

里奇记忆最深刻的一个晚上是在色子桌上，那天晚上，色子桌上非常冷清。在大约 20 分钟之后，查理已经输掉了 3 万美元。负责管理色子桌的里奇回忆道："那天晚上，他的手气出现了剧烈的变化，他将 3 万美元的损失变成了 4 万美元的收获。在这之前，我们每个人都只得到了 10 美元的小费，因为这个晚上的生意是如此冷清。可是，查理却慷慨地付给了我们所有侍者每人 1000 美元的小费。我向查理表示感谢，结果，他决定再给我们 2000 美元的小费。我是如此尴尬，感觉自己无功受禄，有愧于心。我想把钱还给他，可是，他坚决不收，你一辈子都离不开这个人支付的小费。"

里奇还记得另一次，查理 · D. 在几分钟之内输掉了 1 万美元。在这样短的时间之内输掉这么多钱，必定会引起赌场雇员的注意。输钱的人心情往往不会太好，状态不会太妙，风度自然也会大打折扣。但是，查理 · D. 的表现却再次令洛普里斯托出乎意料。"赌桌上，查理 · D. 的面前摆着大约 800 美元的筹码，"里奇说道，"但是，他没有把这些筹码拿来再试一把运气或者全部带走，而是将它们全部给了我们这些在这张赌桌上的侍者作为小费。不论游戏的结果如何，查理 · D. 总是那么慷慨大方。我想，他或许觉得我们比他自己更加需要这些钱，又或者他认为用这样少的钱来赌博实在太有违他的一贯风格，太不过瘾。”

但是，最令里奇难以忘怀的，并不是作为赌徒的查理·D.，也不是他的巨额小费。事实上，每次他来到拉斯维加斯都会带来精彩的故事。在手气不错的晚上，玩过色子或者牌戏之后，查理·D. 都会在返回旅馆或者赶往飞机场的路上将一些值钱的东西或者干脆一打钞票“不小心”落在轿车上。里奇记得最清楚的是在他运气最不好、他和他的儿子在“拉斯维加斯的另一面”的时候，查理·D. 对他的关怀。

就在 1988 年五一国际劳动节之后不久，里奇的儿子马特在小区附近的一个名叫威特·N. 野生世界的水上公园游泳。几天之后，他疾病发作，被送进了拉斯维加斯医院，初步诊断为大脑炎，情况非常危急，孩子有生命危险。那个时候，来自医院的压力使得里奇的健康状况也大受影响，精神上的打击更加令他难以承受，他陷入了深深的沮丧之中。正是在里奇处于生命中的低谷之时，查理·D. 向里奇这样一个侍者以及他的儿子伸出了温暖的双手。

“赌场里的雇员们没有不记得查理·D. 的，”洛普里斯托说道，“但是，他们这样做并不仅仅是为了金钱的缘故。查理知道我当时受到的打击有多大，他准备尽一切努力使我和马特的情况得到最大限度的改善。这个家伙自己还有那么困难的事情要对付呢，但是他却打电话关心我的情况，让我放心，我和马特都会顺利地渡过难关。我很清楚，我这辈子都不可能报答他为我所做的一切，不可能报答他对我的无私关怀，但是，我希望其他人能够了解这个男子汉拥有多么宽广的胸怀。只要能够为你做点事情，这个男人绝对不会推辞。这听起来很傻，但是，我感觉是上帝安排我坐在这里告诉你这一切的。在我和马特落难的时候，是查理·D. 主动打来电话，看他如何能够帮上我们的忙。”

赌场侍者里奇和我发现我们的车停在小区里一个空空如也的停车场里，我们默默地望着里奇的车窗外面的世界，各自在心里想念查理·D.。这时，扶手下面的蜂窝电话响了起来，打断了我们的沉思。

“你好！嗨，是马特啊，你怎么样了？”父亲对儿子说道，“听着，我正在这里和一位来自芝加哥的朋友谈论有关查理·D. 的事情呢，我正要带他去看查理·D. 当年是怎样玩掷色子的，然后，我会回家带你去吃晚饭。这个安排怎么样？我大概下午 5:30 到家。我爱你，再见。”

幸运的是，马特在这场战争中击败了大脑炎这个恶魔。他父亲和我谈论起美国赌博，他正打算在全国范围内经营运作这家从事娱乐性体育竞赛事业的新公司。如果这家公司真的投入运营的话，那么，其中有 10% 的功劳要归功于“提出希望基金会”这样的慈善组织。“不过，这并不是一家公司，”他说道，“除非它能够带来回报。”里奇发动了他的那辆白色的科迈罗，将我送回了边缘旅馆，他还告诉了我一些有关查理·D. 如何玩色子的故事。他说，有一个好消息，那就是边缘旅馆提供了 10 倍的机会，对于我这样的业余选手来说都意义不大，因此，我只是点了点头。我们两人将各自掏出 100 美元，买下 200 美元的筹码，玩掷色子的游戏，并且在游戏中回忆、纪念查理·D.。在吃下了两个汉堡包、喝下了两杯可口可乐之后，我们来到了色子桌旁，开始了我们的游戏。

“查理·D. 总是在 DON'T PASS（不过）线上下注。”里奇说道，一边说一边将我们的第一个 5 美元的筹码放在了查理·D. 惯常放的位置上，“将赌注放在 DON'T PASS（不过）线上，你赢钱的概率就大了 0.01。假定你能够通过第一轮的话，那么，在 DON'T PASS（不过）线上你的运气将会更好一些。这是你接近庄家的最好方法……”赌博游戏比债券交易池里的游戏运作要快得多，我根本不能记住里奇以及其他一些赌场侍者们告诉我的有关查理·D. 的掷色子方法的每一个方面。

那天晚上晚些时候，我求助于《业余选手赌博指南》，再次印证了这个有关 DON'T PASS 线和 PASS 线之间差异的事实。我发现赌场侍者里奇说的是真的：如果查理·D. 用 5000 美元连着赌 100 次的话，这个 0.01 的概率差别就会使他能够“免费”地再玩一次掷色子。如果你将赌场收取的 1.4% 的提成看成与经纪人佣金没有差别的话，那么，你就可以在任何时候兑现这“额外的”一次机会了。前一天，在恺撒皇宫酒店，我花了半个小时的时间听取一位掷色子方面的“顾问”的演讲。他大谈特谈了一通在 PASS 线上下注的种种好处，而闭口未提 DON'T PASS 线。就里奇和我的游戏而言，它们倒是没有什么区别。但是，对于查理·D. 这样的职业风险承担者而言，这是到达底线区的一次无人阻挡的自由穿越。在这额外的一次投掷之中，你永远无法预料将会发生什么样的事情。正如里奇告诉我的那样，色子是没有记忆的。

我继续努力按照里奇所描述的查理·D. 的色子游戏规则玩下去，但是，游戏进行得太快了，我的眼睛都看花了，用不过来了。我合上了我的笔记本，现在是和我们安静沉默的合伙人一起玩游戏的时候了。我知道的下一件事情，是里奇对赌桌上的 6 位赌客下了 10：1 的赌注。“查理·D. 总是为我以及其他小伙子表演这样一手绝技。”他说道，“他会为赌桌上的任何人表演这一幕，只是为了一个玩笑而已。”一个穿着蓝色高尔夫衬衫的啤酒肚男子摇了色子，付给了这一桌上的侍者 50 美元。

“谢谢你，我的朋友。”边缘旅馆的赌场侍者罗尼说道。

“不必谢我，”里奇说道，“要谢就谢查理 · D. 吧。”

在接下来的四轮里，色子的赌注变大了。一开始的时候，赌注小得像蛇眼睛一样，赔率是 30：1。后来，有人在色子桌上掀起了波澜，组成了一个 1：2 的联合体，赔率变成了 1：15。

“如果现在汤姆 · 德马克和我们一起玩色子的话，他会在桌子中间下各种各样的赌注。在这样的三轮游戏结束之后，他将会赚到一笔，并且离开赌桌。当然，查理 · D. 拿他开过玩笑，说他是用右脑赌博。查理 · D. 极少在显然不利于他的情况下碰运气下赌注，除非是为了间接地给赌桌上的侍者们以及其他人付小费，就像我刚才那样。他总是为那些他根本不认识的人做这种慷慨的表演，很快，整个赌桌就都倾向于他了。”

在 20 分钟之后，DON'T PASS 线并没有为“法龙 - 洛普里斯托投资组合”发挥预期的良好作用，于是，赌场侍者里奇跳到了 PASS 线一边掷色子，并且给了我摇色子的优先权。我摇了一次，我甚至都不知道自己摇出来的是什么数字。他在 PASS 线上下了赌注。我头一两次掷色子，感觉手足无措，甚是尴尬，但是，也非常有趣。我还记得格拉夫教练的故事——他将拳击手的筹码弄得满天飞，甚至连墙壁都没有碰上。因此，我在两次掷色子的时候每次都捏着一把冷汗，倒吸几口凉气。我又掷了四五次色子，然后，我的一把色子赔光了桌上所有的筹码。我的“处女原则”就到这里吧，我再也不相信拉斯维加斯的迷信教条会给我这样的初学色子术者带来任何好处了。大约 45 分钟之后，我们就各自输掉了 45 美元。这一晚不属于我们，与查理 · D. 在债券交易池里的一帆风顺相反，我们碰了一鼻子灰。

在出纳间里，我感谢里奇向我展示了拉斯维加斯的另一面。“查理并不太看重金钱，”这时候里奇正在给出纳间里的女侍者付小费，“他拿它来寻找乐趣，并且让他周围的人开心。他让每一个人都感觉拉斯维加斯新奇有趣，而不是拉长了脸如石头般坐在赌桌前消磨时间。在赌场的每一出赌局中，他都是这样去做的。他会拿一只手来当赌注，以此诈唬发牌人，于是，这个小伙子不会工作，反倒会大笑开来，所有这些‘佐料’会继续发挥作用。如果他看到一对小两口正在度蜜月，拿 3 美元来下注，他就会在他们二人玩的任何一种游戏中安排 1000 美元的红包——他只是为了使他们有机会享受乐趣。一旦他那么做了，押下一笔赌注以帮助拳击手、发牌员、侍者，赌桌就拥有了生命。很快，每个人都找到了乐趣，并且热情支持同一件事情——那就是追求快乐。”

“感谢你，里奇，谢谢你百忙中抽出时间……”我说道。

“我愿意为查理做任何事情。”他说道。

里奇的表情已经说明了一切，他顿了一顿，又回忆了一下往事，然后，打点了一下自己的精神，笑了笑，并且握了握我的手。

作为边缘旅馆色子桌旁无声的伙伴，查理·D. 在 1991 年 3 月最后一次用化学疗法治疗之前，与奥洛佩德医生一起与“拉斯维加斯的另一面”进行了最后一次交流。那年的元旦是在沙漠旅馆里度过的，查理在色子桌边向他的妻子安祝酒，啜了几口香槟酒。在芝加哥大学医学中心的聚会上，他和约翰面对面坐在奥洛佩德医生的办公室地板上，他俩的腿还盘绕着，活像是印地安的酋长们。当他俩在倾听奥洛佩德医生谈论即将发生的情况时，全都保持着肃静，没有讲一句话。在奥洛佩德博士讲完了所有的可能性之后，查理·D. 注视着约翰的眼睛。一瞬间，他已经读懂了一切，也看到了自己需要看到的一切。如果约翰不在场的话，查理与奥洛佩德医生的那场谈话将会更加艰难。

“他已经成功地接受了那个疗程的化学疗法，”她说道，“但是，那时候，他的癌细胞开始扩展了，我们不得不改变计划，做别的安排。到那个时候，他感觉自己越来越虚弱，并且感觉行动不便。他想知道我们还能够做些别的什么，有什么其他方法吗？我们已经竭尽全力了。但是，我告诉他：‘我们别无选择。’在那次会谈中，他真正地受到了伤害。直到最后，他仍然相信自己能够战胜癌症，自己有足够的意志力取胜。在那次会谈中，他认识到自己的确病得很严重，但是，他绝不会让任何东西将自己打倒。”

查理·D. 了解奥洛佩德医生的苦处，对他的病，她感同身受。该是去“拉斯维加斯的另一面”待一会儿的时候了，查理·D. 又一次向他的医生提出挑战，并且用他最著名的赌注来下注，那个赌注为奥洛佩德医生准备数月后在休斯顿发表的研究论文提供了部分资金。如果她让他活过 1991 年 1 月 1 日的话，他承诺为癌症研究捐赠 60000 美元。如果他活不到那个时候的话，癌症基金要么加倍，要么一个子儿也没有。这是查理·D. 为自己设立的最后一个竞争性的挑战：接受奥洛佩德医生的话，但是不接受失败。约翰和查理·D. 隔着奥洛佩德博士的桌子凝视着对方，这沉默表明了他们的默契。

“嗨，奥洛佩德医生，什么是灾难的节奏呀？那就是翻番再翻番。”查理·D. 想向奥洛佩德医生说这句话，但是，他那蒙娜丽莎式的嘴唇却没有动。他可以看出来，她像他一样受伤很深——而他最后的彩排，正如他所称呼的那样，刚才已经开始了。

查理为癌症研究基金捐款，1991年2月

查理和麦吉

第十章　罗伯特东街 308 号

在通往沃基肖的道路两侧，住着 56985 个人。

是什么让我们感到有一种动力去寻求生命悲剧的答案？如果我们找到了解释，它们是正确的答案吗？这些答案能有助于减少将来的死亡，让悲剧不再发生吗？

也许不会，人们会继续患病，有时是由于一些解释不了的原因，甚至是由于没有明显的原因，但是我不会那么天真而相信这些说法。

然而，自从我第一次听说查理·D. 在韦格瓦姆别墅的传奇故事后，我就鬼使神差地对罗伯特东街 308 号的狄弗兰西斯卡别墅着了迷。望着雪茄的烟雾，我在想象着怎样才能拨开这座处在西南方向农场的高压线电流下的神奇别墅的迷雾。《卡尔森寂寞的春天》一书，使人想起该家族的癌症病史之间的奇怪联系（通过玛格丽特·狄弗兰西斯卡和雷切尔·卡尔森蒙着灰尘的照片来看，可能存在某种母性的关联）。

我第一次阅读这本书的时候是好几年以前，当时狄弗兰西斯卡还没有去访问芝加哥大学的医院。我经常在反复读这本书，认真思考查理和他的家族可能存在的问题。在这本书开场第一章的第一页，标题是“明天的寓言”，似乎超出了我的记忆之所能及的范围，好像处在卡尔森的迷魂阵里一样，直到我听说了查理·D.，在调查了他的家族后才有所明白。我开车进入了沃基肖，驶入了一个类似于卡尔森所描绘的“在这里所有的生命都和周围的环境和谐相处”的地方。事实上，在第一页，他在《寂寞春天》用钢笔描绘的这个地方的图形与我借助卓易·巴撒的地图找到的地方并不相像。我想知道的是，狄弗兰西斯卡家族的问题是基因的问题，是完全不能逃避的问题，还是由于未知的环境力量导致的问题。如果你是记者的话，就像我，会感到心头有一种去调查清楚的责任。

这片地方，常常被狄弗兰西斯卡家族称为“森林中的草坪墓地”，这不是由于查理的癌症及死亡引来的说法，而是关于这片地方的位置和形状的说法的一个谑称。在罗伯特东街 308 号，这是一座二层楼，由无数的松树包围着。向这座房子投递报纸是报童最害怕的事情，因为把报纸扔过松树林投到家门口是不可能的，这所房子看起来就像是埋藏在这些松树林中似的。

最使我感兴趣的房子是查理的房子：一间长 16 英尺、宽 11.5 英尺的地下室，狄弗兰西斯卡家族认为，像他们这样的居住位置是非常罕见的，不会再有第二家。但是，芝加哥大学的医学研究人员对他们询问之后，曾这样思考，这家人究竟什么时间在哪些地方长期地居住在一起。从那时起，这个房间对狄弗兰西斯卡家族就有着特殊的意义，因为他们试图用不科学的方法来解释自己的疾病。当然，还包括这整套住房和沃基肖在内。在玛格丽特的印象中，这可是一个非常值得珍贵的地方，因为她和她的两个儿子在一起待了很长一段时间。如果非要去寻找一个他们共同待过很长时间而可能同时受到环境变异因素影响的地方的话，那么就应该是这个地方，凭母亲的直觉也会感觉到。

当我在观察这座房子时，玛格丽特的声音传到我的耳朵里：

“事实上，我和我的儿子在楼下住了很长时间，这是唯一能解释我们为什么得了癌症而珍妮特和温斯没得这种病的原因，他们更多的时间是在楼上。我们也搞不清楚，但我们有时就是这样想的。”

在我检查这间房子的时候，除了一堆地毯外，房子空无一物，玛格丽特的声音变得越来越弱。突然有一种奇怪的感觉触动了我，我感到能在这间房子里发现什么东西。

正如玛格丽特和温斯所说的，罗伯特东街 308 号是一处很好的家庭住地，就在大街的南沃基肖高中对面。我把查理 · D. 有关高压线的故事讲给了房东，一个老奶奶模样的人。她说，在地下室的房间里，加热系统是通过地下的线圈进行的，这可能导致健康问题，因为约翰和查理躺在那里看电视，他们的身下是埋在水泥里的大量电缆层。但是，管道是通过热水来加热的，这显然是没有危险的。简而言之，这房子就是房子，此外并没有什么特别之处。

我透过一扇窗户，看到了高压线，可能是从后院延伸上去的，这显然不像我想象的电磁感应导致的死亡。我打开了后墙推拉门上的窗帘，由于地面是倾斜的，只有查理的卧室是低于地面的，两堵墙都被管道包围着。

必须检查卧室是否含有氡元素，我觉得有必要这样做。老奶奶告诉我，据她所知，从来没有这样的东西。我离开了这间房子，没有什么疑虑，却并不能十分肯定。但是有一点奇怪的印象，这间房子像个巨穴，而且被紧密包围，墙上是不导热的玻璃块。也许，氡元素是一个值得研究的问题，但它与肺癌有密切关系，而与淋巴瘤关系并不大。

电线理论使我着了迷，因为它与查理 · D. 的传奇经历更加吻合。我在设想，查理在死之前，在哈理戴维逊大道上兜风，看着前面开阔的视野，当时速超过 90 公里时，看着后视镜中电线杆子一个接一个闪过。我头脑中过着“电影”，突然被威格瓦姆的经纪人打断了。我认为，这些电线提醒我，它们正是将查理送上死亡之路的标志。

电线理论引发了我诗人般的想象，威斯康星州是一个环境保护意识很强的州。人们告诉我，威斯康星州在全美50个州中，制定了一些最高水平的环境保护标准，我从来不怀疑这些说法的真实性。另外，电线理论也与我阅读过的一些杂志比较吻合。保尔·布鲁德尔,《纽约人》杂志的作家，1993年写过一本书叫《电缆线大揭秘：政府和公共事业单位是如何掩盖电磁场造成的灾难的》，这是一本具体的、可信的书，我可以指着它，说：“看，是这本书告诉我的。”

保尔·布鲁德尔指出，在一份严肃认真的医学文献中，对过去15年的病例进行研究，在那些住在距高电流或高电压不远的人中，11个儿童中有8个很容易患癌症，患病比例比那些距高电流或高压电远的儿童要高得多。很容易想象，约翰和查理同温斯教练在一些开阔的地方玩橄榄球，经常将这些高压线作为想象中的橄榄球场地边界，形成一片橄榄球场地。但是，当我访问沃基肖时，这些电线并不存在，而且教练们也回忆不起20世纪60年代时的情景了。

为了搞清狄弗兰西斯卡家族的病理问题，其他人还提出了许多别的理论。查理·D. 的妹妹珍妮特说，在20世纪80年代，沃基肖的氡元素的含量水平超过了美国环境保护局（EPA）所规定的最高标准。我后来才发现，她指的是氡元素的放射水平。在珍妮特住在沃基肖镇的时候，据报道，沃基肖和美国环境保护局将水资源的放射水平封锁了。显然，美国环境保护局所提出的关于沃基肖的建议是高于1974年立法的《清洁饮用水法》可接受标准的，这个法律要求政府花费财力去除饮用水中的放射性物质。这在沃基肖人看来是不必要的而且是耗资巨大的一项建议，特别是沃基肖不管怎么说也在遵守环境标准的范畴之内。沃基肖市长将水处理的费用僵硬地定在 6900 万美元，另外，即使放射性物质被排除，还有一个如何处置的问题，这又是一个值得注意的问题，而且又意味着一大笔费用。珍妮特，甚至查理・D. 的教练们称，这个问题在当地的新闻机构导致了一些不好的名声。他们都记得，在沃基肖的用水报告上，曾经登过警告，建议居民通过用水方式的改进来解决自然发生的矿物质问题。

关于狄弗兰西斯卡家族的病理问题，还有一个理论，这是围绕珍妮特・狄弗兰西斯卡 – 帕歇尔 15 岁的高中聚会引出的。在向她的同学讲述她母亲和哥哥的健康问题时，她听说，奇怪的是，在罗伯特东街上还有其他人被诊断为不同类型的癌症。那时，珍妮特把这件事告诉了我，她已经记不清邻居的名字了。这是一个有价值的线索，但不是最可怕、最长的一个线索。珍妮特的丈夫克雷格告诉她，查理・狄弗兰西斯卡位于陡峭山坳下的房产，以前曾是农场主选定的倾倒垃圾的地方。他们将化学用品处理完成后，将多余的化学物质倾倒在到山坳下，再任由雨水冲刷。也许是这样，珍妮特通过小道消息了解了这些事。

在珍妮特的高中聚会上，这个消息传出来了。据报道，有一个邻居将这个癌症群体的问题向公共卫生部门的官员进行了反映，但谁也不清楚这个人是谁，也不清楚是什么时候反映的。这种谣传传了出去，制造了一个善意城市的荒诞传说。查理・D. 的高中女友乔伊，就像珍妮特一样，重述了这个荒诞传说。

“假设这个邻居治愈了淋巴瘤，去保险公司更改他的保险。故事是，当他为了向保险公司披露个人医疗信息而去收集医疗信息时，才发现他无法取得自己的医疗记录，原因是一项秘密的医疗调查正在进行之中。我想，他的名字叫汤姆·瑞肯斯，大概就是这样。据报道，他是住在罗伯特大街的另一个人。”瑞肯斯给卫生部门的官员肯定写过信吗？还是别人写的？

狄弗兰西斯卡家族的三个人得了病，但对这些理论解释并不能轻易地进行检验。珍妮特，是那个时候唯一住在沃基肖的人，当时正忙于抚养四个孩子。家族的其他成员都有自己的问题，最起码来讲，他们都需要接受不同的癌症治疗。狄弗兰西斯卡家族不愿意成为医院实验室的小白鼠，特别是在治疗的副作用出现的情况下，但又不得不这样做。这样，环境污染物致病的理论仍留待回答，在芝加哥大学的病理学者和医生的研究论文中写道：“目前，我们对环境因素导致居住地不良的说法仍理解不深，同时，我们也不清楚环境因素导致居住地不良的转化过程持续多久。”这是这些医生在 1991 年 5 月对狄弗兰西斯卡家族疾病的说法。

现在该是更多地了解沃基肖的水源供应的时候了。在霍卢布教练的一个小册子中有一篇剪报，名称是《沃基肖的水的安全性如何？》，时间是 1989 年 8 月 29 日。这是一个奇怪的读物，与前面的调查相反，它用一种完全自信的语言叙述道：“沃基肖的自来水公司向家庭、工商业提供安全而高质量的水源。”在小册子的内部，解释说：“沃基肖的水是每天从很深的砂石层中抽上来的。这样的砂石层大多分布在威斯康星州的中部和南部，伊利诺伊州的东部和北部，印地安那州的北部、爱荷华州、密苏里州北部和密苏里州的东南部。”这对我来说，意味着“沃基肖抽取的大部分水，先是进入了沃基肖西部和杰菲逊县的蓄水层，然后经过约几千米的砂石的过滤，最后才进入沃基肖的十口巨大的蓄水井”。这些过滤过程，使水在进入千家万户的时候富含天然的矿物质，包括铁，使水略带红棕色。

这些小册子也暗示了一些有关放射性物质的问题，这些问题是在珍妮特的高中聚会时提出的，而且受到了关注："最近，低水平的天然放射物质是有潜在危险性的，但对生命和健康不会有直接和快速的威胁，显然自来水公司违反了美国环境保护局所建议的标准。这个自来水公司已经同威斯康星的自然资源管理部门达成协议，同意按指定的规程来达到应有的标准。"

我认为，这个问题的确得到了解决。不管怎么说，这是 1996 年，而不是 1989 年，这一年这个小册子显然已经发行过了。

通过进一步阅读，我发现有一节题为"将来的担忧"，更使人感到压抑。在一幅很小的手工绘制的地图上，上面标有很小的图标和箭头，指出了哪里存在杀虫剂、除草剂、化肥、酸雨、化学物质泄露、盐以及垃圾。这些都画在了剖层图上，标明了表层土壤、石灰层、白云石层。这一幅图的四周是一些文字，看了它更使我心里不能平静。具体内容是：

> 沃基肖水源的质量总体上由一层名叫泥板岩层的不透水的物质来保护。这一层介于含水的白云石层、砂石层和砂砾层之间。砂砾层可以阻止地面不深的水流和一些污染物，使它们不能流到深处的砂石层，而砂石层正是沃基肖之水的源头。至于将来的用水能否保持不被污染，对此并没有充分的保证。自来水公司会对地表水的污染做出适当的反应，采取适当的处理设施。

给人留下深刻印象的是，如此之多的潜在问题竟然全部包含在这简单的五句话和一幅小小的图画之中，而且一位记者拥有如此之少的信息，就有点像一支装了子弹的枪。在进入沃基肖历史博物馆之后，我发现了一件好事情：他们即将举行一次演讲，而演讲的内容之一正是我想进一步调查的。我碰巧观看了由马理琳·黑格斯特朗德夫人制作的一次幻灯片演示，她是一位当地的历史学家兼古董收藏商。她那天的演讲题目是：《敦巴的大发现：沃基肖泉水的年代》，这是一个绝对令人高兴的话题。我当时得出的结论是：黑格斯特朗德女士可能给我在沃基肖水资源方面提供一些答案。

“我想知道的是，沃基肖水资源被污染的概率有多大，我知道您正准备在沃基肖的天然泉水及其对社区发展的历史性、重要性方面搞一次演示。但我想知道的是，您是否知道一些关于沃基肖从市区里几口大水井里抽出的水是否能喝，它的安全性又如何？”

马理琳女士和她的丈夫米尔特很有教养，我提问完这个问题，他们斜视了一阵。几分钟后，他们回答了我的问题，接着解释说，沃基肖的水不再是从天然泉水里出来的，而是来自地下深井，据他们所知，这些水是安全的，也是纯净的。

沃基肖开发出天然泉水，曾经经历了过去的富裕。晶莹清亮的泉水过去曾冒着泡涌出地面，随时准备供人们饮用，而且附近各处遍地都有。沃基肖城市的大街，交会于一个名叫“五点”的地方，此处有一个泉水之屋的复制品，如今立在那里，象征着对过去该地方的天然泉水的纯洁性的怀旧。

沃基肖享有泉水之城的名声是始于 1868 年，当时印地安人已经知道此事许多年了。那时，一个名叫科罗纳尔·理查德·敦巴的绅士，患有糖尿病，来到沃基肖，发现了当地泉水的治疗作用。他不顾身体衰弱，来到沃基肖参加他岳母的葬礼。在路上，他觉得口渴难耐，于是他让马车停在他小姨子农场对面的一个泉眼旁。就在那天，他喝了大约 12 杯泉水。他后来说：“我觉得在这些泉水里有一种奇异的物质，正在对我的身体产出重大的变化。”次年，他从纽约归来，同样是身体虚弱。后来，他觉得健康得到了恢复，同样是因为喝了这些泉水。敦巴是如此感动，开始称这些泉水具有疗效，而且将罐装泉水运送到全国各地。在敦巴的地产中，5 个泉眼涌出地面的是饮用水。他堵上 4 个泉眼，而剩下一个他最喜欢的泉眼进行商业运作，并且命名为“庇塞斯达”。

敦巴很快就有了后来人，别墅发展起来了，沃基肖成为有名的“西部加州的萨加托加”，泉水生意开始兴隆。在以后的 40 年里，来自全国各地的人民，包括亚伯拉罕 · 林肯夫人和尤里西斯 · S. 格兰特总统，来到这些豪华的别墅度假，喝着不可思议的泉水。芝加哥人更是这样，乘火车来到这些地方，最多的时候，一天有 25 趟火车开往沃基肖。

敦巴开始向全美国各地运出一桶又一桶的泉水。庇塞斯达 · 斯普林的大地开始美丽起来，敦巴也打算在附近建他自己的别墅和宾馆。1871 年，美国高等法院大法官萨尔蒙 · P. 齐斯为那座宾馆铺了奠基石，他声称这里的泉水改善了他的健康。但是，这座宾馆并没有建起来，尽管敦巴依旧留在沃基肖，而且提高了“庇塞斯达”泉水的声望。不幸的是，他于 1878 年由于心脏病突发而猝死。

但是，人们对沃基肖纯净的矿泉水的怀旧却没死，依然持续着；对这种泉水纯洁性的信念也延续下来。黑格斯特朗德夫人的演讲，以及约瑟福 · E. 瑞安在《特殊的泉水》（1992 年夏季与秋季版）中对这片土地标志所做的描述，就是这种信念的证明。瑞安写道：“作为一个长期待在沃基肖的人，我认为有什么物质对泉水产生了作用。我的结论不是建立在科学基础上的，而是建立在对健康方面的原始直觉的基础上的。对那些破坏幻象的人们，可能有特殊的地狱在等待着他们。我们会带着科罗纳尔、敦巴和那些印地安人……大口喝着这些在现在已经消失的泉眼的泉水，欣赏着温润的味道。也许，因为我们的青春和希望还留在过去，我们对那些珍贵的物质更加觉得宝贵。”

乔伊和她的生物学家的丈夫乔，令我打消了沃基肖的水是导致狄弗兰西斯卡家族疾病的原因的念头。乔的推理是讲得通的，他解释说，沃基肖水源的注水区实际上是在杰菲逊县，在沃基肖的西部，所抽水的井位于地下 1300 至 1800 英尺深，中间要经过许多层的砂石和石灰石。他指出，像他和乔伊这样的人，吃水是靠私人的浅水井，可能冒一定的风险。因为私人的浅水井距地面只有 150 至 200 英尺深，容易遭受潜在的污染。一些污染物，比如杀虫剂和除草剂，可能污染浅水井。城市水源经常要进行监测，以保证安全饮用。他解释说：“我们并不常喝这里的地表水。地表水之所以不常喝，是因为它能在土壤中上升或下降，这要取决于土壤的天然结构。比如，我们住在山上，我们就不能认为我们井中的水比在下边的井里的水要安全，因为土壤下边的压力能将水压上来。这一点不像地下水，地表水可以在各处流动。”

对沃基肖之水的另一种观点是，艾伦朗吉尔和简·槟·洛克所著的《农田变为高速公路》一书，这是一本讲述沃基肖县发展史的书。乔说，这本书对了解沃基肖的水及潜在的污染物提供了许多答案。乔似乎对我所认为的饮用水导致狄弗兰西斯卡家族疾病的潜在原因的说法有所怀疑，他知道，原住在罗伯特大街的老邻居总是喝城市供应的水，这就消除了狄弗兰西斯卡家族喝了被化肥污染的水而又未被探测出来的可能性。

乔伊也没有全部否定我的假设，她同珍妮特一样，也参加了那一次高中聚会。如果你是狄弗兰西斯卡家族的老邻居，你会很自然地愿意听一听究竟是什么原因导致这个家族的癌症。我告诉她，芝加哥大学的医生至少表明了一种想法，那就是狄弗兰西斯卡家族曾经接触了一些有害的环境变异物质。

乔伊回忆起一些邻居的名字，他们离他父母的住房不远，也在经受不同类型的癌症的折磨，甚至死于癌症。第一个是他的父亲，被诊断为结肠癌。后来是卡尔森夫人，被诊断为肺癌，再后来有韦恩和瑟雷莎·米安，韦恩得了结肠癌而他的夫人瑟雷莎得了肺癌。她又想起了惕姆·弗兰卡斯，是沃基肖市市长的儿子，死于白血病，她答应说在以后会告诉我更多的名单。后来，她寄来一封信，这封信源自麦克·格罗斯，他死于白血病。另外有一个孩子，叫汤姆·伯塔西尼，被诊断为淋巴瘤。乔伊回忆道，他是该地区神奇事物的受害者，而不是那个叫汤姆·瑞肯斯的人，她不能肯定他是否活着。几天以后，乔伊向我又寄来一大堆名单，又有 5 个人患了不治之症。具体细节不太清楚，她在附录里补充道："林德鲁德先生或女士（已故）、小罗勃特先生（已故）、布伦特·波伦斯博士、拉尔夫·诺斯女士（已故）冬·斯巴弗女士（已故）。"

随着乔伊提供的名单越来越多，我不知道如何去思考这些事。我开始给这些人的邻居打电话，第一个给我回电话的是博比·玻塔齐尼，她是汤姆的妈妈，城市的离奇人物。我把狄弗兰西斯卡家族的故事告诉了她，她又把她儿子的故事讲给了我，她儿子是在 14 岁时得了淋巴瘤。谢天谢地，他活了下来，现在住在北方的某个地方。

博比在狄弗兰西斯卡的老邻居中查找到了许多患有癌症的家庭，现在，我得到的名单越来越长，而且越来越详细。博比又向我提供了另外 5 家邻居的名字和电话号码，他们有些人也出现在乔伊给我的名单上。后来，我发现这些人大多数被诊断为癌症，而且类型近似于狄弗兰西斯卡家族中的 3 个人的患病类型。

博比这一代人的许多人对邻居所患癌症的比例比正常的比例高得多的现象充满疑惑，但是，生活过得是如此之快以至于他们无暇坐下来思考过去就转瞬即逝了。我认为，我们应该组成团队。在其他 10 位邻居的帮助下，我们团结起来，包括乔伊、玛格丽特、博比，在不到 4 个礼拜的时间内，我们在围绕狄弗兰西斯卡的旧房子的几个街区中，找到 80 多个被诊断为癌症的患者。按我们原来定好的协议，我们向威斯康星的健康部门发出了信件。

在这几个星期的研究过程中，我拜访了林达·诺贝勒，他是毒品专家，在威斯康星州曼迪逊的威斯康星卫生与家庭服务部门工作。林达领我去见贝斯·弗雷，她是公共卫生局的流行病学家，我向她请教了癌症群的有关问题。我还询问了她是否从罗伯特东街这片地区收到过居民的咨询或信件，我心头掠过一丝想法，她似乎知道几年前居民曾给她写过信，咨询该地区是否可能发生癌症群的问题。贝斯翻过了文件夹，通知我说什么也没找到——这些资料一直查到 1990 年。但，我建议她再往前查，查到 20 世纪 80 年代。她又查了一遍。这次，她找到了两封信，这是一个她不认识的男士写的。

当贝斯说她只能把公共卫生局对这位 × 先生的答复函送给我时，我有点恼怒。因为刚才她还说，公共卫生局是以公民为基础来收集有关癌症潜在患者群信息的，这样事实上公民和公共卫生局就竖起了一堵墙。为什么要浪费我的时间来搞一些重复工作呢？贝斯又说“您对癌症患者群的情况一无所知”。为了击中我的要害，她巧言令色地补充道：“难道您不知道我们中有 30% 的人在一生中会得某种类型的癌症吗？”

贝斯说得没错，她知道的比我多得多，这正是使我感到无助和恼怒的原因。我烧掉了一封请求查阅更多的医疗记录的申请信，又烧掉了 × 先生根据“公开档案法”而写的一封信。由于法律方面的原因，我的第一次请求被拒绝了。他们通知我说，根据“威斯康星公共披露法”，公共卫生局拒绝了我的请求。大约一个星期之后，贝斯把 × 先生的信件寄来了，但奇怪的是日期被抹去了。我在读贝斯信中所附的说明时，感到与以前所想象的有矛盾，对我来说这是一个间接的挑战。“在 1986 至 1989 年期间，这个地区的癌症的类型，并不是由某种共同原因造成的，所以结论就是这个地方所发生的癌症不是群体。如果你认为癌症有另外的证据能证明是由某个共同因素引起的，如环境中有致癌物质等，我们鼓励你向威斯康星州报告这些发现。”

我找不出什么共同原因，但是我和博比制作的癌症图谱令人感到吃惊。用铅笔画出的小点儿几乎地毯式覆盖了罗伯特东街的附近区域，包括狄弗兰西斯卡旧房子门前的松树林区域。我又寄出一封要求查看“公开档案”的请求函，这次我明确地提出，我要查看 × 先生的通信而不是公共卫生的记录。

第二封信是一封医学专业性很强的，而且是同样令人震惊的信。写信的作者由于不能被公共卫生局合法地披露，我怀疑这封信是由威尼·米安写的。在费洛夫人同我进行第一次谈话中，曾告诉我这封信是罗伯特东街 1300 街区的一位男士写的，这位男士的地址与博比提供的癌症群体的名单上的地址是吻合的。我现在有了明确的印象，知道他们为什么不在第一次查询的时候把这封信给我。× 先生的第一封信，写于 1985 年 1 月 7 日，但它从来没有被沃基肖县的卫生部门回复过，这显然是一件令人尴尬的事情。

因此，他的第二封信被送往威斯康星州卫生局，还带上了第一封信，弗洛女士很快就对 × 先生 1989 年 4 月 28 日的信有了回复。在 × 先生的印象中，特别是自从他的第一封信“丢失”了以后，他感到着急。我从 × 先生的原信中摘取了一段，具体内容如下：

尊敬的先生：

我和我的妻子……（名字删去）自1959年12月至1979年7月，一直是沃基肖的居民，其间我们住在……（地址略去）。1975年，我们的好邻居……（名字删去），死于胰腺癌……1982年，我们得知……（名字略去）和……（名字略去）因为患了癌症而动了外科手术……在1983年12月晚些时候，在一次例行的体格检查中，我们得知……（名字删去）得了恶性肿瘤，……在去年5月份，我在排尿时发现尿中带血，通过一系列检查，医生们认为我的左肾中长有恶性肿瘤。我们知道，在这片地方还有其他人也患了癌症……（名字略去），他们就住在我们后面的……街道（街道名称略去），在搬迁到其他住处之前，得了白血病，并且继续扩散。……（名字删去）做了乳房切除术，而……（名字略去）最近死于卵巢癌。最近我们听说，在这片地方，有许多比我们年轻得多的人，也得了癌症……我写这封信的原因，是为了引起你们对沃基肖这片小地方发生这么多癌症的奇怪现象给予关注，并且为……（名字删去）和我们自身进行呼吁，我们这些人不抽烟，即使喝点酒也是最低限量的。我们这些人共同干过的事情是，在一个公园里我们每个人分份干了铲除油漆并重新装修有关物件的事。……（名字删去）偶尔抽抽雪茄。

几乎在每个星期，有一些发行的报告里说干这事、吃那东西或不干那事、不吃这东西会使人得癌症。但是，一直困扰我们的是，我们的衣食住行一直都很正常。那么究竟是什么因素导致了这些人患上癌症？难道说铸造厂是其中原因之一吗？或者说我们园子中的土壤或空气有什么物质污染了我们种植的作物吗？我们呼吸的空气又怎么样？沃基肖其他地方的癌症情况又怎么样？

也许，你们已经研究了这些问题，而且得出了一些能告知我们的结论，我们相信你们会通知我们的。

此致！

（姓名删去）

× 先生在写了这封信4年之后，给威斯康星州卫生局写了第二封信，内容如下：

尊敬的先生或女士：

在1989年4月发行的《威斯康星自然资源》杂志上，我读了一篇关于潜在癌症群体的文章。我想把我在1985年1月7日写给沃基肖县卫生部门的一封信的复印件寄给你们。但我后来同他们联系时，他们说没有收到这封信，在文件夹里也没找到这封信。这是一个令人沮丧的事情，因为我原以为每个患者都能知道他是怎么患癌症或为什么患癌症的。

就在这封信刚写完不久，（名字删去）去世了。后来我们于（日期删去）搬了家，所以不能提供有关这些邻居的任何信息。

如果你不像沃基肖县公共卫生部门那样把这封信扔掉，我将十分感谢。因为令我震惊的是，沃基肖县公共卫生部门对那些令3个生活习惯健康的人之死以及影响另外几个人生命健康的事实丝毫没有给予充分的考虑。

此致

（名字删去）

总的来看，× 先生已经识别出有 8 个邻居得了癌症，他报告的这些癌症发生在 1975 年至 1984 年这九年之间。他报告的肺癌有 3 例，结肠癌有 1 例，肾癌 1 例，白血病 1 例，卵巢癌 1 例，胰腺癌 1 例。值得说明的是，威斯康星公共卫生局并没有像沃基肖县卫生部门那样拖延，而是很快做出了反应。贝斯给他的信既有深思熟虑，又有启发，特别是针对他们后来所了解到的事实做出了有针对的解释：

“在环境中由致癌物质导致的症状群体通常会导致一到两种类型癌症的高频率的发生。如果被怀疑的癌症群体呈现多种类型的癌症，在很大程度上可以断定这并不是真正的群体型癌症，而且也不能归因于环境中某种有毒物质。你信中所提到的癌症群体所患癌症类型有 6 种，这表明你所描述的沃基肖邻居的情况几乎不可能是由环境中某一种共同的污染物质导致的。”

我和贝斯对其中关键的部分是同意的，想知道这是不是癌症群体是很困难的，想知道这是不是由某一种致癌物质导致癌症更困难。我认为，把不是癌症群体说成是癌症群体，这并不是个好主意。为什么要无辜地吓唬公众呢？我虽然不知道沃基肖是否有什么可担心的问题，但是我相信，在沃基肖可能存在好几种致癌物质，导致了罗伯特东街这些邻居患上了多种类型的癌症。

对于狄弗兰西斯卡家族和其他邻居的故事，卫生官员必须认真重视。无论公共卫生局利用我们所提供的信息干什么，这个地区的居民是应该得到认真研究的结论的，有许多长期居住在沃基肖的居民都认为这些研究工作是必须要做的。一位邻居说道：“我收到了你的一揽子计划，我对该地区所发生的所有癌症以及我们所提到的那些去世的‘人物’们感到诧异。再次感谢你，因为你引起了卫生部门的重视。”

那么，环境中的变异物质是什么？在《农田变为高速公路》一书中有一些有用的答案。大约就在狄弗兰西斯卡家族搬到沃基肖的时候，在 1950 年到 1970 年，人口和土地利用发生了巨大的变化，健康成长的经济在改变着郊区的生活。汽车、高速公路，使低成本的土地变为房地产开发项目。沃基肖县的人口数从 1950 年的 85901 人变为 1970 年的 231334 人，增长了 16.9%。

那个时刻，诸如被狄弗兰西斯卡家族建筑占用的农田已经不再存在了。这个县里农场的数目到 1969 年下降了 60%，塞茨的草场原来位于狄弗兰西斯卡家族豪宅的南面，现在成为一所高中，而唐宁的农场原来位于豪宅的北面，现在变成房屋成片的街道。

这种巨变的后果是不确定的，但是潜藏着危险。《农田变为高速公路》的编者按说：“（经济）发展得如此之快以至于搞不清楚这对个人和社会的真正代价。如果只注重发展，问题可能更严重。显然，（政府）有必要控制土地使用中的灾难，更有必要去平衡土地所有者的权利和社会需要之间的关系。人们了解到一条艰难的方式：个人对环境的操纵不是单独进行的，而是每个人的细小的具体的行动能互相影响，不仅快速，而且长久。”

沃基肖的一个居民，他看到了这些因素在 20 世纪 60 年代和 20 世纪 70 年代对狄弗兰西斯卡家族的老邻居的影响。此人是博比·玻塔齐尼的朋友，叫鲍勃·舒特。他以前是个农民，但后来变成了一个房地产开发商，他曾看着许多房屋从塞茨的草场和唐宁的农田上拔地而起。舒特回忆说，唐宁的农田大约有 120 英亩，而且是轮作的。在当时，这片土地种 40 英亩草莓，40 英亩紫花苜蓿，40 英亩棉花，并不是什么了不起的事情。

“阿特拉津（一种除草剂）是这个地方的农民第一次使用的化学药品，它能杀死田里任何东西，除了棉花，我们大概是在1960年开始使用这种东西的。”但是舒特不记得当时向棉花田里喷了多少这种除草剂，他又说：“那个时候使用的除草剂和杀虫剂的药力比我们现在使用的要强得多。”

从那时起，阿特拉津被美国环境保护局列为B级致癌物，阿特拉津含量达到十亿分之三的水平时，可以使实验室的小白鼠得乳腺肿瘤。尽管今天仍在使用阿特拉津，但是农民要经过特殊的训练，遵守安全的规程，而且在棉田里使用的是低浓度的除草剂。在威斯康星伊单恩县的主要产棉区，大约5%的水井含有较高水平的阿特拉津。因此，在这些地区大多禁止使用阿特拉津。硝酸钾，是已知的另一类致癌物质，在威斯康星地区的井水中的含量明显上升，大约有10%的水井中含有硝酸钾。就狄弗兰西斯卡家族的情况而言，随着住宅四周的农田逐渐变为城镇，我们很难搞清楚他们究竟遭受了多高水平的杀虫剂或除草剂的影响。

在沃基肖的周围，还存在另外一种日益增长的威胁。巴克莱的铜矿和炼铝厂喷出巨量的污染物，舒特对此十分有意见。在房屋的建造过程中，需要将大量的灰渣倒在水泥基础上，建筑工人从冶炼厂购买被熏黑了的硅沙，这些硅沙进入铸模之前还是洁白如雪的，但是一出炉就黑如煤炭了。其他的铸造厂买来“脏”沙子作为填充材料，这些沙子埋在地下被认为是安全的。但是，硅粉通过空气传播可能导致危险。一家铸造厂的老板说：“在50年代末和60年代早期，我们仍然使用铸造沙来填充。”舒特解释说：“他们在奠基的时候就用了这种沙子，我并不是说所有的房子都这样，但肯定有这样的房子。”

舒特回忆不起来这些沙子在当时是否被视为不安全的因素，

但是他认为这可以由卫生当局通过调查来确定。“据我的回忆，在 20 世纪 60 年代末，也许是 20 世纪 70 年代，一些人仍在铺沙子，可是后来他们突然停止了，我也搞不清这是为什么。”

从铸造厂出来的黑色沙子是导致健康恶化的潜在原因吗？由于这些沙子在铸造过程中可能含有残质，放在房屋下面会对健康产生威胁吗？

表面上看来，查理和他的家人已经暴露于高强度的辐射和其他人为的毒害下，这似乎是导致他健康恶化的原因。威斯康星自然资源部印制的关于放射性物质的宣传册中，对这种放射性影响的作用有一些解释：

在你居住的地区，如果燃烧煤或者油排出的废气进入空气，你可能遭受高强度的辐射。如果你饮用的水来自天然放射物质较多的水源，如深井，或者来自距处理放射性物质不远的水源，你都可能被放射性物质所污染。

放射性物质一旦被吸入或吞下，可在身体内停留数月，通过血液循环被转移到其他部位，特别是转移到骨骼。据估计，80% 的放射性物质以粪便的形式排出体外，剩下的 20% 通过血液循环进入身体的其他部分，这就是美国环境保护局对饮用水所含的放射性物质的数量做出规定的原因。

舒特所担心的另一类事情是一些人向这片地方倾倒含有有机化合物的废料，在沃基肖，至少发生过几次废料危害环境的事情。一座公寓建在废料之上，后来被迫放弃使用了，因为下面冒出了沼气泡泡，房子下沉了大约几英尺。按照舒特的说法，在沃基肖四周刚刚兴起建设的时候，并没有废料这些污染物，而当时只有普通垃圾。约翰·狄弗兰西斯卡回忆说，有一个垃圾处理站，距他的家的东边有 3 千米的距离，靠近那个铸造厂。

在20世纪60至70年代，这些垃圾处理站或铸造厂里究竟是怎么回事，狄弗兰西斯卡家族是否面临着阿特拉津或其他化学物质的威胁，对这些我并不十分清楚，但有一点我能肯定，就是沃基肖供应的饮用水中含有放射性物质的数量要高于美国环境保护局规定的饮用水的标准。按照威斯康星州自然资源局的说法，在本州的1300个社区供水系统中，大约有50个社区的供水系统超出了这个标准。这些超标的水正是抽自沃基肖同样的深层砂石滤水层，这些社区位于从格林海湾到伊利诺伊一线的狭长地带。

这些水中的放射性物质会导致哪些健康方面的风险？威斯康星的自然资源局做出了如下的回答：

国家科学院做出的结论是：人们长期饮用含有大量放射性物质的饮用水确实会招致骨癌的危险。美国环境保护局估计，长期消费含有高于50pCi/e放射物质的饮用水，会比不饮用这种水的人遭受更多的死亡率，具体数字是每百万人中多出44人。如果含量高于10pCi/e，致死率提高1倍，即每百万人多88人。

如果含量达到15pCi/e，致死率提高2倍，即每百万人多出132人。这个死亡率与遭受龙卷风、飓风、雷击而死亡的概率差不多。

对于沃基肖水源含有的放射性物质，尚没有明确的解决方案，自然资源局有以下的提示：

最廉价的处理方式是采用同步人工硅酸盐离子交换器，可以装在家中，作为饮用水的软化器。软化水的过程可以清除90%左右的放射性物质，它生成可口的饮用水同时还减少了管道中的水垢。

其他可能的处理方法包括石灰苏打软化或采取反向渗透作用。比较而言，由于这些处理方式所需的启动费用较高，而且维护成本也不低，所以对那些受污染的供水系统实施起来并不现实。

所有这些处理过程可以制造出含有不同浓度的放射性物质的废水和废渣。这些处理产生的副产品必须正确处理。对威斯康星州来说，处理放射性物质是一个相对新的问题，这个问题原因复杂，解决起来很困难。

但是，政府官员正在致力于建立有利于环境保护的废物处理的准则。

彼特·伍德是威斯康星州自然资源局的市政工程师，负责监测沃基肖的水的情况。他说，自从 1974 年通过的《清洁饮水法案》在 80 年代早期开始执行以来，在沃基肖的 10 口公共的井里放射性物质的含量平均保持在 10pCi/e 的水平上。令人疑惑不解的是，美国环境保护局 80 年代对放射性物质同位素 226 和 228 所制定的标准是 5pCi/e。通过法律辩论，沃基肖可以不必遵守这个标准，直到美国环境保护局正式颁布它的新标准时为止。

“我们到法院要求执行，”伍德说，“但是现在我们正处于保留状态。目前，沃基肖自来水公司必须每个季度向居民提供报告，使居民知道水中所含放射性物质的多少以及可能对健康有什么后果。也有一些说法，说美国环境保护局可以提高饮用水中放射性物质含量的可接受水平，但这并不像他们的典型风格，也许他们还会保持原定标准不变。自来水公司的观点是，解决这些问题代价高昂，也许并没有多大的必要。正如我们所讲的，城市中的饮用水并不违反美国环境保护局制定的放射性物质含量的标准，但法院裁决的结果是，这个标准并不是我们可以强制让沃基肖自来水公司执行的标准。”

伍德告诉我，沃基肖自从 20 年代起就一直使用这些同样的井，所以这里是一个测定水中所含放射性物质长期对污染有何影响的好地方。科学家不可能找到比这里更好的天然实验室来进行研究了，只有在这里才可能找到确定的答案。让威斯康星公共卫生局来探索这些理论有无可能？这些研究能挽救更多的生命吗？或者更直接地说，如果不做研究，罗伯特东街 308 号的居民的生命仍会处于危险之中吗？在一个信息有限的、不完善的世界中，我不敢肯定我能做出一个客观的答复。1997 年 6 月 24 日，威斯康星州公共卫生局的结果出来了。托马斯·L. 西格，是该局环境流行病学及保护部门的负责人，对我所代表 10 位邻居写的信进行答复，包括代表玛格丽特·狄弗兰西斯卡和博比·玻塔齐尼。“关于你们沃基肖的问题，”他写道，“许多年发生的不同类型的癌症（正如你的名单中所列的）并不能说明这些邻居接触了环境中的致癌物质。……另外，根据我们所能得到的信息，我们不会对这些情况继续调查。”

我想，要是查理·狄弗兰西斯卡听到西格的回复该如何想。对他来说，甚至对整个狄弗兰西斯卡家族来讲，沃基肖毕竟是一个特殊的地方。他获得成功的关键是他有正确评估环境的能力，他常常是在信息很有限的情况下做出最好的选择。据我所知的一切，他也曾透露过一些信息，这些信息也是我曾经收集的关于他家的四周的环境变异的物质可能导致疾病的信息。但他的结论只有四个字：基因不好。那时，他也许正想拿起电话，取消设立专门的基金来研究他本人的这个计划。

第十一章　全力以赴

当查理·D.1990年与汤姆·德马克一起在沙漠旅馆的某个电影频道观看电影《缝平线者》时，他对影片里的人物产生了一种特别的同情之心。他静静地坐在那里，显然被影片中主人公对死亡的看法完全吸引了。在拉斯维加斯，看到他安安静静地坐上几分钟是非常罕见的，这次也是少有的几次例外之一。这部影片中的医生们满不在乎地拿死亡当玩具，无异于交易员们有时候与债券做游戏的态度。最后，医生们发现，即使是他们对死亡的经验仍然不足以使他们更加接近上帝以及“他的白色光芒”，不过，这种经历却使他们更好地接触了萦绕于心、挥之不去、无法抑制的罪恶感。基弗·苏撒兰德扮演了第一位缝平线的哈佛医科学生，很快就感觉到了来自比利·马霍尼的惩罚。比利是他儿时的伙伴，在一群乱扔石头的小孩子的袭击下不小心从树上掉下来摔死了。就在他的医生朋友们加入到他这一边的时候，这个蒜头鼻、戴着垒球帽的马霍尼采取了一种几乎超自然的举动，抓住每次机会前来拜访他、打击他。身上满是比利·马霍尼的恶毒诅咒与报复造成的血痂伤疤及青紫瘀血，医生选择了再一次缝平线，以期望使自己从错误对待比利·马霍尼的罪恶之中解脱出来。在电影的结尾，他俩在一棵树上互换了位置，而那棵树正是他们激烈冲突的策源地。

查理·D. 一定从这部影片中发现了某种特别的意义，明白了自己的确来日无多，大限将至。德马克走向套房的洗澡间，去了不到一分钟，当他回来的时候，电视屏幕上还在播放着影片的摄制人员名单。一种奇怪的感觉，或许更加可怕的感觉，在整个观看电影的过程中一直控制着他。查理坐在一张斜椅上，面无表情，显然，他的思绪已经飞到了一个德马克看不到的遥远世界去了。当你快要死亡的时候，你一定要看这部片子。但是，如果你并不是将要去世而是和一个即将辞世的人一起看这部片子的话，它就有些恐怖了。

查理·D. 惊人的平静。德马克踮着脚尖走近他，担心在他关上洗澡间的门小便并且冲水的短短一分多钟里最糟糕的事情已经发生了。他走得离查理更近了一些，他的心脏在剧烈地跳动。查理看上去一动不动，就在他离查理不到 5 英尺的时候，查理的眼睛睁得圆圆的，活像一个大圆碟子，看上去似乎正在承受某种难以置信的痛苦。当他看到德马克脸上的表情时，他忍不住将他的朋友从他自己那致命的思维游戏中解救出来。

“我只是在练习罢了，汤姆。”他说这句话的时候，语气中只有一半歉意。

“来吧，查理，那样一点也不好玩。”

“如果我吓到你的话，真对不起。真的，汤姆，我不知道你离开了这个房间。”

德马克知道这不是真的，而且感觉好像是在打击他的朋友，这个“缝平线的傻瓜”。查理·D. 所能做的只是继续斜躺着，微笑着，大笑着嘲讽自己的黑色幽默。在某些方面，笑成了他仅有的一点剩余，其他的权利都已经被病魔夺走了。很快，他俩就会对一个适时且为双方所理解的笑话大笑不止，不论他们自己是如何忧郁。德马克知道，或者觉得自己知道，查理的葫芦里到底卖的是什么药。在某种意义上，他感觉查理·D.并不是像影片中的医生那样仅仅缝了三四分钟的平线，而是在一个消毒不那么严格的地方缝了四年多了——那个地方就是债券交易池。这部电影激起了某种人身反应，但是，查理·D.绝对不会让任何人为他感到遗憾，包括德马克。查理·D.按了遥控器，于是，影片片尾令人不安的音乐消失了，房间恢复了安静。

“我猜这部电影也给你来了一击，是吗，汤姆？”

德马克注视着他，拒绝做出反应。他很生气，查理将他“带过界了”，带入了他那个如此黑暗的玩笑之中。当查理站起来，像平常一样四处晃悠，玩着高尔夫或者扑克的时候，或者做着交易的时候，德马克或者其他任何人都很容易将他误认为甘地，只不过这位假甘地穿的是高尔夫球衫以及百慕大运动服罢了。德马克认为查理·D.和甘地脑袋的形状看上去惊人地相似，唯一缺少的东西就是那副小小的黑框眼镜。如果德马克能够在拉斯维加斯找到这么一副眼镜的话，他一定会买一副作为礼物投桃报李的。这二人就像以往惯常所做的那样，坐下来谈论着查理与甘地之间的共同点。尤其是，他们对市场以及人生的某些敏感微妙之处比常人有更加深刻的体会与理解。他们曾经谈论过一起做生意的事情，但是，他俩也都清楚在现阶段这个想法是不具备可操作性的，因为查理·D.的健康明摆在那儿了。

现在已经很晚了，尤其是查理·D.，正在期盼着第二天打高尔夫球呢。当然，德马克远远不是他的对手，但是，他的长球比其他许多初学高尔夫球的人都打得好多了，在他的高尔夫生涯中，他已经在这里那里赢得了一些长球比赛。在他扭伤腰之前，他可以打一个单数的阻碍球，但那已经是多年以前的事情了。他们打了 18 洞，并且打了许多有趣的赌，尤其是当查理可以先把球敲在果岭上，看着德马克在用袋子里的短棍做了什么。查理·D. 的“大气压力”游戏使场上笑声不断，这两人漫无目的的击球也是漫天乱飞。这两个家伙的笑声从未停止，尤其是在两人最后几轮高尔夫球戏中更是如此。

尽管那天晚上两人开了不少玩笑，但是，查理·D. 是否无法挥去“缝平线”留给他的阴影，他和德马克的死亡游戏只不过是一场即兴表演罢了。他开始与德马克谈论他自己的“比利·马霍尼”——一个年龄不详、名字不详的小伙子，他年轻的时候曾经对这个小伙子动过粗。查理·D. 并不是特别清楚，但他看上去尤其痛苦，足以告诉德马克他打算尽可能快地向这个小伙子赔礼道歉。很快就已经过了中西部的午夜时间，太迟了，不能够给这个小伙子打什么电话以示歉意了。查理·D. 宣称他将在明天早晨给这个人打电话赔礼道歉，他甚至告诉德马克他计划送给这位“比利·马霍尼”一笔钱作为礼物，以补偿他当年的那场打斗可能给小伙子造成的任何伤害。查理·D. 没有说出那个“比利”的名字或者其他任何细节，但查理·D. 从他的青年时代看到了某个人，并且对他的记忆非常清晰，且怀有深深的同情。不论那个小伙子是谁，他都已经完全击穿了这件铁血而强硬的风险承担者厚厚的皮肤以及坚硬如钢铁般的神经。

查理·D. 只是嘟嘟囔囔地说了些这个故事中的一部分——他希望德马克听到的那些部分，德马克充满怀疑地盯着他的朋友，他不知道要告诉查理什么。

“查理，那是那么老久以前的陈年旧事了。如果你打电话给他，他很可能都不记得你了。我下次再也不和你一起看电影了，下一次咱们一块去看高尔夫录像带吧。现在这种情况下，看高尔夫录像带对你有好处。”

那天晚上，他们还开了一些玩笑，讲了一些笑话，但是，查理全神贯注于某种重新审视与内省之中。作为一位观众，他无疑希望剧本作者能够改写那令他困扰痛苦的一两幕。但是，他自然知道它们永远是他的人生历史的组成部分。当然，他的历史与我们任何人的经历都差不多，谁没有过年少气盛的轻狂呢？但是，即将到来的死亡却使他想起了过去的小小罪行，而不是将它们掩盖起来。尽管作为交易员他的技巧总是非常高明，他总是能够从糟糕的交易中学习经验，然后继续前进，但是，在交易池以外的查理・D. 却并不总是如此。当德马克说晚安的时候，他坐在那里，陷入了深深的思索。

德马克提醒查理・D.，他们的高尔夫球比赛安排在早上 7:45。查理・D. 点了点头，关上了电视，睡了一会儿。早上，明亮的沙漠阳光将他从躺椅上唤醒。以 45° 的角度（斜躺下）睡起觉来更加容易，脑袋搁在胸窝上，因为癌症及其治疗有时候会引起肺部积水，在这种情况下，这个姿势更加舒服一点。他不时地咳嗽几声，以便清除喉咙以及肺部的痰液。

在他们打第一局以前 15 分钟，查理・D. 从专卖店里走了出来，穿了一身百慕大运动服以及一双白色的钉鞋。他满脸灿烂的笑容，做好了打几杆高水平高尔夫球的准备。在高尔夫小车的车洞里，他已经塞了几桶额外备用的高尔夫球。他和德马克一起跳进了高尔夫小车，他挑中的场地正是昨天晚上他们离开的地方。他解释说，他已经接通了那个家伙的电话，并且直截了当地说明了自己的意图，尽可能好地安排了这件事情。他甚至告诉德马克他已经给了这个小伙子一笔钱——一张小小的乐透票（六合彩），查理·D. 将它封进了信封寄给了他。

“查理，你是在耍我吗？你一定是在开玩笑。好吧，不论你认为自己应当做什么，我都很高兴你有这种想法，昨天晚上你真的吓到我了。”

德马克将高尔夫小车开到 1 号洞，那一轮里，查理·D. 这个“缝平线者”打起球来好像心脏已经停止了跳动，血管里已经结了冰块一样。18 个洞里，他有 3 洞的得分少于标数，从德马克那里拿走了一些小钱，尽管他的双分数中也有份额，并且在一个 Par-5s 上还站着一个一条腿的雪人。查理·D. 从来不嘲笑独腿雪人，但是这一次他却破了例。当德马克问起他在这一洞上的分数时，他说起了俏皮话：“给我一个四，四肢麻痹。”当他听到德马克笑话他的代价时，他许下承诺一定要以牙还牙。

“大气压力，汤姆。”

德马克不记得查理·D. 以前打得这么好过，虽然他在一两次糟糕的传球之后打了一个 9。查理·D. 那天的球打得非常精准，犹如池中的鲨鱼一般行动迅速而精确。

“我猜比利·马霍尼一定曾经是一位职业高尔夫选手，”德马克开玩笑道，“他今天早上一定已经原谅你了，或者在我不在的时候给你上了一课。如果我是你的话，我会立刻停下来，省得有人用他的锤子袭击你。”

在接下来的 Par-3 中，查理·D. 将球开到了草地的中心，他取笑了德马克的愁眉苦脸，并且就高级旅行赛 2001 说了一些妙语。

“2001 看上去就像明天一样，翻番再翻番那个大气压力，汤姆。”

这两人再也没有讨论过和那个小伙子打电话的事情，但是，事实上那通电话并不是查理打给他的第一通电话，更不是唯一的一次电话，他有时候做的远远不止是打电话和赔礼道歉。在肯·霍卢布 1988 年 5 月 4 日的退休派对之前大约数周，乔伊意外地接受了查理·D. 的拜访，这是自从 1971 年以来两人进行的第一次对话。对两人中的任何一个来说，那次破裂都并不容易，在查理·D. 处理这个问题的方式之中有一些事情使乔伊碰到了麻烦。大约 19 年之后，一个星期六，乔伊听到她家的车道上传来一阵马达声。当门铃响起时，她不知道会是谁。当她在门口看到他时，这个身穿皮夹克的男人刚刚停好他的哈利车，乔伊禁不住泪如雨下。

看到乔伊那样哭，查理痛苦得心都要碎了，尽管他仍然保持着冷静与庄重。虽然他的右肩酸痛，在多年的癌症治疗和外科手术中饱受折磨，但是，他还是把乔伊举了起来，就好像她是用羽毛做成的一样，将门推开，然后温柔地把她放在靠椅上。他没有时间思考，所有这一切都是在当时的情境下自然而然的反应，就像是在债券交易池里一样。两人都花了一些工夫才恢复了常态，这时候，如烟往事最终散去，二人终于冰释前嫌。在他俩的交谈之中，电话铃响了起来，可是乔伊一动不动，直到铃声响了足足半个多小时才从靠椅上站起来去接听。打来电话的是她的男朋友乔，他准备带她去参加周末的垒球比赛。她向乔解释说她要接待一位不期而至的客人，她要他一个小时之后再来接她。乔从电话里听出了乔伊不愿再多说的语气，他答应在一个小时之后来接她。两人正在热恋之中，一如乔伊当年曾经与查理有过的恋情一样。

乔伊和查理在小谈片刻之后就重新熟识了起来，乔伊告诉了查理有关乔的事情，那正是她刚才与之通话的那个人。相应的，查理谈了妻子安的情况，以及他的继子和继女——杰克和麦吉，两人的交谈之中还穿插了一些关于他的债券交易员生涯以及她的小教师生涯的谈话。但是，查理来这里的目的不是为了闲聊，乔伊拿出了一些啤酒以缓解空气中紧张的氛围，他感谢乔伊提供的饮品，但是，足足一个小时的时间里，他碰也没有碰一下啤酒。冰镇啤酒的杯子在桌上冒着潸潸的“汗气”，直到雾气蒸发完毕。

当乔伊问查理为什么在经过了这么多年之后还要跑来看她时，他的回答说出了他一直藏在心里不敢说出的害怕。他短暂的沉默告诉乔伊他正在寻找合适的语言，这是她以前从来没有看到过的。在那一刻，他说不出一句话来，相反，他提出了自己的问题。对于这种突发事件，他不知道应该如何处理，如果你认为应该将它称为突发事件的话。

“你为什么还在哭呢？”查理·D. 问道。

“我不知道。我猜，这只是因为我没有想到自己还能够再见到你吧。但是，你仍然没有告诉我你为什么要来这儿。”

查理无言以答，他知道问题的答案，但是，他只是说不出口。

“我只是想确认一下你现在过得不错，”他说道。他在乔伊面前绝不能哭。但是，在驱车返回芝加哥的路上，他无声地痛哭起来，以期保持心灵的平和。

不过，那也并不是完整的答案。曾经，查理 1971 年 11 月带着乔伊去科罗拉多旅行。他告诉乔伊，在他的生活之中有过许许多多大起大落。他谈论了他的成功，他的妻子和孩子们，并且承认有许多人生的遗憾。但是，在所有他愿意说给乔伊听得他犯过的错误中，他说，没有任何一个错误比他当年那样错误地对待到科罗拉多旅行并探望他的乔伊更加令人羞愧、更加伤人的，他从来没有完全原谅过自己的这个错误，而他现在来这里就是要告诉她这件事情的。

他甚至并不在乎乔伊是否相信他的话是出自真心实意，他知道自己说的是实话。现在，查理不再吞吞吐吐，他定定地望住乔伊，他彻彻底底地摊牌了。他把十几年来积郁于心、一直没有向任何人说出的话一股脑儿全都说了出来，就好像他从来没有做过债券，没有接受过化学疗法或者放射疗法一样。在那一刻，这一切就变得不重要了。他的样子已经告诉了乔伊，不论她说什么，都无法给他任何安慰或者减轻他的失落感，他知道没有她的帮助他永远不可能弥补这种缺憾。那个时候，她明白了，他的痛苦和她一样铭心刻骨——甚至比她更加痛苦。尽管如此，他仍然强调他到这里来只是为了确信她一切都好，他俩都为某种看不见的、过去损失了而今可能失而复得的东西喜极而泣。只有乔伊的谅解能够使查理好过一些，她的眼泪已经告诉他，他此行不虚。

接下来，查理·D. 将交谈又推进了一步，显然，他对于情况的失控颇感尴尬。当乔伊问起他的健康状况时，他的回答几乎是轻描淡写的。他要抓住这个机会进一步做精神上的解脱，他的警惕性又提高了一点。

查理·D. 描述了他接受的治疗，这些疗法的某些副作用，并且向乔伊解释说他再也不会接受这样的治疗了。不过，对于这些疗法以及它们给他带来伤害的描述，乔伊已经几乎记不得了，她只记得查理来承认错误的事情。虽然他表面上非常健康，长了满头黑发，但是，实际情况却根本不是这样。他能够在感觉尚好、思维周全清晰时来见她，为此他非常感谢上苍，他只是间接地提了提他的病情以及他的未来。

“乔伊，”在这个他视为最亲密的朋友之一的女子的陪伴下——虽然这个女子与他已经十几年没有见面了，他说道，“如果我喝下那杯啤酒的话，我甚至尝不出它的味道，我正在静候着另一只鞋子掉下来。”

查理・D. 的牌就在桌子上，全都摊开着。

当我问起乔伊那次意外的拜访时，她并不能确定自己能够完整地解释查理・D. 驱车拜访的全部含义。不过，她告诉我，他以她的名义捐了一笔款子，除了她，他谁也没告诉。这表明他没有撒谎，不像他感觉他当年曾经对她做过的那样。

“我不是那种被幸福冲昏了头的女子，”她解释道，她正在描述自己在门廊迎接查理・D. 的情形，“当我想到他的病情是多么严重，以及他是如何将我抱起来时——在我哭泣的时候，他将我举起来的努力很可能会要了他的命呀。当我坐在那里说我不再了解他时，他说我比任何人都更加了解他，因为我们一起长大。”

查理没有让两人的谈话保持低调，当乔伊暗示自己计划去念研究生时，他立刻提出要为她支付学费。当乔伊感谢并拒绝了他的好意时，他看上去被自己的请求弄得很尴尬，这是他为许多或生病或健康的朋友做过的事情，包括他在威尔梅特的清洁女工的儿子。十几年的寒冰继续融化。不久，两位友人就回忆起了当年他们共同度过的最美好时光。作为高中时代的恋人，他俩开着玩笑，如果当年他们没有分道扬镳的话，或许现在两人已经儿子成群了——足以组成一个篮球队了吧。乔伊后来开玩笑说，查理认为那还不够。回想着查理那天的谈话，乔伊的脸上绽开了幸福的笑容。这个反应告诉我，她或许的确比其他任何人都更加了解查理・D. 的复杂性格。

“他说那样太好了，”她回忆道，“只要人群中还有我这样一个游泳者的话。是的，在我们谈话之后，我感觉好极了。在那一刻，我不想让他离开，但是我知道他必须走了。在我们交谈之后，我以为我们再也不会见面了，我但愿自己那时候去医院看看他就好了，可惜我当时认为那样做不合适而没有去，留下了终生的遗憾。”

乔伊从一个其他任何人都不曾有过的角度提供了有关查理·D.个性的一些片段——有成功，也有失败。尽管不是从债券交易池里能够看到的，但是，她的视角为我们展现了查理·D.的一个侧面，这种精神同样有助于他的成功。查理·D.无论在事业上还是在生活上都是超凡脱俗的，是一个传奇。在即将去世之际，他的交易仍然是规模巨大的，只是具有了临时性和隐蔽性，是私下的，非公开的。我一开始一直没有认识到他驱车拜访乔伊的事件有什么重要性，直到我认识到这是唯一的那部分“传奇故事”——我没有听到过的“传奇故事”。从那天开始，我不再将查理·D.视为债券交易池里的超人或传奇，相反，我看到的是一个更加丰满的、立体的查理·D.——有缺点，也有长处。或许这正好解释了约翰尼·穆索的评论——除非我认识他并且真的和他相处过，否则，我几乎不可能从书面的文字中抓住他的精神本质，而最终使得他如此成功的，正是他的精神。

“我正在思考我们在电话上第一次关于查理·D.的谈话。当你问我，如果将他的故事写成一本书的话，不知道他是否会高兴，”乔伊说道，“这很难回答。我想，在我最后一次见到他的时候，他有一个想法，他认为他所做的一切比起肯·霍卢布教练为他和沃基肖的其他成千上万的人做出的贡献来，要差远了。我还记得在谈话中，他不断地说，要是他有机会重新生活一次的话，他或许会努力做一个像他父亲或者肯一样的教练。我认为，如果你问查理这个问题的话，他可能会说应当为霍卢布教练写一本书，而不是为他自己。接着刚才的话题吧，查理总是希望成为赛场上的一名选手。他告诉我，他之所以选择并且享受着债券交易，正是因为这个原因。在事业的竞技中表演，这正是他能够找到的最接近这一理想的职业了，我认为他永远也不会是一个出色的教练。"

幸运的是，查理·D. 在有生之年抓住了这个表达自己意念的机会。在与霍卢布教练和格拉夫教练前往超级杯赛的旅途中，他开始和格拉夫教练一起商量如何在 1988 年 5 月 4 日晚上霍卢布教练的退休晚会上为他准备一个意外的惊喜。在查理的心目中，霍卢布教练是个超凡脱俗的伟大人物，不是因为他的名气、他的财富或者他的债券头寸，而是因为他的正直。在与格拉夫教练前往沃基肖北边的一个小城镇伯林顿的旅途中，查理为他的霍卢布教练买下了一辆汽车房屋，并且让格拉夫教练发誓保密。正如他对格拉夫教练解释的那样，他不想以自己的名义来送这份礼物，他打算以那些多年来在霍卢布教练的帮助下做好准备迎接人生起起落落的孩子们的名义送上这份厚礼。

1988 年 5 月 4 日，这辆 27 英尺长的杰克骏奇（Jayco）野营房车停靠在沃基肖北部布鲁克菲尔德的左巴餐厅外面，查理·D. 代表霍卢布教练 60 年代所有的队员做了一个简短的发言。为了在一周的时间里躲过霍卢布教练"雷达系统"的侦察，这辆崭新的野营房车在小城的每个地方溜来溜去，四处停放，直到大幕即将揭开之际，才停泊在左巴餐馆门前。它停在那里，光彩照人，犹如一枚崭新的钢镚儿落在地上，在太阳落山之后，它也部分地隐没在黑暗之中。趁着还有一点光线，格拉夫教练不停地抢拍着这辆新车的镜头。他能够做的就是笑得像个孩子一样，讲述着几个小时之前将车钥匙交给霍卢布教练时的情景。“太——太美——了，”他对肯说起了那个停泊在停车场里的东西带给他的视觉享受，退休晚会上的食物、美酒和交谈早已流进了每个人的心田。他心想，生活不可能比这一刻更加美好了。

那天晚上，查理·D. 重新谈了谈霍卢布教练对他意味着什么：这个教练是一个与众不同的人物。那天晚上，主持人将查理·D. 介绍为“60 年代校园里的灵魂人物”。

“我在思索着霍卢布教练，”查理·D. 在这个盛宴中说道，“为他踢球的岁月，给我留下最深刻印象的事情是，直到我差不多 36 岁的时候，我才意识到他只有这么高的个子。”当查理·D. 将他的手臂举到胸前比画时，聚集在左巴餐厅为霍卢布教练庆祝的成百上千名朋友、家人、教练、老师和学生们都忍不住哄堂大笑起来。查理·D. 继续说着关于这位个子非常矮小的，但人格却非常伟大的人物的单行语句，中间没有片刻停顿，听起来好像他自己就是一名教练一样。

“我还记得有一次，我还记得有一次我说这个家伙是一个大家伙，一个了不起的大家伙。他经常让我去边线，因为他总是冲我大喊大叫。当我们要求暂停的时候，他会把我叫到一边和我谈话，而我要这样弯下腰来听他说话，可他会说：‘儿子，你不舒服吗？’而我则必须把腰弯得更低，就像这样，然后说：‘不，教练，我听不清你说什么。’但是，在那个时候，我并没有意识到我不得不把腰弯得多么低。”

在第二个逗号结束后，查理·D. 再一次静候大家的笑声结束，他的一些语句都被听众的嘈杂喧嚣吞没了。

“但是，霍卢布教练是一个四分卫球员，”他又开始了，“我还记得沃基肖中学一些非常有趣的往事。从大学来到沃基肖招募新生力量的人仍然将它称为四分卫大学，那是因为霍卢布教练总是将高年级班的学生——往往是最好的运动员，在许多情况下也是最聪明、最受欢迎的运动员，常常也是最英俊的运动员叫过来，做他的四分卫。”

霍卢布教练以前也见过这种情形，他开始嘲笑查理・D. 在演讲中夸自己长得如何英俊。“记住，我是 1968 年时的四分卫。那个时候，他挑选四分卫球员的标准远远没有那么高。”

听众们再次哗然，这时候，查理・D. 开始变得严肃起来。

“我认为霍卢布教练的训练方法是行之有效的。我查了一下他的纪录，因为我要代表 60 年代的运动员，而他率领的球队在那个 10 年之中的获胜纪录是 83%。我回头看了看为他踢过四分卫的所有球员的名单，他们长得都很英俊迷人，聪明机灵，受人欢迎。”

笑声更响了。

“教练有一个策略，那就是让他的四分卫球员们自己发球，组织进攻，这种打法和其他地方的美式橄榄球打法很不相同。我还记得在托莎的那场比赛，由我来组织比赛。作为一名四分卫球员，在特定的点上，你会发现将球传出去并不总是那么有趣。于是，我开始将球向外扔。我一口气扔了 8 次，结果 8 次都不成功。于是，教练叫了暂停，把我叫到一边说：‘孩子，你电视看得太多了。现在回去将球扔出来吧。’”

“因为我们的时间有限，还有许多关于他严格要求的故事，在此就不多说了。但是，如果你的橄榄球教练暑假里干的工作比你还辛苦，就足以说明他是一个很严格的家伙了。我记得我们都参与了‘少年犯罪’的项目，在暑期做义工，或者做剪草坪的工作。我们想知道霍卢布教练在暑假里做什么工作。他说：‘我开钢铁卡车。’当一个那么矮小的人对你说那句话的时候，你甚至都能够看到他开卡车时的情形。”查理将双臂举过头顶，驾驶着一辆想象中的钢铁卡车，“这真是一个非常吓人的念头。”

现在，笑话基本上结束了，他直接对他最喜爱的教练说了下面一番话。

“我记忆最深刻的是 1967 年的冬天，有大约 40 名三年级学生将要升学到四年级，而我们终于都要得到为你效力的机会了。这时候，一个大学找到您，要将您从我们手中抢走，于是，我们来到您的办公室请求您留下，我们都哭了，我还记得我甚至跪了下来。我们说，如果您留下来的话，我们将会为您夺得一次冠军。您留了下来，而我们也赢了。因此，现在，您可以没有遗憾地退休了。”

“教练，我很高兴您要退休了。但是，我希望您不要退休，因为您永远有那么多东西可以给予我们，让我们学习、受益。对于我们所有这些队员来说，您总是意味着那么多。我知道，这里的每一个人都热爱着您……”

那天晚上的某个时候，查理·D. 和他的家人一块儿回到了“边线”上。这时，格拉夫教练把车钥匙交给了霍卢布教练。那件礼物正在停车场里，在黑夜的阴影笼罩之中，是一个庞然大物。在把钥匙交给霍卢布教练的时候，格拉夫教练本能地担心他的朋友肯会激动得心脏病发作，他能做的只是拍拍肯的后背，并且祝肯退休愉快。但是，在黑暗中，格拉夫紧跟在霍卢布教练的后面，准备在霍卢布看到自己梦想已久的野营房车——激动得倒下去的时候将他扶起来，他的脑海中划过了威斯康星钓鱼、打猎的场景。就在门外的停车场里，在黑暗之中，站立着的全体师生表达了对霍卢布教练的热爱，但是，那更是特别地反映了查理·D. 如何对待一个生命中的英雄人物这一问题上的理念。

"当我看到房车时，我不知道它是从哪里冒出来的。在退休派对上，没有人告诉我这个答案，"霍卢布教练说道，"我想，查克没准可能与它有关，但是我的确什么都不知道。我吓呆了。当我的中学教练哈罗德·舒米特走过来时，他只是说：'肯，你最好去和你的四分卫谈一谈。'我去了，说：'查克，发生什么事情了？告诉我吧。''教练，'他说道，'我压根儿就一无所知。'他从来没有向我承认实质上这整件事情都是由他一手操办的。"

从那以后，如果说，查理·D. 真的很珍视他教练的生活所拥有的内涵的话，这句话反过来说也是同样正确的。那个时候，霍卢布教练意识到，他也遇到了这样一个人，查理·D. 代表着我们所有人常常看不见的生活的一部分——查理·D. 本身就是另一种理想。那天夜里，他看到了一个永不放弃、永不认输的小伙子，即使在第四个四分之一赛段中诸事仍然不利的情况下依然勇敢顽强。在 1968 年 11 月 14 日庆祝黑衫队在冠军赛赛事中获胜夺标而举行的第二届猜谜盛会上，有人写了一个题为"什么是橄榄球运动员"的感谢之语，它至今仍然夹在霍卢布教练的一本剪报本里面。这已经是查理·D. 去世多年之后了，我在采访霍卢布教练的时候无意中看到了它。这个感激之语描述的不是教练，而是一名运动员，格拉夫教练和霍卢布教练直到今天还用它来描述一个他们称之为"查克"的好小伙子。

"从孩提时代的天真无邪到作为一个男人的自尊自强，我们发现了一种被称为橄榄球运动员的顽强的生命，"这篇赞美辞写道，它和 1968 年冠军赛季的许多纪念品以及查理·D. 的丧礼上的许多纪念品一道被保存在封了口的塑料袋里，"橄榄球运动员都有着各不相同的体重、身高、耀目的颜色和号码，但是，所有的橄榄球运动员都拥有共同的信条：在每一场比赛的每一时段每一分钟每一秒钟里发挥自己最好的水平。”

那个剪报本里的其他东西令霍卢布教练泣不成声，每一个认识查理·D. 的人从他身上看到的，正是一个运动员的心灵和竞争意识，不论他是一个踢橄榄球的小伙子，还是交易池里的一名债券交易员，抑或医院里的一名癌症患者，他身上永远闪烁着奋斗不息的光芒。他身上这些作为运动员所特有的无形的东西，是包括霍卢希教练在内的其他任何人所无法解释的。

“我要告诉你，我们永远不会知道他是一个多么伟大、多么慷慨、多么仁慈善良的人，”霍卢希教练在 1991 年 6 月 1 日的《沃基肖郡自由人》中一篇题为“难以忘怀的人”的颂辞中写道：“……房车以及那次旅行无疑将成为我生命中永远的亮点，我仍然难以相信有人会为我做那么多。”

婚礼中的查理

安的40岁生日派对，纽约广场饭店，1986年

第十二章　傻瓜债券

1991 年 2 月 19 日星期六，查理・D. 参加了芝加哥大学癌症研究基金会附属委员会的第 40 届年度慈善舞餐会，参加这次每对夫妇 250 美元费用的宴会的还有其他 300 余位客人。他们都打扮一新，置身于密歇根大街内陆旅馆的豪华舞厅。通常通过拍卖奥普拉（Oprah）和保罗・西蒙（Paul Simon）一天的演出门票、豪华度假游和名人堂（Hall of Famers）成员签名的棒球等各种物品，大会组织者将筹集 7.5 万至 8 万美元。

史蒂芬妮・威廉姆斯医生和约翰・安那斯塔西医生也参加了这次盛会。他俩的研究被指定为筹集到的资金的投资对象之一。威廉姆斯是 3 个孩子的母亲，她发现了一种促进骨髓移植之后再生的新方法。安那斯塔西与她不同，在宴会开始之前的鸡尾酒会上，他被作为一名发展了分析基因变异的独特技术的研究者介绍给大家，安那斯塔西的技术正在帮助人们提高恶性肿瘤诊断与治疗的准确性。

坐在威廉姆斯医生桌上的人之中，有一位头皮光光的债券交易员，他和他的女儿以及朋友汤姆・德马克一道参加这次募集慈善基金的盛会。出于对竞投标的强烈爱好，查理・D. 眼睛里又发出了人们熟悉的光芒。威廉姆斯医生出价 900 美元竞买 4 张去看傻瓜克朗的票，准备和她的孩子们同去。查理·D.想，这就是傻瓜债券，他很欣赏这位医生在人群中表现出来的自信。他想，我得让他们吐到鞋子上。他正在享受他的每一分钟，这时候，威廉姆斯将她的报价又提高了100美元，她的竞争对手们都不说话了。“卖了！”票落威家。

那天晚上晚些时候，这位善良的医生被《芝加哥论坛》的记者乔安那·史特恩米兹纠缠着，乔安那也应邀参加了这次慈善晚会。

“那真是我以前从没看过的事情，”桌上的一个人说道，他端着满满一杯葡萄酒，与另一位参加宴会的嘉宾庆祝着她的成功，“一位医生为她自己的项目提供支持。”

“并不完全如此，”威廉姆斯博士说道，史特恩米兹正在靠近她，手上还拿着笔记本和钢笔，“我有一位赞助者。”

威廉姆斯用眼角的余光看了看一个长得酷似甘地的男人，只有他穿着晚餐服，她正微笑以对的男人是医生们非常熟悉的芝加哥大学医学院的常客。查理·D.曾经被登记为骨髓移植术的受术人，但他很早以前就私下里拒绝接受这样的治疗，尽管他的医生们建议他接受骨髓移植疗法。他并不是一个末路穷途的病人，而是一位交易员，凭不完全的信息来工作。他资助给威廉姆斯医生的这900美元并不是他最引人注目的一笔捐赠，但是，却一定是他最由衷的一笔赠予。威廉姆斯医生以及她的同事们正在研究发展的治疗方法曾经一度能够挽救他的生命——这种治疗方法在那以后已经得到了很大的改进，以至于它们现在不会再引起他当年一度选择逃避的毒副作用。这使得这些医生们在他心目中格外特别，他们虽然也是凭借不完整的信息开展工作的。为这些医生们提供资助是一种健康合理的投资，即使不乏投机的成分。

那天晚上，麦吉摆了个姿势和她父亲合照了一张照片。查理·D. 的笑容是无可否认的——这里的笑容不再是蒙娜丽莎之属的莫测高深——他身边的女儿也是如此。那天晚上，她有时候会把小手放在父亲的大手掌里，就像一只受伤的小鸟一样，但是，他的幽默感却带领他们勇往直前。这只是一个握手的时间，一个更多地付出的时间，一个等待的时间。查理·D. 和麦吉看着镜头，他们的爱比照相机的闪光灯更加明亮耀眼。而照相机看不到的，是正在加速逼近查理·D. 的可怕的死亡之神。

正是在那个时候，我们应当记住他——一位父亲，一位勇敢的癌症病人，一个传奇式的债券交易员。正直与荣誉是他对自己提出的期望，而在交易池里损失钱财并没有什么可怕的。他是一位胜利者，不是因为他的胜利，而是因为他在竞技中是如何进行竞争的，所有的道路都通向最终的同一个终点，这就是殊途同归。

像霍卢布教练和乔伊一样，当我努力解释自己为什么要在这里向你诉说有关查理·D. 的一切时，我常常发现自己哑口无言。对我来说，一个素未谋面的人如何能够令我走笔如飞，至今仍然是一个谜，我有时候甚至无法解释自己为什么会这么做。我所知道的只是在与霍卢布教练和乔伊谈了有关查理·D. 的事情之后，我的笔那天晚上一直不停地写到深夜，就在我全部写完查理·D. 的丧礼那一章之前不久，我一直写到写不动了为止。

在我看来，那一刻是如此美好。我抽出一支在去威格瓦姆的路上省下来的雪茄，放下了钢笔。那天晚上，雪茄刚一吸完，烟雾就几乎消失了，在烟雾之中不再有那个超凡脱俗的传奇人物的身影。我能做的只是细看轻烟升起，消失在满是星辰的微亮的夜空中，我感到自己已经认识了一个人，尽管我不能确切地知道他是谁，也不知道我能够向谁证明这一切。我想，约翰尼·穆索是对的：查理·D. 只是一个传奇，只有那些知道他、了解他的人才会宣称自己见过一个传奇人物。

是什么令他如此成功呢？我们永远不可能真正知道答案。但是，他的成功起始于所有那些无形的品质，我们将它们笼统地称为本质与心灵，就好像这两个小小的词语能够将这位“海格立斯神”一生的努力以及小小的手势都囊括在一起。查理·D. 总是只能远远地供人欣赏，就像一些曾经拿来与他做比较的运动员一样，但是，永远不会有另一个像他一样的人物了。但愿对他的回忆能够时时提醒我们纪念那些为人所知但永远不可能完全看见的东西——在一个普通而超凡脱俗的男人身上隐隐闪烁的光芒。

结束语

德马克

站在国债期货交易池的顶级台阶上，查理·D. 就像一个警察一样，在一个繁忙的交叉路口指挥着交通。他的手臂向前伸着，他的视线畅通无阻，他的举止是沉思式的，他的决定已经了然于胸。与从顶级台阶上望下去的视野形成对比，在交易池底层外围的位置上那张椅子是又老又破旧的木匠椅。跑腿员、交易员以及其他交易大厅里的人们偶尔会在这张木匠椅上歇一歇，喘一口气，然后继续他们忙碌的工作，查理将这条长板凳称为“躺椅”。虽然他在交易日里心力交瘁，无论从肉体上还是从精神上都已经被榨干了，与职业运动员在比赛中别无二致，但是，他仍然拒绝在紧张激烈的交易之中忙里偷闲，在这张“躺椅”上哪怕稍事休息。中断他的交易是一种易受伤害或者软弱的表现，他拒绝让他的对手看到这种表现。任何时候，查理都宁愿站在高处。

那天，他像以往做过的许多许多次一样，通过赚取薄利，的确赚了不少钱。当查理极不情愿地坐在那张长凳上的时候，其他交易员们都停下了手中的活计，向这位传奇式的交易界奇人问候——显然，有的人是为他的奋斗精神而喝彩。查理的生命正在快速地逝去，尤如他所钟爱的电影一样，已经接近了尾声，他的名望在银幕上划过。他从交易大厅走到办公室，用了几乎一个小时。他说话非常辛苦，他的声音小得几乎听不到。当他躺在靠椅上检讨当天的交易以及市场的运动时——正如他以前做过无数次的那样，显而易见，他已经被一种极度的疲劳击倒了。毫无疑问，尽管他宁愿我们记得他当年在顶级台阶上的英姿而不是现在的样子，但是，这最后的日子不亚于对他精神的折磨，对他的竞争动力的折磨，对他的意志力的折磨。

不论在交易大厅里还是在大厅之外，当然都有许多成功的交易员，他们都值得我们研究考察，他们之中有许多人都像查理・D.（在他短暂的生涯中）一样成功甚至更加成功。那么，查理的故事为什么会特别地引起我们的兴趣呢？

作为一位市场分析人士，我将我的美好年华都花费在对市场的研究上了，搜寻着准确的指标和交易治胜的系统方法。我的工作就是为大大小小的交易员们提供一种优势。然而，即使是我，一位顽固的、要命的技术派人士，也知道一位真正伟大的交易员之所以成功，不会是因为他或她对市场拥有某种特别的洞察力，也不会是因为他或者她发现了圣杯，相反，将伟大人物与平凡小人区别开去的是那些无形的东西——智慧、动力、辛勤的工作。从本质上来说，像查理这样的交易员的成功，不是他们的系统方法，而是他们的精神——心胸博大宽广，意志坚强坦荡。最重要的是，他们对自己的强烈信任——我们称之为自信。因为如果你不自信的话，市场将会在 1 秒钟之内将你赶出市场之外，并且令你质疑自己的真实存在。缺少内心的信念，即使拥有最科学完备的方法体系也无济于事，是查理教会了我这个毋庸置疑的真理。

查理在交易知识方面极有天分，胃口也很大，包容万象，他会认真地吸收、领会我灌输给他的任何交易理论的每一个方面。他不仅会彻彻底底地向我提问题，还会实时地将它应用到纸面上。我还记得有一段小插曲格外有趣，我记得分外清楚：他对于某种特别的技术工具的表现甚是惊奇，惊叹不已。在他的坚持下，他使我相信他希望实时地用它来做交易，就在交易大厅里。我们反复预演。最后，每个部分都如我一般自信与激动——因为我知道，凭他那大无畏的交易风格，他必将取得巨大的成功——他将它带到了交易大厅。那个交易日，我一直追踪着市场，一笔交易接着另一笔交易地做着记录与分析，我对最后的结果非常满意。我焦急地等待着他的交易报告，大大出乎我的意料之外，当他打来电话的时候，我竟然能够感到一定程度上的失望之情。查理是真诚的，他先来了一段开场白，赞美了这种交易方法的种种优点，并且的确背诵出了许多它发挥良好作用的例子。接下来，他冒出了一句："你知道，汤姆，我永远不可能让自己用它来做交易。那种方法很好，但是却不适合我。或许你可以为我俩做这个实验，用它来做交易，我来掏钱。"

查理自己发号施令——不论是在交易大厅里还是在他的癌症治疗中。如果这种选择正确，那么，他的成功就属于他自己。如果他选择错误的话，他也绝不抱怨别人，只怪他自己。打从我认识他开始，我就从来没有听见他批评或者责备别人，不论是交易员、医生、家庭成员、朋友，还是敌人，在任何情况下，不论结果如何。查理控制着自己的命运，做着自己的交易决策，为自己的命运做主。我希望我们能够学习他的精神，将它保存下来，不幸的是，这有点像是想去抓住一缕轻烟，在它看上去能够被人们抓住的同时，它是不可能被抓住的。

鸣 谢

在我完成了这部传记的时候，三张面孔立刻跃入到我的脑海之中，我的妻子米利安娜允许“查理叔叔”与我们共同生活了长达四年半之久。在我为“查理叔叔”的故事做记录的日子里，她牺牲了很多很多，最重要的是浪漫的温情。我今天依然挚爱着她，一如十年前在结婚仪式上与身着白衣礼服的她十指相握的那一刻。对于她给予我的支持，再多的感谢都是不够的。我的孩子艾莲那和丹尼在睡觉之前，在与我的随意交谈之中偶然听说了查理・D. 的名字，他的精神在四处漫游，这常常使孩子们感到非常困惑。“这个家伙是谁？”他们也会如此问道。最后，我可以真诚地回答他们——他是你们的一部分，我希望——现在，我们仍然能够找出那些话语形成的文字以及图片。

除了这三个人，还有其他许多人与我交谈，给予我宝贵的写作素材。他们鼓励我，为我提供了一些洞察力。我并不真正知道应当如何将他们提供的素材汇总加工成一体，因此，我在帮过我的人名清单中挑出了最顶上的一两个，而把余下的一并留在将来致谢，我对他们每一位都心怀同样的感激。

没有狄弗兰西斯卡一家人的帮助，我根本不可能完成这本书。我永远欠他们一份情——他们给予了我无尽的信任，而这种信任是不附带任何条件与约束的。有时候，我的研究必须追溯到过去的某些不便追问的、难堪的话题，而只要我提问，他们从来都是有问必答，不加避讳地提供帮助。

同样，我又怎么能够不提起我的兄弟维吉尔——他为我提供了一整盒手工制作的雪茄呢！就在我的烟盒告罄之际，这些定制的雪茄及时赶到，在它们还没有被点燃之前，就将地下室熏陶出一种美好的氛围。谢谢你，维吉尔，是你，提醒了我的旅途之中原始的乐趣之所在。是你，在我们需要一次木偶剧式的对话时，为玛丽、马克、汤姆或者我自己扮演查理·D. 的角色。

在这个时刻，我的父亲和母亲陪伴着我，他们总是这样。芭芭、德达和泰卡斯也是这样。我代表我所有的家人感谢他们，感谢他们的牺牲与支持。

同样需要感谢的还有我的朋友们——大卫·那斯伯姆、卡尔·卢多夫、吉姆·伯里、卢斯·杨和雷约恩克雷恩。当我需要说些无聊的傻话时，他们总是会从头顶上垂下救火水龙。

最后，我要谢谢我的代理人珍·乔丹·布朗，她来自《多媒体产品发展》，我要谢谢她相信查理·D.，我还要感谢我的编辑帕玛拉·范·吉森，是她使他的精神复活。

这本书看上去不过是一个小小的白色高尔夫球。小球划过绿树与蓝天，虽然它最后的飞行路线是如此的不确定，但我还是要抓住这个机会大叫一声“大气压力”！我希望这个人正在倾听，并且我对那些提供了有关查理·D. 的宝贵回忆的人们倍加感激。